金融交易
之投资指南

张云山◎著

武汉出版社

(鄂)新登字08号
图书在版编目(CIP)数据

金融交易之投资指南 / 张云山著. — 武汉：武汉出版社, 2024.5
ISBN 978-7-5582-6670-6

Ⅰ.①金… Ⅱ.①张… Ⅲ.①金融交易－指南 Ⅳ.①F830.9-62

中国国家版本馆CIP数据核字（2024）第 068220 号

金融交易之投资指南
JINRONG JIAOYI ZHI TOUZI ZHINAN

著　　者：张云山
责任编辑：张荣伟
封面设计：姒　莹
出　　版：武汉出版社
社　　址：武汉市江岸区兴业路136号　　邮　　编：430014
电　　话：(027)85606403　　85600625
http://www.whcbs.com　　E-mail: whcbszbs@163.com
印　　刷：三河市华东印刷有限公司　　经　　销：新华书店
开　　本：880 mm×1230 mm　　1/32
印　　张：10.875　　字　　数：300千字
版　　次：2024年5月第1版　　2024年5月第1次印刷
定　　价：68.00元

关注阅读武汉
共享武汉阅读

版权所有·翻印必究
如有质量问题，由本社负责调换。

前　言

　　金融交易要想获得成功就是要在不确定性中寻找确定性。要想把金融交易做好，既需要你有经济学家的学识、哲学家的逻辑、智者一样的远见和持之以恒的独立思考，还要有超人的耐心、勇于承担风险的担当、行动时的精细操控、敏锐的风险嗅觉和规避风险的能力。金融行业的从业者都知道知识的重要性，都在学习，为什么有的人学习后的成效不大呢？个人觉得，知识不成体系时，作用有限，只有把所学的知识系统化、综合化才能转化为能力。从事金融行业，我们都会阅读大量的书籍。读了很多书，却未掌握知识要点，就像盲人摸象那样，没有发现大象真正长什么样。因为你可能一直在象的耳朵底下打转，永远看不到象的背部、象的尾巴。这很令人焦虑。因为你明明已经触摸到了它，但是却无法真正地理解它。我说的那头象，就是人类的经济社会活动。曾经，很多人都有试图看见整头大象的勇气。但是现在，这似乎变得不那么重要了，因为人们已经改变了看大象的方式。科学的发展，让知识迅速地深化，人们各司其职，仔细研究眼皮底下的这一片领域，现在不仅仅可以看见大象的皮肤，还可以看到它的身体内部、它的血管、它的神经。这些被称为专业知识。看到这些难道就够了吗？作为投资者，我认为仅仅这些是不够的。随着信息技术的发展，统计数据在爆发式地增长和传递。但是，我们不能像盲人摸象那样只是局部了解大象，仍然有必要看见整头大象。这很重要，因为我们不应该甘心做一个盲人。我们不必人人都成为专家,看到每一寸皮肤的内部,我们只要看清楚大象的轮廓就够了。这个轮廓,用一个词来概括,就是格局。只有纵览全局才能够看清事物的全貌。古人说:登东山而小鲁,登泰山而小天下。我们有必要通过构建自己的知识体系,尽量看清事物内在的相互关系,通过合理正确的逻辑推理为我们的投资决策提供有益的帮助。

格局决定结局,态度决定高度。投资者的格局决定投资的结局,投资者的高度决定投资的高度、远度。所谓格局,就是指一个人的眼界和心胸。只会盯着树皮里虫子不放的鸟儿是不可能飞到白云之上的,只有眼里和心中装满了山河天地的雄鹰才能自由自在地在天地之间翱翔!我们不否认专业的优点和必要,但整体性思考问题更能够为我们提供观察世界的不同视角。纵览全局的同时抓住事物的主要矛盾,通过抓主要矛盾达到提纲挈领的作用。事物的发展是有先有后、有主有次的,如美国、欧洲、中国、日本、东盟、拉美、俄罗斯等国家和地区,发展水平和发展阶段不同,对世界的影响力也有所不相同。我们研究世界经济不是说对每一个经济体都要深入研究,没有必要为一些不重要的经济体投入过多的精力(除非有重大事情发生)。我们学习马克思主义哲学,就是要通过唯物辩证法这样的哲学手段解决现实问题,通过对主要矛盾的研究抓住问题的核心。通过马克思主义的历史观来找到社会发展的规律性的东西,规律性的东西才是确定性的,这正是我们寻找的核心,能够为我们的投资预测提供帮助。金融交易涉及很多方面,哲学、历史、心理、博弈、学识、心态、思维逻辑等方面,这些方面又相互交织相互作用,共同构建了我们对于事物发展的认知体系。在现实交易过程中这些方面都不是孤立的,通过多方面分析研究、相互印证可以很好地帮助我们提高预测能力和预测的准确性,促进投资水平的提升。

前　言

　　金融交易有两个部分最为重要，其中之一就是寻找确定性。对于未来五年、十年、十五年的大周期预测，是对一个国家和地区经济大周期和所处阶段的分析，我们会经常用到马克思主义唯物辩证法、事物的发展由主要矛盾决定、事物发展的客观性、逻辑思维、批判性思维、逆向思维等理论。事物的发展具有一定的规律性，这是预测的前提，只有认真完整客观地了解社会发展的规律，才有可能很好地对未来作出符合实际的判断。历史可以为我们的预测提供帮助，这主要源于社会事物发展的规律性。这里的预测不是胡乱地猜测，而是通过研究经济寻找那些在不确定性中的具有确定性的规律，通过这些确定性的规律来指导我们的投资活动。深度思考比盲目努力更重要，投资中的勤劳应该是指勤劳的深度思考而不是每天不停地忙碌在电脑上下单和平仓。

　　金融交易的另一个重要组成部分就是技术操作。通过宏观经济研究作出确定性判断后，接下来就是具体执行了。金融交易相当复杂，预测正确只是成功的第一步而已，怎样具体地执行交易同样重要甚至可以说更重要。我们在不确定的经济发展中寻找确定性趋势时，这样的预测本身即便是科学地论证过的结论，也可能是错误的。就像哲学家卡尔·波普尔说的，人对事物的认知具有不确定性，人对于事物信息掌握具有不完整性，这就决定了我们做交易时要小心谨慎，不可盲目自大。只要做交易就必须要有止损的意识，为我们不能全面认识事物做最坏的准备。即便我们的方向是正确的，由于我们预测的是长周期趋势性的机会，这样的转折时间点具有不可预测性，有可能提前也可能滞后，这就要求我们交易者尽量通过技术条件把握好最佳时机，以免机会到来之前遭遇资金上的巨大损失。既要选势又要择机，同时还需要控制好仓位。所以说金融交易是一项系统工程，只有具备多种综合能力才有可能做好。

　　我的交易哲学是以世界的客观性为基础，在不确定的事物发展中寻找确定性客观规律；以事物的整体性为背景，结合事物之间和事物内部的联系性来分析问题；以事物的主要矛盾为切入点，以正向思维和逆向思维为起点寻找确定的投资机会；以历史为线索，以批判性思维为手段不断地修正自己的逻辑和认知。

目 录
CONTENTS

第一章　宏观经济基本面研究 …………………… 001
第二章　马克思主义政治经济学 ………………… 076
第三章　技术分析和交易系统 …………………… 088
第四章　交易哲学 ………………………………… 123
第五章　历史在金融交易中的作用 ……………… 143
第六章　行为金融学 ……………………………… 151
第七章　思维方法 ………………………………… 163
第八章　逻辑思维 ………………………………… 179
第九章　逆向思维 ………………………………… 188
第十章　批判性思维 ……………………………… 204
第十一章　投资心理学 …………………………… 214
第十二章　交易心态 ……………………………… 242
第十三章　交易观念 ……………………………… 252
第十四章　想象力 ………………………………… 266
第十五章　风险控制 ……………………………… 273
第十六章　体系 …………………………………… 296
第十七章　格局 …………………………………… 311
第十八章　舍与得 ………………………………… 322
第十九章　淡然 …………………………………… 333
第二十章　怎样成为一个优秀的投资者 ………… 336

第一章 宏观经济基本面研究

　　宏观经济学以整个国民经济活动作为考察对象，研究社会总体经济问题以及相应的经济变量的总量是如何决定及其相互关系。从宏观的角度理解世界的运作方式，对社会经济、政治、市场等各方面发展的趋势有前瞻性的看法。格雷厄姆说过，市场短期是一台投票机，但市场长期是一台称重机，这句话既在股票市场适用也在其他金融市场适用。同时这句话也说明长期来看，市场是可以被预测的，有规律可循的。短期市场的混沌并不能抹杀长期市场的规律性。未来虽然充满未知，但从大的方向上来看，事物的发展仍然有着一定的可预见性或必然性，也就是我们所说的不确定性中的确定性。为什么金融市场具有一定的可预见性和必然性？因为金融市场是按照经济自有的规律运行的。"欲知大道，必先为史"，想要知道事物发展的趋势，我们必然先要知道事物发展的规律。规律是事物之间内在的某种必然联系，这种联系不断重复出现，在一定条件下相互作用，并且决定着事物必然向着某种趋向发展。

　　金融市场是否有规律存在？金融市场的建立者是人，参与者也是人，经济生活无一不是人类意志的体现，而作为市场参与者的人是属于自然界的，人受自然界的影响，按照自然规律安排自己的工作与生活，而人的社会生活也是有规律的，如果没有规律又何来的宏观分析？宏观分析以判断金融市场未来走势为目标，对经济和政治数据进行汇总。承认经济运行的规律性是我们研究宏观经济的基础。我们在金融交易层面对于经济的研究有自己的特点，我们的研究就是为了更好地指导我们的金融交易。这样的使命一定要贯穿于我们整个金融研究的始终。

金融交易层面的经济学研究就是要掌握经济发展的内在规律，进而发现投资机会并把投资机会转化成收益的活动。能不能实现收益，就要看我们能不能发现机会，能不能发现机会就要看我们能不能发现经济运行的规律。我们怎样找到经济运行规律？历史和逻辑推理是我们发现规律的最佳途径。我们研究经济最核心的部分就是要研究货币。货币是经济运行的核心，货币多少决定经济的好与坏，货币流动方向决定了经济哪里好哪里坏，货币量也决定了是通货膨胀还是通货紧缩，也决定了汇率的上涨和下跌。经济的好和坏，决定了商品价格的上涨和下跌，也决定了货币政策的松和紧。总之，我们研究的一切都是为了搞明白经济运行的本质内在联系。通过本质的内在联系的规律性为我们的金融交易指引方向。

宏观基本面是指经济各个方面各自都拥有的基本情况的汇总。基本面分析方法是以供求分析为基础，研究价格变动的内在因素和根本原因，侧重于分析和预测价格变动的中长期趋势的方法。基本面分析主要包括宏观经济分析、供求分析和影响因素分析等相关内容，侧重于分析宏观性因素。

宏观经济分析包括经济周期、经济政策、经济数据。经济政策又包括货币政策、财政政策、产业政策。

产业链分析就是指从行业的上下游产业入手，研究产业环节及相关因素对于商品供应和价格的影响及其传导，从而分析和预测商品价格。其他因素还包括政治因素，包括大选、罢工、政变、内战、国际冲突等。自然因素主要包括气候条件、地理条件和自然灾害。

一般我们所讲的基本面分析是指对宏观经济面、行业、公司业务、同行业竞争水平和公司内部管理水平包括对管理层的

第一章 宏观经济基本面研究

考察等诸多方面的分析，数据在这里充当了最大的分析依据，但往往不能以数据来做最终的投资决策，如果数据可以解决问题，那么计算机早就代替人脑完成基本面分析了，事实上除了数据还要包括许许多多无法以数据来衡量的东西。基本面信息有着海量数据，各种因素相互交织，有好消息就有坏消息，有正向推动就有反向推动，怎样通过收集这些海量数据汇总分析出对于我们判断事物发展趋势变化的方向就极为重要了。基本面分析重要性不用再赘述了，研究基本面的机构和学者实在是太多了，例如投资银行、证券机构、政府部门、经济学家，还有为数众多的投资者。平时我们浏览财经网站满眼都是这种分析预测，大部分文章写得数据翔实、逻辑清晰，给人的感觉都很有道理。但我们把这些文章的观点放在一起，你就会发现，很多时候他们的观点差异巨大，同样的统计数据不同的推理结论。我们应该相信谁呢？这是个问题而且是个重要的问题。我们是该相信国内的还是国外的、有名气的还是没名气的、政府的还是民间的、机构的还是个人的？一千个读者眼中就有一千个哈姆雷特，一点都不为过。通过上面的问题我们基本上可以了解了基本面分析所面对的复杂性，因为我们是要通过分析基本面得出结论，用我们得出的结论去指导我们的金融交易。这就必然要求我们的分析结论一定要有正确性、可靠性、及时性、前瞻性，一旦结论和实际情况偏差过大，不但对于交易起不到帮助作用甚至还会带来副作用，资金遭受亏损，信心遭受打击，严重的话可能会改变人生轨迹。

基本面分析的易错性。上面我们已经说到了基本面信息量太大，各种因素相互交织互相干扰，这就决定了基本面分析的易错性。这是基本面分析本身就具有的特性，不可能会消失，在错误的方向上努力，甚至可能是毁灭性的灾难。那么我们就要放弃基本面分析吗？我觉得这倒没有必要，即便基本面分析有可能会出现错误，我们也不可因噎废食，通过正确的逻辑思考得出正确的结论是完全有可能的。怎样才能实现结论正确呢？

第一，既然基本面分析的基础来源于数据的汇总和加工，那么我认为数据的真实性、准确性、全面性直接关乎后期结论的正确性。

那么我们怎样判断这些纷繁复杂的数据的真实、准确和完整呢？我们自己去汇总数据吗？这个显然是不可能的，海量的数据不可能靠一个人或一个组织就能够全部收集齐备，即便是政府也是做不到的。现在网络这样发达，应该说获得我们想要的数据也并不是太难。那么什么机构或组织或人员发表的数据是可信而全面的？我认为在使用任何数据时都要抱有适度怀疑的态度，适度怀疑本身就是科学精神的体现。即便是国家机构提供的数据也可能因为数据的统计不全面不科学或添加了人为因素的干扰使得数据本身有出错的可能。这就需要我们在使用数据时尽量多地寻找不同机构发表的数据，例如国内的和国外的，官方的和民间的。把各种数据进行必要的比较和简单的印证，发现其中明显的和事实不符的或明显偏差的数据，经过我们的筛选后的数据就会相对比较可靠。这对后期我们对数据的加工推理都会有很大的帮助。

第二，基本面的基础是数据，但只有数据我们又能干什么呢？

我们收集处理加工数据的目的不是为了得到数据本身，我们想要得到的是通过数据推导出来的结论。数据的准确和全面就能获得正确的符合事实本质的结论吗？显然不是这样的，事实无数次地验证了无论数据多么真实全面，但结论却是怎样的千差万别，尤其是宏观经济的基本面分析。那出现了什么问题？为什么一样的东西会得出不同的结论？最有可能就是逻辑推理过程出现了问题。宏观基本面分析就是利用过去的数据通过合理的逻辑推理得出经济或行业未来可能的发展方向，这个推理

第一章 宏观经济基本面研究

过程不可避免地会被推理者人为地添加个人的认知因素。逻辑推理本身并没有固定的模式，千人千面。不同的问题推理的逻辑也不同，所以个人的知识和能力很重要。同时逻辑推理人能否持有客观立场也很重要。人的思维有很大部分是人的无意识思维，人的立场会无意识地干扰和左右人们在逻辑推理过程中对于数据的选取和加工，人们会无意识地选取那些对于自己观点有利的素材或推理结论，所以人们要客观地有意识地纠正无意识造成的错误，同时宏观基本面本身问题就很复杂，易错性本身就需要我们不断反复论证结论的正确性。

第三，基本面分析既然会这么容易出现错误，那么我们以此作为交易指导那不是会带来重大损失吗？

这个倒不必担心。这个问题使我想起了我们国家的伟大工程两弹一星，其中的卫星工程发射可谓难度极高，原因就在于我们的工业体系比较落后，成千上万的零部件每一个都应该是绝对可靠的。但当时，我们的工业确实做不到。那为什么我们的火箭能够顺利地发射成功呢？原因就在于我们的工程负责人钱学森先生提出了一个独特设想，通过火箭的整体性来解决某一个独立小体系的不可靠性，从而实现整个火箭运行的可靠性。金融交易也是一样的道理。基本面分析确实很重要也很必要，但这也只是金融交易体系的一部分，我们可以通过交易体系的整体性来弥补某一部分出现的问题。简单地说就是宏观经济分析虽然出错，但只要技术分析不符合入场条件我们就坚决不入场，这样我们就不会产生大的亏损。一旦我们做出的宏观基本面分析是接近事实，那么我们就有可能实现大幅盈利。

经济研究有不同的层面，根据范围可以分为全球宏观经济研究、国家宏观经济研究、行业研究和企业研究等。

随着全球化的不断发展，各国经济不断地加强相互联系和融合，全球宏观经济研究越来越有必要进行。一国的问题可能早就超出国界，全球一体化和贸易的自由化都在不断地加深。

现在世界经济的主要特点就是分工不断地深化，不同的经济体在世界经济中扮演着不同的角色。以欧、美、日为代表的发达经济体扮演货币输出和高技术输出、消费者的角色，其中尤其是美国最为典型，它们处于经济金字塔的顶部。而中国、东南亚、韩国这些经济体属于加工出口型，进口原料，加工成商品然后出口。这些国家不如美欧发达，属于通过出口商品赚取外汇为主，处于向发达经济体逐步演进过程中的经济体。再有一种国家就是原材料出口型国家，比如以沙特为代表的欧佩克国家、巴西、澳大利亚、俄罗斯等资源输出国家。通过贸易，世界上的各个经济体紧密联系在一起，并且这些联系还在不断地加深。

没有研究基础的投资就像闭着眼睛开车。研究宏观经济是做投资的基础，只有对宏观经济有一个比较清醒的认识，才能够去判断市场的走势，才能够做大类资产配置，因为大类资产配置是在宏观周期的基础上来进行的。如果只是对于局部的市场进行研究，而不管整个环境，往往在其中很难分清大的方向。宏观经济的研究非常复杂，既要有对于全球经济的研究，对中国经济的研究，还要研究世界各国的政治、经济政策等。

在金融市场做投资，赚钱的人少，其实很大程度上是因为很多人，并不做深入的研究。一位著名的投资大师说过，"没有研究做基础的投资，就好像闭着眼睛开车。"如果你稀里糊涂地赚了一笔钱，并不是靠研究，而是靠运气，那么你早晚会稀里糊涂地再亏掉，所以要非常重视对于宏观经济的研究。

不同的国家，发展程度是不同的。从历史上看，人类社会自从进入文明社会以来，大体上经历了奴隶社会、封建社会、资本主义社会、社会主义社会。不同的社会阶段有不同的特点，不同的国家相同的经济阶段也具有很多相同的特征。不同的资本主义国家大体都经历过相同的发展阶段：市场经济的初始阶段、市场经济加工贸易阶段、市场经济房地产繁荣阶段、市场

第一章 宏观经济基本面研究

经济的低速阶段等。由于我国实施社会主义市场经济，同时我们的生产力水平又比较低，所以我们国家目前的经济发展状态和特征，一定程度上也符合市场经济的基本发展历程和阶段特征，这是由生产力发展水平决定的。不同的经济发展阶段有不同的特点，这些不同阶段也不是很短时间就完成的，这样就使得在同一历史阶段就会存在大小不同的周期，这些周期有些是经济体自身引起的，有些是外部原因引起或带来的。周期根据时间长短不同可以划分为短周期、中周期、长周期。

经济周期是人为划分和定义的，在现实经济运行过程中并不像"一是一、二是二"这样清晰和明确。不同的国家和不同的经济发展阶段、不同行业的周期也不尽相同。各周期和阶段特征相互掺杂。清晰和准确地划分周期对于我们通过周期特征分析和判断经济运行会有很大的帮助。周期判断不是万能的，但是对促进我们更好地理解和认知经济运行还是非常有帮助的。如果我们能够很好地把握周期规律，同时把对于规律的认知运用到实践中就可能在金融交易中把握先机，从而获得好的收益。

马克思曾经说过，商品的价格总是围绕商品价值上下波动，这就说明了商品具有周期性，同时也告诉了我们价格是围绕商品价值来波动的，价值就是商品价格波动的锚，虽有偏离但总是在价值附近波动。这也很好地解释了为什么价格总是围绕着商品价值波动，因为低于价值时大部分生产者都处于亏损状态，这样越生产越亏损会严重地打击生产者的生产积极性，从而改变供应数量、改变供给状态。供给减少价格自然会回升到商品价值之上。过高的利润会促使生产者不断地扩大再生产，最终扭转供需关系，从而使得价格再次回落，循环往复。这也就是我们寻找的周期。周期和商品价值的结合才能更好地实现金融交易的获益。

经济周期有其出现的必然性。资本主义本质上就是对于剩余价值的追求，这就决定了危机是必然出现的。对于利润的追

— 007 —

求是参与经济的个体的必然要求。参与其中的个体众多,只要利润合适,扩大规模就是必然选择,这样的选择作为个体并没有错,但作为总体,每个个体的共同选择就必然会导致最后的供给过剩并导致危机的发生,就像马克思所说的那样,资本主义本身具有的特征就是经济危机。在资本主义经济运行的过程中,每隔若干年就要爆发一次危机。经济危机是资本主义基本矛盾的集中暴露和突出表现,因而也是这种基本矛盾的证明。经济危机是经济周期的突出表现,当然更短的周期未必一定会以危机这样的极端形式表现出来,很多时候只是以价格波动和供需失衡的形式表现出来。我们应该给予经济周期更合理的划分,从而使得我们更好地理解经济的波动和价格的涨跌。

依据时间长短不同,人们把经济周期划分为存货周期、基钦周期(短周期)、朱格拉周期(中周期)、康德拉季耶夫周期(长周期)、库兹涅茨周期(建筑周期)。

存货周期是指行业内企业根据市场价格和利润变化,使得存货数量和生产数量周期变化的周期。这样的周期时间较短变化较快,出现较为频繁。

短周期是1923年英国经济学家基钦提出的一种为期3—4年的经济周期。基钦认为经济周期实际上有主要周期与次要周期两种。

朱格拉周期是1860年法国经济学家朱格拉提出的一种为期9—10年的经济周期。该周期是以国民收入、失业率和大多数经济部门的生产、利润和价格的波动为标志加以划分的,此为中周期。

康德拉季耶夫周期是1926年俄国经济学家康德拉季耶夫提出的一种为期50—60年的经济周期。该周期理论认为,从18世纪末期以后,经历了三个长周期。第一个长周期从1789年到1849年,上升部分为25年,下降部分35年,共60年;第二个长周期从1849年到1896年,上升部分为24年,下降部分为23

第一章 宏观经济基本面研究

年，共 47 年；第三个长周期从 1896 年起，上升部分为 24 年，1920 年以后进入下降期。此为长周期。

库兹涅茨周期是 1930 年美国经济学家库兹涅茨提出的一种为期 15—25 年，平均长度为 20 年左右的经济周期。由于该周期主要是以建筑业的兴旺和衰落这一周期性波动现象为标志加以划分的，所以也被称为"建筑周期"。

熊彼特周期是 1936 年熊彼特以他的"创新理论"为基础，对各种周期理论进行了综合分析后提出的。熊彼特认为，每一个长周期包括 6 个中周期，每一个中周期包括三个短周期。短周期约为 40 个月，中周期约为 9—10 年，长周期为 48—60 年。他以重大的创新为标志，划分了三个长周期。第一个长周期从 18 世纪 80 年代到 1842 年，是"产业革命时期"；第二个长周期从 1842 年到 1897 年，是"蒸汽和钢铁时期"；第三个长周期从 1897 年以后，是"电气、化学和汽车时期"。在每个长周期中仍有中等创新所引起的波动，这就形成若干个中周期。在每个中周期中还有小创新所引起的波动，形成若干个短周期。

通过上面的对于周期的划分，我们对于经济周期已经有了初步的了解。现实世界并没有这样清晰和严格的划分，不同周期是混杂在一起的。不同行业、不同国家、不同的发展阶段、不同的社会制度都会对经济产生影响。这也是为什么周期虽然存在但又很难被世人认知的原因所在，周期具有一定的复杂性。

周期的划分更多的是对于单一国家经济周期运行的划分。笔者个人觉得这样的划分并非绝对合理。世界是开放的是紧密联系在一起的。这样的联系通过贸易和汇率的形式把各个国家联系在一起，这样的联系从过去到现在越发明显。国际分工更加细致，贸易规模不断扩大。同时经济危机的影响也会更广泛地波及全世界。将世界经济作为整体研究会比对单一国家内部经济周期研究更科学更合理。我们也不否认国家内部的周期存在，但随着世界变成地球村，世界经济整体周期研究更应该得到重视。对于世界经济整体周期的划分需要我们通过对于世界经济发展史的研究发现其中的规律。世界经济周期离不开工业技术革命，到目前为止现代社会大体上进行了三次比较大的工业技术革命。

第一次工业技术革命，最典型的代表是蒸汽机的改良和推广。第一次工业技术革命之前，制造业依靠的动力主要来源于大型动物、奴隶、底层劳动力。第一次工业技术革命之后，人类的动力来源由最初的动物或者人变成了机器。工业革命之前，船在无风时候的动力只能靠纤夫或船夫的人力。工业革命之后，汽轮机就诞生了，大型船舶就有蒸汽机作为动力源。蒸汽机改变了方方面面，火车因为蒸汽机而诞生，轮船因为蒸汽机可以在无风甚至逆风的时候航行，纱厂的纺织因为蒸汽机而节省大量人力，同时效率大大提升。

第二次工业技术革命，最典型的代表是电力的广泛使用以及内燃机的出现。电力的出现，尤其是交流电的出现，解决了动力的普遍性问题。电力的出现让动力变得可控制，我们可以控制电动机的功率大小，我们可以将本地发的电输送到千里之外，点亮千里之外的灯泡，让千里之外的电动机运转起来。蒸汽机虽然能够给人类带来动力，但是蒸汽机的弊端是动力不够强劲，体积太大，噪音太大。内燃机的出现解决了蒸汽机的各种弊端，进而让这个世界进入电气化时代。照明由煤油灯全部变成了灯泡。汽车，也由于内燃机的出现而诞生，进而进入寻常百姓家里。无线电的诞生，让电视、收音机成为可能。电气化时代彻底改变了人类的发展历史。

第三次工业技术革命，最典型的代表是计算机和新型通信方式。信息数据化、电脑自动化运行，人们把需要做的事情编写好对应的程序，然后让程序开始运行，代替人们做那些重复的、易出错的事情。而通信的发展让计算机与计算机之间可以远距离地通信、协作。新的通信方式解决了第二次工业革命中

第一章 宏观经济基本面研究

有线通信弊端和无线通信弊端，数字信号代替了第二次工业革命时代的模拟信号，电影、电视节目、书籍、文档等信息载体全部可以被数字化，信息存储的密度大大增强。一块小小的 1 个 T 硬盘，可以毫无压力地把古代的书籍全部存进去。

三次工业革命就是三次大的经济周期，这样的周期时间跨度是非常长的。每一次工业技术革命中都会出现很多时间相对短一些的经济周期，也就是马克思所说的资本主义不可避免的经济危机。

资本主义经济运行过程中，每隔若干年就要爆发一次危机，周期性危机的表现就是经济每经过一段时间发展，突然发生大量已生产的商品卖不出去，大量生产资料闲置，大批生产企业和大批商店、银行等宣告倒闭。研究马克思主义政治经济学我们可以知道这是资本主义经济的基本矛盾决定的，是必然会发生的事情。同时危机也是经济再平衡和资源再分配的实现途径，我们研究分析经济和投资就是要把这样的周期性经济危机作为我们研究的重点，只有把握好这样的周期特征和规律才能做好投资。

危机的可能性和现实性，在资本主义经济的条件下，生产过剩的危机存在于商品经济内在矛盾之中。不是有商品就有危机，而是在资本主义经济条件下这样的危机才具有现实性。这是资本主义制度根本矛盾所决定的。这样的危机在资本主义制度下具有必然性，这就为我们研究周期提供了可能。如果周期没有发生的必然性也就不具备可预测性，既然危机有其发生的必然性，那么危机的预测就有可能实现。

典型的资本主义生产周期，包括危机、萧条、复苏和高涨四个阶段。危机是上一个周期的终点，又是下一个周期的起点。危机持续一定时间后，由于生产大大缩减，资本家毁存货、毁坏生产力，商品供给超过有支付能力的需求的矛盾缓和，危机阶段转入萧条阶段。在萧条阶段，生产总的来说不再下降，但仍处于停滞状态。社会购买力不再下降，但仍然很低，商品销售仍然很困难。工人就业急剧减少的情况开始改善，企业开始增雇工人，这些都为复苏阶段作了准备。在复苏阶段生产和消费矛盾进一步缓和，生产部门比例逐渐恢复到大体平衡。资本家开始增加投资，扩大生产，更新固定资本，信用扩大，银行业兴旺起来，社会生产逐渐恢复，工人工资增加，消费者消费增加。这样经济再次进入复苏和繁荣阶段，周期循环不断发生，这也正好印证了马克思所说的商品价格总是围绕价值上下波动。几乎可以这样说，商品价格之所以会出现向价值回归，大部分时候都是因为经济的周期性危机。虽然这样的波动很残酷，使很多人倾家荡产，很多企业倒闭，但这样的危机不会因为我们不喜欢就不会出现。危机的出现是客观的，同时我们也可以利用我们对于危机的认识，利用危机出现的机会，布置我们的投资机会，配置我们的资产，实现规避风险和获得收益的目的。

自从1825年英国爆发了资本主义历史上第一次经济危机后，19世纪的危机大约每十年爆发一次。从20世纪到第二次世界大战前，危机大约7年左右出现一次。战后，由于国家对于经济的干预加强，有时甚至出现很多国家联合干预，这就使得经济危机出现的时间间隔出现了新的变化，呈现出不规则的状态。危机间隔有长有短，程度有大有小。危机出现的方式既有突然发生式的，也有渐进式的。生产周期也不是表现为明显的四个阶段，有时萧条会出现得非常短暂，有时繁荣时间会持续比较长，有时不一定会出现高涨。总之，由于国家对于经济生活的强势干预，使得原有的内在的周期性变化受到外界力量的干预而变得不好预测。但有一点是不会因为干预而发生改变的，那就是危机出现的必然性，不论你怎么干预，危机还是会出现。

我们接下来看下面两张图：

第一章 宏观经济基本面研究

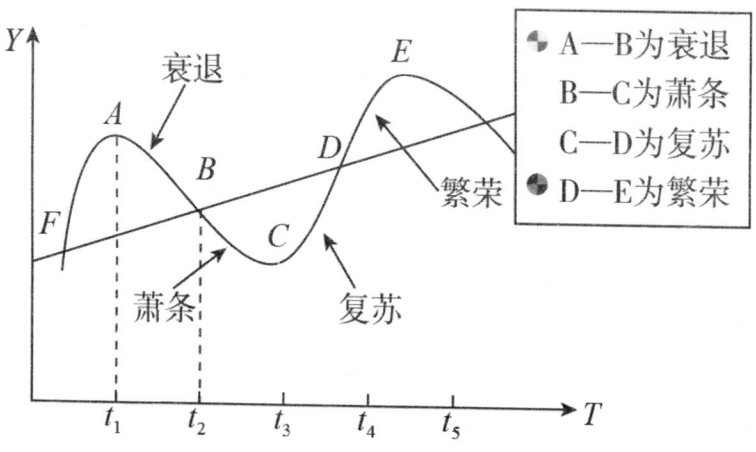

经济的周期性

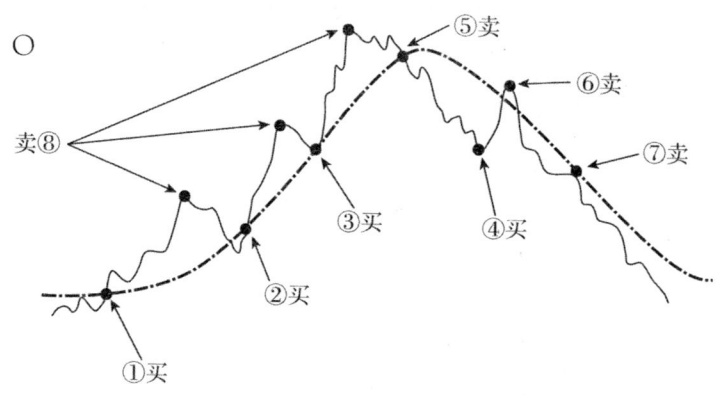

格兰维尔移动平均线

通过这两张图的形象描述我们不难看出，投资这件事情就是不断地寻找危机与繁荣。只要找到了危机与繁荣交替变化的基本规律就可能实现规避风险和财富增值的目的。

国际金融市场，目前最主要的金融交易品种主要是外汇、股票、债券、黄金、大宗商品和农产品。宏观经济分析的核心是分析资金的流动，无论是繁荣还是萧条，背后的核心力量都只有一个，那就是资金。资金向哪里流动哪里就繁荣，从哪里散去哪里就萧条。哪个行业聚拢资金哪个行业就繁荣，反之则萧条。我们研究宏观经济就是要围绕着资金流动这样的核心展开，离开这个核心研究都是舍本逐末。外汇、债券、黄金、大宗商品，虽然这些品种各有不同，但品种的背后核心都是资金。资金的流动必然引起汇率的变化，货币政策的变化也必然会引发资金的流动。债券和资金也是紧密联系在一起的。资金的宽裕必然导致利率的降低，资金的收紧也一定会引发利率的升高。利率的升高同时也会引发资金的流动，资金总是流向利率更高的地方。资金到来引发经济繁荣，经济繁荣引发商品价格上涨。股票也是资金和经济繁荣推动的品种，哪里的经济繁荣和资金充裕，哪里的股票就会大幅上涨。研究宏观经济我们不能孤立地研究一个国家的经济，因为世界经济是相互联通的。研究汇率、商品、股票、债券等品种也不能孤立地研究，因为这些品种也都是紧密联系在一起的，可以说牵一发而动全身。

第一章 宏观经济基本面研究

第一节 汇率

有贸易就要有货币的兑换。外汇市场是世界经济体相互联系的纽带，货币就是世界经济体之间有效运行的血液，流动的速度、方向、流量都关系到每个经济体的繁荣和衰退。

外汇的概念具有双重含义，即有动态和静态之分。外汇的动态概念，是指把一个国家的货币兑换成另外一个国家的货币，借以清偿国际债权、债务关系的一种专门性的经营活动。它是国际汇兑的简称。外汇的静态概念，是指以外国货币表示的可用于国际结算的支付手段。这种支付手段包括以外币表示的信用工具和有价证券，如：银行存款、商业汇票、银行汇票、银行支票、外国政府库券及其长短期证券等。国际货币基金组织的解释：外汇是货币行政当局（中央银行、货币管理机构、外汇平准基金组织和财政部）以银行存款、财政部国库券、长短期政府债券等形式保有的、在国际收支逆差时可以使用的债权。

汇率亦称"外汇行市或汇价"，表示一国货币兑换另一国货币的比率，是以一种货币表示的另一种货币的价格。由于世界各国货币的名称不同，币值不一，所以一国货币对其他国家的货币要规定一个兑换率，即汇率。

汇率是国际贸易中最重要的调节杠杆。因为一个国家生产的商品都是按该国货币来计算成本的，要拿到国际市场上竞争，其商品成本一定会与汇率相关。汇率的高低也就直接影响该商品在国际市场上的成本和价格，直接影响商品的国际竞争力。汇率是各国竞争力的平衡器，是不使世界经济过度失衡的稳定器。货币的流动方向决定哪里会繁荣哪里会萧条，货币的流动改变地区繁荣与萧条时也会引起汇率的波动，具体的幅度和时间跨度受流动速度的影响。短时间大量的外流会带来本币的大幅贬值，短时间的流入可以导致本币汇率大幅升值。

固定汇率制是指以本位货币本身或法定含金量为确定汇率的基准，是汇率比较稳定的一种汇率制度。在不同的货币制度下具有不同的固定汇率制度。布雷顿森林体系下的固定汇率制也可以说是以美元为中心的固定汇率制。1944年7月开始了布雷顿森林体系，布雷顿森林体系建立了国际货币合作机构（1945年12月成立了"国际货币基金组织"和"国际复兴开发银行"又称"世界银行"），规定了各国必须遵守的汇率制度以及解决各国国际收支不平衡的措施，从而确定了以美元为中心的国际货币体系。

浮动汇率制是指一国不规定本币与外币的黄金平价和汇率上下波动的界限，货币当局也不再承担维持汇率波动界限的义务，汇率随外汇市场供求关系变化而自由上下浮动的一种汇率制度。该制度在历史上早就存在过，但真正流行是1972年以美元为中心的固定汇率崩溃以后。应该说，浮动汇率制相对于固定汇率制而言是一种进步。随着全球国际货币制度的不断改革，国际货币基金组织于1978年4月1日修改"国际货币基金组织"条文并正式生效，实行所谓"有管理的浮动汇率制"。由于新的汇率协议使各国在汇率制度的选择上具有很强的自由度，所以各国实行的汇率制度多种多样，有单独浮动、钉住浮动、弹性浮动、联合浮动等。

单独浮动指一国货币不与其他任何货币固定汇率，其汇率根据市场外汇供求关系来决定，包括美国、英国、德国、法国、日本等在内的三十多个国家实行单独浮动。

钉住浮动指一国货币与另一种货币保持固定汇率，随后者的浮动而浮动。一般情况，通货不稳定的国家可以通过钉住一种稳定的货币来约束该国的通货膨胀，提高货币信誉。当然，采用钉住浮动方式，也会使该国的经济发展受制于被钉住国的

第一章 宏观经济基本面研究

经济状况,从而蒙受损失。全世界约有一百多个国家或地区采用钉住浮动方式。

弹性浮动指一国根据自身发展需要,对钉住汇率在一定弹性范围内可自由浮动,或按一整套经济指标对汇率进行调整,从而避免钉住浮动汇率的缺陷,获得外汇管理、货币政策方面更多的自主权。巴西、智利、阿根廷、阿富汗、巴林等十几个国家采用弹性浮动方式。

联合浮动指国家集团对成员国内部货币实行固定汇率,对集团外货币则实行联合的浮动汇率。欧盟(欧共体)11国1979年成立了欧洲货币体系,设立了欧洲货币单位(ECU),各国货币与之挂钩建立汇兑平价,并构成平价网,各国货币的波动必须保持在规定的幅度之内,一旦超过汇率波动预警线,有关各国要共同干预外汇市场。1991年欧盟签订了《马斯赫特里特条约》,制定了欧洲货币一体化的进程表,1999年1月1日,欧元正式启动,欧洲货币一体化得以实现,欧盟这样的区域性的货币集团已经出现。

在全球经济一体化进程中,原来美元在国际金融一家独大的局面正在向多极化发展,国际货币体系将向各国汇率自由浮动、国际储备多元化、金融自由化国际化的趋势发展。

汇率水平就像其他任何商品的价格一样,是由供求关系决定的。如果一个国家感觉自己的货币汇率太高了,那么只要多印一点自己的货币,投放到市场上,供应量增加,其价格也就是汇率自然会下来,所以要让自己的货币贬值,政府是较容易做到的,但要让自己的货币升值,就不是完全靠主观意愿能做到的,因为政府需要用外汇来支持自己的汇率,但它自己不能印外币,所以它对该国货币的支持能力是由它所持有的外汇储备量决定的。在1997—1998年亚洲金融危机期间,印尼、韩国等最终不得不让自己的货币大幅贬值,便是由于没有足够的外汇储备,汇率制度就是以一系列制度来保证有足够的外汇储备去支持事先固定的汇率,并且在制度上保证供需关系最终会自动调整到固定的汇率水平,达到平衡。

一、外汇影响因素

外汇研究是一项比较复杂的系统工程,受各种因素综合影响,这些因素的最终影响力也是不一样的,有的因素是短期的,有的影响因素是中期的,有的是长期的。决定一国汇率的根本因素就是经济发展,当然汇率本身就不是一个国家的货币而是两个国家的货币相对应的结果,所以汇率的高低是两个国家的经济发展情况决定的。世界上有这么多国家,如果一一对应那就是无数个组合,但现实并没有这么复杂,在过去金本位时代,人们用黄金作为各国货币的衡量标准,布雷顿森林体系建立后人们以美元作为衡量标准,各国通过本币和美元兑换关系来决定和其他国家货币的汇率关系。美元自布雷顿森林体系后成为运用最为广泛的国际通用的结算货币,即便该体系解体,但美元作为运用最广泛的结算货币一直延续到现在。欧元的出现曾经对美元的地位提出挑战,但就目前来看远远没有到达撼动美元地位的程度,这与欧元经济体本身经济疲软、危机重重有很大的关系。现在还是美元占据国际结算货币的主导地位,那么我们就不得不尊重现实。我们只有把握住了美元的主导地位才能够捋清楚外汇市场的整体面貌。美元作为外汇储备的主要货币和国际收支的主要货币对于世界各国的经济和大宗商品的计价都有着决定性的影响。

二、影响汇率波动的基本因素

(一)国际收支及外汇储备

所谓国际收支就是一个国家的货币收入总额与付给其他国家的货币支出总额的对比。如果货币收入总额大于支出总额,便会出现国际收支顺差,反之,则是国际收支逆差。国际收支状况对一国汇率的变动能产生直接的影响。发生国际收支顺差,会使该国货币对外汇率上升,反之,该国货币汇率下跌;这是影响汇率的最直接的一个因素。关于国际收支对汇率的作用,早在 19 世纪 60 年代,英国人葛逊就作出了详细的阐述,之后,资产组合说也有所提及。所谓国际收支,简单地说就是商品、劳务的进出口以及资本的输入和输出。国际收支中如果出口大于进口,资金流入,意味着国际市场对该国货币的需求增加,则本币会上升。反之,若进口大于出口,资金流出,则国际市场对该国货币的需求下降,本币会贬值。

(二)利率

利率作为一国借贷状况的基本反映,对汇率波动起决定性作用。利率水平直接对国际资本流动产生影响,高利率国家发生资本流入,低利率国家则发生资本外流,资本流动会造成外汇市场供求关系的变化,从而对外汇汇率的波动产生影响。一般而言,一国利率提高,将导致该国货币升值,反之,该国货币贬值。

利率水平的差异,所有货币学派的理论对利率在汇率波动中的作用都有论及。但是阐述得最为明确的是 20 世纪 70 年代后兴起的利率评价说。该理论从中短期的角度很好地解释了汇率的变动。利率对汇率的影响主要是通过对套利资本流动的影响来实现的。在温和的通货膨胀下,较高利率会吸引外国资金的流入,同时抑制国内需求,进口减少,使得本币升高。但在严重通货膨胀下,利率就与汇率呈负相关的关系。

(三)通货膨胀

在纸币制度下,汇率从根本上来说是由货币所代表的实际价值所决定的。按照购买力平价说,货币购买力的比价即货币汇率。如果一国的物价水平高,通货膨胀率高,说明本币的购买力下降,会促使本币贬值。反之,就趋于升值。通货膨胀很可能导致财富的转移和贫富差距的扩大。

(四) 政治局势

国际政治局势的变化会对外汇市场产生影响。政治局势的变化一般包括政治冲突、军事冲突、选举和政权更迭等，这些政治因素对汇率的影响有时很大，但影响时限一般都很短。外汇汇率的波动，虽然千变万化，但和其他商品一样，归根到底是由供求关系决定的。在国际外汇市场中，当某种货币的买家多于卖家时，买方争相购买，买方力量大于卖方力量，卖方奇货可居，价格必然上升。反之，当卖家见销路不佳，竞相抛售某种货币，市场卖方力量占了上风，则汇价必然下跌。政治因素与经济因素是密不可分的。一个国家政局是否稳定，对其经济，特别是货币的汇率会产生重大的影响。无论是军事冲突，还是政治丑闻，都会在外汇市场留下重要的痕迹。

(五) 经济增长速度

这是影响汇率波动的最基本的因素。根据凯恩斯学派的宏观经济理论，国内生产总值的增长会引起国民收入和支出的增长。收入增加会导致进口产品的需求扩张，继而扩大对外汇的需求，推动本币贬值。而支出的增长意味着社会投资和消费的增加，有利于促进生产的发展，提高产品的国际竞争力，刺激出口增加外汇供给。所以从长期来看，经济增长会引起本币升值，由此看来，经济增长对汇率的影响是复杂的，但如果考虑到货币保值的作用，汇兑心理学有另一种解释，即货币的价值取决于外汇供需双方对货币所作的主观评价，这种主观评价的对比就是汇率。而一国经济发展态势良好，则主观评价相对就高，该国货币坚挺。

(六) 市场观点

所谓的市场观点是指外汇交易员对未来汇率短期波动方向的预期与认知，而汇率短期的波动往往就是反映市场观点。市场观点可以有正面与负面两种。当某种货币的市场观点被视为正面的时候，会较诸其他货币相对强势；反之，当某种货币的市场观点被解释成负面时，则会比其他货币相对弱势。外汇交易员会在已知的经济情势下，对市场消息作出最快速的反应，通常他们会预先考虑市场的消息与政府可能宣布的重大措施，并在信息正式公布前采取买进或卖出的动作。市场观点将会影响消息正式公布后的汇率走势。例如在政府公布GDP数据之前，市场保持相当乐观的看法，该国的货币汇率可能因此而上涨，万一公布的结果低于市场的预期时，即使此一数据对该国的经济来说仍然是个好消息，汇率还是有可能因为失望性卖压而下跌。相关的消息曝光后，将会影响现存的市场观点。

（七）人们的心理预期

这一因素在国际金融市场上表现得尤为突出。汇兑心理学认为外汇汇率是外汇供求双方对货币主观心理评价的集中体现。评价高，信心强，则货币升值。这一理论在解释无数短线或极短线的汇率波动上起到了至关重要的作用。除此之外，影响汇率波动的因素还包括政府的货币、汇率政策、突发事件的影响、国际投机的冲击、经济数据的公布甚至开盘收盘的影响。和其他商品一样，一国的货币往往会因为人们的预期不同而影响其外汇汇率的升跌。这种人为因素对汇率的影响力，有时甚至比经济因素所造成的效果还明显。因此经济学家、金融学家、分析家、交易员和投资者往往根据每天国际上发生的事，各自作出评论和预测，发表自己对汇率走势的看法。

（八）技术分析

许多市场参与者认为过去市场价格移动的方向可以用来预测未来的走势，所以他们以过去市场价格变动的资料来交易，而非以经济基本面或消息面为考量，这种方式称为技术分析。在市场参与者会采取与以往相同策略的假设前提下，技术分析可以替投资人描绘出未来的市场走势。关于技术分析的应用理论很多，每个人的关注周期不同、指标不同、形态不同、判断不同，决定了人们的操作千变万化。

（九）中央银行干预外汇市场

由于一国货币的汇率水平往往会对该国的国际贸易、经济增长速度、货币供求状况，甚至于政治稳定都有重要影响，因此当外汇市场投机力量使得该国汇率严重偏离正常水平时，该国中央银行往往会入市干预。中央银行在外汇市场上对付投机者的四大法宝是：

1. 直接在外汇市场上买卖该国货币或美元或其他货币。
2. 提高该国货币的利率。
3. 收紧本币信贷，严防该国货币外流。
4. 发表有关声明。

各国中央银行通过以上这些措施，使得外汇市场上投机者的融资成本大幅提高，迫使它们止损平仓，铩羽而归，促使汇率回到合理的水平。以上四种方法，尤以中央银行干预外汇市场短期效力最为明显。

三、外汇市场研究的重心

市场上有句话：美联储就像是全世界的央行。环球同业银行金融电讯协会（SWIFT）2017年11月30日发布的最新报告显示，从10月来看，美元的交易使用率39.47%；欧元的使用量（33.98%）；英镑、日元、瑞郎和加元位列第三到第六位。在布雷顿森林体系时美元等同于黄金，就是国际结算的唯一货币。在欧元诞生后美元的结算地位被逐渐削弱。但不可否认，美元仍然是第一结算货币，大宗商品计价仍然以美元为主。我们仍然要研究以美元为核心的国际资本流动给世界带来的影响。

仔细看汇率走势图，我们不难发现，欧元日元澳元人民币等这些货币的走势都和美元的汇率走势大体相反，这样的一致性不可能是没有关联的偶然相同。看看下面这张图：

第一章 宏观经济基本面研究

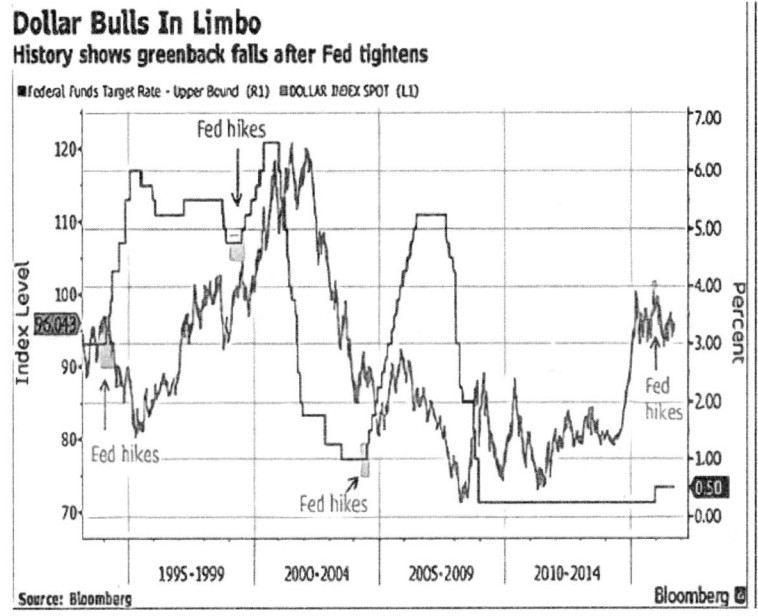

汇率走势图

每次美元加息周期，基本上都相应地引发美元的上涨周期。这样的反应当然不是偶然，两者有着紧密的关联。从两者的表象联系来说，美国的加息引发了美元的上涨周期，这样的上涨为什么每次都会发生？因为利息是资金的成本，也是资金的最安全收益。我们在微观经济中也可以很容易发现相同的现象，我们会发现两家银行的揽储活动，在两家国有大银行之间，发生揽储竞争，百姓会把钱存到利息高的银行。因为在相同安全保障下谁给的利息高，百姓就会把钱存在哪里，这是基本的经济道理。国家之间的资金也是这样。在两个国家经济实力和安全性基本相当时谁的利息给得高资金就会流向哪里。这也是为什么加息会引发汇率变动。因为加息就会吸引资金流入，资金的流入在外汇市场就是买入加息货币，卖出持有货币。这必然会引发资金大量流入使货币供应紧张，进而导致货币价格上涨。

- 023 -

被卖出的货币会变得宽松而汇率价格下跌。当然这样的情况出现是在一定条件之下，会不会出现这样的情况还要看具体情况和其他因素对于货币汇率的共同影响。降息和加息在原理和影响上正好相反。

有人也会说有些国家尤其是发展中国家，他们的利息比较高，即便是美国这样的国家加息，利率也没有发展中国家高，但为什么美国一加息，资金照样会向美国回流？这在我们的现实生活中也是可以看到的。一家国有大银行和一家城市商业银行，如果一样的利息百姓会把钱存在哪里？一定是国有大银行。为什么？因为国有大银行安全。国际上也是这样，安全因素也是资金关注的重要方面。小银行和发展中国家一样，需要支付高一些的利息才能够获得资金的青睐。有人说，流出后货币数量并没有减少，为什么经济会大幅下滑？这是因为货币的数量虽然没有减少但是汇率却发生了贬值，在这样的情况之下，就相当于货币的总价值减少了，注意这里说的是总价值，不是总价格。这就相当于货币减少了。如果是中国这样的外储机制的国家，资金流出就相当于资金需要把人民币交给央行，央行收到人民币后给对方美元。央行收到了人民币，由于收到的人民币不可能再回到市场上，这部分回到央行的人民币就相当于被注销了。这时市场上的货币就出现减少，资金少了经济必然会受到影响而放缓。这里讨论的只是加息对于汇率的影响。

我们再来讨论一下为什么会加息？加息和降息都不是偶然或随意出现的。在人们印象里加息总是和通胀紧密相连的，事实也确实如此。但通胀又是什么引发的？通胀一般有两种引发情况，一种是常见的，就是经济繁荣引发的；另一种是货币对外贬值引发的。我们先来说第一种，经济繁荣时对于商品的需求必然上升，这样需求的上升必然带来价格的上涨，通胀走高就是必然现象了。这时经济繁荣赚钱机会很多，必然会吸引大量资金流入，资金流入进一步带动需求同时也进一步引发通胀。

第一章 宏观经济基本面研究

通胀会带来人民群众手里的货币购买力下降，导致百姓的不满。国家也就会主动通过加息提高国内资金的使用成本，降低国内信贷规模，我们国家在 2007 年时连续加息就是这样。但也不是所有的国家都是一样的目的。2014 年美国主动加息就不一样，那轮加息并不是因为通胀过高引起的，而是美联储认为经济发展正常，失业率降低到正常，通胀虽然相对较低但为防止未来经济出现问题时没有工具可用，过度长时间的超低利率有可能引发恶性通胀和新一轮衰退而进行的加息行动。也有人说美国加息是为了割韭菜（收割和掠夺发展中国家的发展成果）。有没有这样的目的不清楚，即使有也不会讲出来，但客观上确实起到了这样的作用。从经济学的角度说，这次加息也是可以说得通的，美元回流也促进了美国经济的复苏。很多人都以为加息是有害的，其实不然。加息有利有弊，需要权衡。不同的国家，不同的时段，货币政策的选择是完全不一样的。同样的，货币的升值和贬值也是有利有弊的，不要一听到升值就开心得要死，一听到贬值就怕得要命。2013 年之前我们是不愿意升值的，因为升值会使得我们的出口受到巨大冲击。所以我们一直控制货币的升值速度。但升值又会使我们的经济更具吸引力，从而引发国外资金流入，这符合经济规律。2014 年之后随着经济的下行，对于外资吸引力下降，资金开始流出，人民币出现了又一轮贬值。在这里我们就可以看出，资金的流入和流出对于一个国家货币升值还是贬值的重大影响和作用，对于经济的繁荣和衰退都有着直接的影响。

还有一种通胀是由货币贬值引起的，比如俄罗斯的卢布。2014 年卢布发生了大幅贬值，此时由于货币的剧烈贬值产生恶性通胀，高达百分之十几。这时为了留住资金，俄罗斯央行不断地通过加息来增加对于资金的吸引力。通过上面的这些事例我们可以看出，同样是加息，但是加息的作用和目的是有很大区别的。我们要了解央行这样做的目的和想要起到的作用才能更好地理解经济运行的基本规律和各项因素之间的联系，为我们做金融预测提供帮助。这就是有什么样的因，必然会有什么样的果。

经济运行又是很复杂的，很多因素相互关联相互影响，我们必须要弄明白经济运行的基本逻辑，只有搞明白基本逻辑才能为金融交易提供指导。

美元处于世界各国货币的中心，世界上其他国家的货币绝大多数都和美元联系在一起。这就形成了一个奇特的现象，美联储就像是世界的央行，美国的货币政策会通过汇率变化传导给其他国家。美元就像是一个大水池，其他国家货币就像和这个大水池通过管道相连通的小水池。现在的世界联系相当密切，资金流动频繁。美元池子里的水不断变多时，水位就会升高，水压自然就会产生，这时水就会通过管道流向其他国家。相反如果美国收紧货币政策，那么美元池子里的水就会减少，这样其他国家的货币就会流向美国。我们都知道钱是经济繁荣的重要推动力。如果美国实施宽松的货币政策，美元向外流动，那么美元就会贬值，同时美元流入国的经济就会逐渐繁荣。如果美元收紧货币政策，美元就会向美国回流，这时其他国家由于资金流出就会货币贬值、经济衰退，美元会升值。当然也会有例外，如果某一国家也和美国同步货币政策，那么货币也许会保持稳定，但相对于其他国家就会失去相对竞争力。货币高估对于出口是重大打击，出口受到影响会使国家的竞争力下降。收入减少汇率必然会受到影响，这样汇率就会通过不断变化达到各个经济体间的平衡。

每个国家都会根据自己国家的情况制定自己的货币和经济政策。汇率也像是国家之间的平衡器，通过汇率的变化起到调节竞争力的作用。

第一章 宏观经济基本面研究

第二节 大宗商品

商品价格是我们金融交易最为关注的领域之一。研究商品就离不开研究中国经济,为什么要研究中国经济?因为中国是各种大宗商品的重要的进口国。我们都知道商品的价格由供需决定,这就决定了商品价格的涨跌变化离不开中国因素的影响。寻找影响价格变化的主要因素也就是寻找主要矛盾,这是研究价格变化的核心关键。很多人都说自己是趋势交易者,那么,价格为什么会产生趋势呢?趋势的产生毫无疑问说明了供需矛盾出现了巨大的问题,这样的问题肯定不是企业层面的因素造成的(极少数垄断行业除外)。经济研究分成很多层次,随着全球化的不断加深,世界经济的不断融合,经济联系的不断加强,一国的经济波动很可能会影响到其他经济体的变化,尤其是经济体占比较重的。所以经济研究分为世界整体层面的宏观研究、单一经济体的研究、行业内部的研究、企业层面的研究。每个投资者都有自己的研究领域和特长,我们不能仅仅通过研究范围就判断好坏,我们判断好坏要以实践为标准,凡是适合自己投资的都是好的。根据不同的交易品种研究不同的领域,达到一定的研究深度,这有助于投资活动的正确开展,就是好的研究方向。那么,是否越广的视野对投资越有帮助?世界这么大,每个国家的经济我们都研究肯定是研究不过来的,同时也没有这个必要。我们做任何事情只要抓住事物最核心的问题就能够起到事半功倍的作用。商品问题除了和美元有反向关系外最重要的就是供需问题,由于供应相对分散一般都会相对比较稳定,像小规模的局部冲突或个别企业的减产还有一些偶发因素会给市场带来一些小的冲击,一般不会有剧烈的价格变化。但周期

性的经济衰退所带来的影响可就会使价格呈现出翻天覆地的大波动了。

看商品的价格变化和对应的时间就能找到相应的规律。商品的价格在繁荣时价格涨上天，遇到经济衰退时价格跌到底。20世纪90年代初日本经济衰退是这样，1997年的亚洲金融危机是这样，2000年的经济衰退是这样，2008年的美国次贷危机也是这样。商品的价格和经济的周期性繁荣和衰退有着直接的关系，这也就是说，如果要预测价格就必须要预测经济的周期，根据周期做出正确的投资策略。我们也发现不同的周期，不同的因素引发的经济衰退。有日本、东南亚、美国、中国等，不同的时间段引起危机的主体是不同的。反过去我们再去观察世界经济的发展，我们会看到世界经济发展的不同阶段，为世界经济提供动力的主体是不同的。当然我们并不是否认其他经济体的作用。市场经济在发挥作用时，有一些特点是在这里起了很大的作用的，这就是价格的变化在供应相对稳定时，价格一般是由需求变化最大的经济体决定的。举例说明一下，在原油市场供给相对稳定的情况下，虽然美国的需求是世界第一，但由于美国的经济相对比较稳定，这时价格的意外波动因素就集中在了其他经济体的身上，特别是中国。2014年中国原油需求出现下滑，这就造成了石油市场的供需平衡被打破，原油价格出现了大幅下跌。其他商品也是这样，都出现了价格的下跌。我们回顾历史会发现，在一个时间段，谁成为世界经济新动力，那么下一次危机的发生的策源地就很可能在在谁那里。因为你变得重要所以这样的重要性也会反作用到商品价格上，商品的价格因你而起也会因你而下跌，这就告诉我们一个研究经济的捷径。

经济的繁荣总是从衰退到繁荣再到衰退，周而复始。很多人研究问题都习惯从繁荣初期开始寻找新的经济动力从哪个国家和什么时间开始。这样的研究不是不好，如果能看明白当然

第一章　宏观经济基本面研究

是好的。但这里就有个问题，经济繁荣的初期是不明显的，不容易预测的。你不清楚下一轮的谁会有多大动力拉动经济增长，但如果我们改变一下思考方式也许就会为我们找到一把打开研究世界经济的钥匙。经济既然有周期，而且周期周而复始，这就是说上一个周期的顶部和下一个周期的顶部也是一个完整的周期。从 A 到 C 和从 D 到 F 并没有本质的区别，所不同的只是人们选取研究经济周期的起始点不同罢了，并不影响周期的结构特点分析。但优点是能够比较明晰地看到谁是这一轮经济的引领者，谁是跟随者！因为经济是有周期的，既然这个周期是确定的，那么我们接下来就可以有针对性地研究经济引领者的经济有没有处于泡沫状态？哪些行业处于泡沫状态？泡沫的严重程度如何？泡沫何时有破裂的可能？只要认真研究和仔细分析我们一定能够发现问题所在，剩下就是耐心等待。等待 A 点的出现，随时出击做空大宗商品。当然不是盲目地出手，需要符合各种特征包括情绪、逻辑、技术交易系统、先行指标。从投资的角度看，从 A 到 C 的做空投资空间也是比较大的。不管以后怎样，至少我们能够把握住一轮比较好的做空机会。

　　商品的价格预测也是有规律可循的，最重要的一点就是马克思主义经济学的一句话，"商品的价格总是围绕价值上下波动"，这句话是商品价格预测的核心。这句话说出了两个方面的问题，一个方面是价格的周期问题，另一个方面是价格的幅度问题。商品也许会因为供需紧张价格偏离价值多一点，但也不是永无止境，所谓树不会长到天上；供过于求的商品价格下跌也是围绕价值附近，有时会比商品的社会平均劳动成本低一些，但也不会无限下跌。流动性差的和鲜活的农产品或小众商品或垄断商品偏离的程度会比较大，而大宗商品会好很多，能够比较好地体现这样的规律。

　　根据马克思主义经济学我们可以相对合理地预测价格变化。当然，我要首先澄清的是，即便你很懂马克思主义经济学也不可能准确无误地一丝不差地预测到价格的上涨或下跌空间。这里说的预测只是说相对接近，我们所说的预测是说大体的方向性和可能性。

商品价值，是凝结在商品中的无差别的人类劳动力或抽象的劳动力。商品的基本因素之一，具有不同使用价值的商品之所以能按一定的比例相互交换，是因为它们之间存在着某种共同的可以比较的东西。这种共同的，可以比较的东西就是商品生产中的无差别的人类抽象劳动力。无差别的人类抽象劳动凝结在商品中，就形成了商品的价值。而商品的价值是生产该商品的社会必要劳动时间决定的，这是商品价值的定义。我们不难发现，社会必要劳动时间是决定价值多少的决定因素，也就是商品的社会平均劳动成本。为什么这个社会平均劳动成本这么重要呢？因为在社会平均劳动成本之上，大多数企业主会有利润，这样就能维持企业的正常经营活动。如果在社会平均劳动成本之下，大多数企业就亏损了，入不敷出，正常的生产经营活动难以维持，生产不可持续必然影响供应，这样就会改变供需结构，促使价格发生变化，所以社会平均劳动成本是改变供需变化的分水岭。当然这条线也不是说精确到具体的某个价格，而是一个价格区间，而且社会平均劳动成本也是不断变化的，导致这些变化的因素也有很多，比如工人的熟练程度、科技的进步、货币所代表的实际价值的变化等因素。

其他因素都比较容易理解，但货币因素人们关注得比较少。当然这也是有原因的，多年来我们的外汇都是有管制的，货币汇率一直比较稳定。但是随着我国货币政策的逐步放开，汇率浮动变得更加频繁和剧烈，我们也不得不更多地关注汇率的影响，尤其是人民币对美元的变化变大后，所有进出口商品的价格都会出现相应的变化。如果人民币升值，那么进口商品价格就会变得便宜；如果人民币贬值，进口就会变得昂贵。由于目前我们的人民币还相对比较稳定，所以有些许变化人们的感受不是特别明显。那我们就拿汇率变化比较大的俄罗斯卢布来举例。

2014年至2015年卢布贬值就比较厉害。那样的汇率走势简直就是翻天覆地，汇率贬值幅度最高达60%还要多。这样的幅度变化使得以进口为主的商品的价格大幅上涨，这时我们就不能说价格围绕价值上下波动了。这样的情况是汇率变化带来的，汇率的变化引起了俄罗斯国内物价的通胀，这时的货币对于商品的价值尺度已经发生了巨大的变化。除了汇率对于货币商品价格有影响外，本国的货币超发也是影响商品价格变化的重要原因。所以商品价格是围绕商品价值波动，而货币的内在价值尺度也不是一成不变的。

第三节 股票

长期而言，经济的发展决定于公司的固定资产及其盈利能力。因此，任何影响固定资产及盈利能力的因素都在基础分析的考虑范围之内。这些因素非常之多，我在这里列出部分的因素并解释它们对股价的影响。我将它们分成内因及外因两类，外因指公司外部的因素，内因是指公司内部的因素。我们要对最可能导致股价上涨的因素加以分析。

一、基本面分析中的外部环境

1. 利率。可以这么想，社会的游资数目是一定的，当利率升高时，将钱存入银行的吸引力增加，这将使原先可能进入股市的资金流进银行。同时，利率的升高会使公司的借贷成本增加。

2. 税收。企业税负增加，企业盈利中的税务支出增加，使得实际盈利减少，股价将往下调整。

3. 汇率。汇率属国际金融的范畴，它对股价影响的机制极其复杂，通常是国际政治、经济角力的结果。汇率的变动怎样影响股价，谁也说不清，就这一课题有许许多多篇博士论文，更深入的研究就请读者们自己去做。我自己专修国际金融，深知它的复杂性，炒股的读者只要知道汇率也属影响股价的因素就够了。

4. 银根松紧。银根松时，市场游资增多，对股票的影响是正面的，银根紧时正好相反。

5. 经济周期。经济周期是市场经济的必然结果。当某种商

品短缺，大家一窝蜂地投资于这种商品的生产，随后的结果便是生产过剩。商品短缺时，价格高昂，生产厂家利润增加，反映在股市便是股价上升。一旦生产过剩，就只得减价销售，有时甚至亏本套现，这样盈利自然降低，股价的表现便是下跌。

6. 通货膨胀。通货膨胀对股价的影响很难估量，通常政府为了控制通货膨胀，会调高利息，对股价的影响主要是负面的。

7. 政治环境。大规模的政治动乱必然带来大规模的经济混乱。政权的频繁更迭、政局的不稳定对股票的影响是负面的。

8. 政府的产业政策。如果政府鼓励某些行业并给予扶持，如在税收上给予减免，融资上给予方便，企业各方面的要求都给予协助，结果自然对股价有正面影响。

二、基本面分析中的内在因素

1. 营业收入。一个具有发展潜力的公司，其营业收入必然有快速发展的势头。去年卖出 1 亿元的产品，今年 2 亿，预计明年 4 亿，这样的公司常常提供了股价在短期内翻几倍的机会。

2. 盈利。有些公司做很多业务，但就是不赚钱。公司经营的好坏主要以盈利作为衡量的标准，盈利增加，股价自然上涨。

3. 固定资产。固定资产就是公司现有的不动资产。如果公司的市场总价是 10 亿元，固定资产是 15 亿元，你可以认为股价没有反映公司的价值，股价偏低了。

4. 类似公司的情况。大家都生产类似产品，如电视机，其他公司的绩效和这家公司比怎么样？同类公司通常有类似的经济周期，股价的波动也类似。

5. 品牌的价值。有人估算过，可口可乐这个商标便值 500 亿美元。你打算投资的这家公司有无过硬的品牌？这可能对股价有深远的影响。

基本面分析主要分析公司的内因和外因的情况。大的政治动乱和经济震荡对于股市的影响是非常大的，属于不可忽视的外在因素。研究内在因素中的公司经营情况也是必要的。从我自己的经验来说，如果只靠K线图来炒股票，不知公司到底是干什么的和干得怎么样，心里虚得很，这就是为什么很多券商、基金公司都要长期对公司开展实地调研工作的原因。研究公司的经营情况必须具备一点会计知识，能看懂公司的财务报表。但这里面的游戏也很复杂。以销售收入而言，公司是怎样计算销售收入的？有些公司卖货后收到钱才算收入，有些发了货就算收入，更有些把订单都算在内。发了货能否收到钱是个问题，订单也有可能被取消。固定资产怎样算也有学问。有些老工厂在纸面上还值不少钱，而实际上那些旧机器送人都没人要，你说固定资产是多少？按通常的买价减去折旧来算固定资产，得到的数字可能很漂亮，其实没多大意义。所以在研读财务报告时，必须留意很多细节，真正地把调研工作做到实处，深入地了解公司的情况才能够做出对公司的合理判断。这样符合实际情况的判断才是我们投资决策的可靠依据。

三、影响股价的因素

引起股价增长的因素很多，让我们看看下面这些影响因素：

1. 资金。这是最重要的因素。没有资金的流入，市场绝对无法大幅上涨，而资金不断流出，市场注定会不断下跌。资本就如水一般，资金总是往收益高的地方去，往价值的洼地流动。当资金充沛到极点，波涛汹涌地席卷而来，哪怕是两桶油，也能顶上天空。而若资金匮乏，即使是全球最顶尖的金融巨头，也不免破净。

2. 情绪。从短期来看，市场是一个投票机。所有的市场参与者都是人。人都是会有情绪的，而所有的决策都是由人来决定，自然情绪对股票的涨跌有很大的影响。同涨同跌是市场的

第一章 宏观经济基本面研究

常态,这样的现象肯定不是公司基本面所能解释的。市场是由人组成的,人是情绪化的,易悲也易喜,人的情绪又很容易相互感染。短期而言,涨跌由情绪决定。日内交易员或短线交易员,他们博弈的,就是市场的短期情绪。最长不过几天的持仓,来讨论价值投资是没有任何意义的。

3. 技术分析。技术分析的最大用处就在于它能够很好地解读市场中已经发生的每一天的交易,从而帮助你分析市场的情绪,进而对未来的行情做一个靠谱的预测。

通过 MACD,你能够大致地判断底部的背离趋势。通过 VOL,你能够知道资金在每一个节点的流出与进入。通过均线,你能够分析股票在过去交易中的关键节点。而三者结合起来综合分析,则更加完善。所有的一切,都只不过是为了有效地帮你解读市场的情绪。技术分析不是魔法,不是天书,只不过是被投资者发明出来辅助分析市场的工具罢了。

4. 价值。从长期看,市场是一个称重机。一个公司的本身价值是 10,随着市场情绪的波动,他的价格可能会在 4—30 之间波动,如果他是创业企业,则可能更高,有可能在 2—50 之间波动,即便有可能超过 100,但长期看股价终究会回到其合理的价位。股价永远围绕着价值做波动,有较高价值的公司,股价波动起来也更加汹涌,上涨的空间也更大。价值的成长是股价上涨最核心的因素,是唯一的正确解释。

5. 盈利的增长。盈利的增长毫无疑问对于股票的价格是有着举足轻重的作用的。动态市盈率也被他们当成股价是否便宜的衡量标准,这种观念从根本上来说是对的,在炒股方面实用性很大。在美国的微软公司上市初期,如果你买了 1 万美元微软的股票并持有到今天,你早就是百万富翁了。一个健康的、发展迅速的公司,其盈利必定是逐年快速增长。一个公司的盈利若能以每年 25% 的速度增长,那么三年就能使盈利翻一倍。盈利增长的速度必须建立在合理的统计数据上。去年每股赚了 1

分钱，今年 2 分钱，盈利增长了 100%，但这个数字是没有意义的。如果公司的盈利从每股 5 角升到 1 元，这个 100% 的盈利增长定将使投资者的眼睛发亮。盈利增长的前提是销售收入的增长，一个公司的销售收入如果无法增长，盈利增长通常是玩会计游戏的结果，对这一点大家要留意。另一个必须留意的是销售收入增长的速度和盈利增长速度的关系。公司的营业额由 1 亿元升到 2 亿元，100% 的增长率。但盈利只从 5 角升到 6 角，20% 的增长。这时要好好调查一下原因，是不是同类产品竞争者多了，公司只好削价销售？虽然营业额不错，但收益率却降低了！如果是这样的话，这只股票的升幅也就有限了。一个每年盈利增长 30% 的公司突然将增长速度提高到 70%，甚至 80%，这通常显示了股价上涨的特征。

（1）新产品。如果有家公司发明了根治癌症的新药，你可以想象这家公司的前景，新产品提供了公司快速增长盈利的可能。这类例子很多，王安电脑因为其新型的文字处理机，在 1978 年至 1980 年间，公司股价升了十三倍。快餐店的概念成形初期，麦当劳公司的股价在 1967 年至 1971 年的四年间翻了十一倍。新产品并不局限于实物，可以是新的生意概念、新的推销手法、新的管理方式，创新是股价飞升的重要条件（骗人的概念除外）。

（2）公司回购自身股票。如果公司购回自身股票，这是好消息，公司购回自身股票是对本公司投信任票。通常来讲，公司只有在认为股票的股价水平不足以反映公司价值时才会这么做。同时，回购股票使流通的股票量减少，在相同的盈利总数下，每股的盈利数字就增加了，这样股票的内在价值也就提升了。

第一章　宏观经济基本面研究

第四节　债券

债券是一种金融契约，是政府、金融机构、工商企业等直接向社会借债筹措资金时向投资者发行，同时承诺按一定利率支付利息并按约定条件偿还本金的债权债务凭证。债券的本质是债务的证明书，具有法律效力。债券购买者或投资者与发行者之间是一种债权债务关系，债券发行人即债务人，投资者（债券购买者）即债权人。

债券是一种有价证券，由于债券的利息通常是事先确定的，所以债券是固定利息证券的一种。在金融市场发达的国家和地区，债券可以上市流通。在中国，比较典型的政府债券是国库券。

发行债券的主要目的是为了筹措资金。政府发行债券是为了政府支出，企业发行债券是为了筹措企业扩大规模和解决资金流动性。支出利息就是资金的使用成本。随着时代的发展，人们对利率变化和持有时间长短都有很多要求，市场上出现很多以利率和国债为标的的金融衍生品交易，其中包括利率期货、国债期货、远期利率协议、利率期权、利率互换等。最早具有代表性的债券利率类交易出现在欧洲，即20世纪50年代的欧洲市场，因此也被称为欧洲美元。

国债一般分为短期国债、中期国债、长期国债三类。短期国债一般不超过1年，中期国债是指偿还期限1—10年的国债，长期国债是指偿还期限在10年以上的国债。企业债也类似。

当代社会债券不仅数量巨大，而且品种繁多。

一、债券品类

(一)按发行主体划分

1. 政府债券。政府债券是政府为筹集资金而发行的债券。主要包括国债、地方政府债券等,其中最主要的是国债。国债因其信誉好、利率优、风险小又被称为"金边债券"。除了政府部门直接发行的债券外,有些国家把政府担保的债券也划归为政府债券体系,称为政府保证债券。这种债券由一些与政府有直接关系的公司或金融机构发行,并由政府提供担保。

中国历史上发行的国债主要品种有国库券和国家债券,其中国库券自1981年后基本上每年都发行,主要对企业、个人等;国家债券曾经发行过包括国家重点建设债券、国家建设债券、财政债券、特种债券、保值债券、基本建设债券等,这些债券大多对银行、非银行金融机构、企业、基金等定向发行,部分也对个人投资者发行。向个人发行的国库券利率基本上根据银行利率制定,一般比银行同期存款利率高1—2个百分点,在通货膨胀率较高时,国库券也采用保值办法。

2. 金融债券。金融债券是由银行和非银行金融机构发行的债券。在我国金融债券主要由国家开发银行、进出口银行等政策性银行发行。金融机构一般有雄厚的资金实力,信用度较高,因此金融债券往往有良好的信誉。

3. 公司(企业)债券。在国外,没有企业债和公司债的划分,统称为公司债。在我国,企业债券是按照《企业债券管理条例》规定发行与交易,由国家发展和改革委员会监督管理的债券。在实际操作中,其发债主体为中央政府部门所属机构、国有独资企业或国有控股企业,因此,它在很大程度上体现了政府信用。公司债券管理机构为中国证券监督管理委员会,发债主体按照《中华人民共和国公司法》设立的公司法人,在实践中,其发行主体为上市公司,其信用保障是发债公司的资产质量、经营状况、盈利水平和持续盈利能力等。公司债券在证券登记结算公司统一登记托管，可申请在证券交易所上市交易，其信用风险一般高于企业债券。2008年4月15日起施行的《银行间债券市场非金融企业债务融资工具管理办法》进一步促进了企业债券在银行间债券市场的发行，企业债券和公司债券成为我国商业银行越来越重要的投资对象。

（二）按财产担保划分

1. 抵押债券。抵押债券是以企业财产作为担保的债券，按抵押品的不同又可以分为一般抵押债券、不动产抵押债券、动产抵押债券和证券信托抵押债券。以不动产如房屋等作为担保品，称为不动产抵押债券；以动产如适销商品等作为担保品的，称为动产抵押债券；以有价证券如股票及其他债券作为担保品的，称为证券信托债券。一旦债券发行人违约，信托人就可将担保品变卖处置，以保证债权人的优先求偿权。

2. 信用债券。信用债券是不以任何公司财产作为担保，完全凭信用发行的债券。政府债券属于此类债券。这种债券由于其发行人的绝对信用而具有坚实的可靠性。除此之外，一些公司也可发行这种债券，即信用公司债。与抵押债券相比，信用债券的持有人承担的风险较大，因而往往要求较高的利率。为了保护投资人的利益，发行这种债券的公司往往受到种种限制、只有那些信誉卓著的大公司才有资格发行。除此以外在债券契约中都要加入保护性条款，如不能将资产抵押其他债权人、不能兼并其他企业、未经债权人同意不能出售资产、不能发行其他长期债券等。

（三）按债券形态划分

1. 实物债券（无记名债券）。实物债券是一种具有标准格式实物券面的债券。它与无实物票券相对应，简单地说就是发给你的债券是纸质的而非电脑里的数字。

在其券面上，一般印制了债券面额、债券利率、债券期限、债券发行人全称、还本付息方式等各种债券票面要素。其不记名、不挂失、可上市流通。实物债券是一般意义上的债券，很多国家通过法律或者法规对实物债券的格式予以明确规定。实物债券由于其发行成本较高，将会被逐步取消。

2. 凭证式债券。凭证式国债是指国家采取不印刷实物券，而用填制"国库券收款凭证"的方式发行的国债。我国从1994年开始发行凭证式国债。凭证式国债具有类似储蓄，又优于储蓄的特点，通常被称为"储蓄式国债"，是以储蓄为目的的个人投资者理想的投资方式。从购买之日起计息，可记名、可挂失，但不能上市流通。与储蓄类似，但利息比储蓄高。

3. 记账式债券。记账式债券指没有实物形态的票券，以电脑记账方式记录债权，通过证券交易所的交易系统发行和交易。我国通过沪、深交易所的交易系统发行和交易的记账式国债就是这方面的实例。如果投资者进行记账式债券的买卖，就必须在证券交易所设立账户。所以，记账式国债又称无纸化国债。

记账式国债购买后可以随时在证券市场上转让，流动性较强，就像买卖股票一样，当然，中途转让除可获得应得的利息外（市场定价已经考虑到），还可以获得一定的价差收益（不排除损失的可能），这种国债有付息债券与零息债券两种。付息债券按票面发行，每年付息一次或多次，零息债券折价发行，到期按票面金额兑付，中间不再计息。

由于记账式国债发行和交易均无纸化，所以交易效率高，成本低，是未来债券发展的趋势。

记账式国债与凭证式国债有何区别？

在发行方式上，记账式国债通过电脑记账、无纸化发行，而凭证式国债是通过纸质记账凭证发行；

在流通转让方面，记账式国债可自由买卖，流通转让也较方便、快捷。凭证式国债只能提前兑取，不可流通转让，提前兑取还要支付手续费；

在还本付息方面，记账式国债每年付息，可当日通过电脑系统自动到账，凭证式国债是到期后一次性支付利息，客户需到银行办理。

在收益性上，记账式国债要略好于凭证式国债，通常记账式国债的票面利率要略高于相同期限的凭证式国债。

（四）按是否可转换划分

1. 可转换债券。可转换债券是指在特定时期内可以按某一固定的比例转换成普通股的债券，它具有债务与权益双重属性，属于一种混合性筹资方式。由于可转换债券赋予债券持有人将来成为公司股东的权利，因此其利率通常低于不可转换债券。若将来转换成功，在转换前发行企业达到了低成本筹资的目的，转换后又可节省股票的发行成本。根据《中华人民共和国公司法》的规定，发行可转换债券应由国务院证券管理部门批准，发行公司应同时具备发行公司债券和发行股票的条件。

在深、沪证券交易所上市的可转换债券是指能够转换成股票的企业债券，兼有股票和普通债券双重特征。一个重要特征就是有转股价格。在约定的期限后，投资者可以随时将所持的可转券按股价转换成股票。可转换债券的利率是年均利息对票面金额的比率，一般要比普通企业债券的利率低，通常发行时以票面价发行。转换价格是转换发行的股票每一股所要求的公司债券票面金额。

2. 不可转换债券。不可转换债券是指不能转换为普通股的债券，又称为普通债券。由于其没有赋予债券持有人将来成为公司股东的权利，所以其利率一般高于可转换债券。

（五）按付息的方式划分

1. 零息债券。零息债券，也叫贴现债券，是指债券券面上不附有息票，在票面上不规定利率，发行时按规定的折扣率，以低于债券面值的价格发行，到期按面值支付本息的债券。从利息支付方式来看，贴现国债以低于面额的价格发行，可以看作是利息预付，因而又可称为利息预付债券、贴水债券，是期限比较短的折现债券。

2. 定息债券。固定利率债券是将利率印在票面上并按期向债券持有人支付利息的债券。该利率不随市场利率的变化而调整，因而固定利率债券可以较好地抵制通货紧缩风险。

3. 浮息债券。浮动利率债券的息票率是随市场利率变动而调整的利率。因为浮动利率债券的利率同当前市场利率挂钩，而当前市场利率又考虑到了通货膨胀率的影响，所以浮动利率债券可以较好地抵御通货膨胀风险，其利率通常根据市场基准利率加上一定的利差来确定。浮动利率债券往往是中长期债券。

（六）按能否提前偿还划分

按是否能够提前偿还，债券可以分为可赎回债券和不可赎回债券。

1. 可赎回债券。可赎回债券是指在债券到期前，发行人可以事先约定的赎回价格收回的债券。公司发行可赎回债券主要是考虑到公司未来的投资机会和回避利率风险等问题，以增加公司资本结构的灵活性。发行可赎回债券最关键的问题是赎回期限和赎回价格的制订。

2. 不可赎回债券。不可赎回债券是指不能在债券到期前收回的债券。

（七）按偿还方式不同划分

1. 一次到期债券。一次到期债券是发行公司于债券到期日一次偿还全部债券本金的债券；

2. 分期到期债券。分期到期债券可以减轻发行公司集中还本的财务负担。

（八）按计息方式分类

1. 单利债券。单利债券指在计息时，不论期限长短，仅按本金计息，所生利息不再加入本金计算下期利息的债券。

2. 复利债券。复利债券与单利债券相对应，指计算利息时，

第一章 宏观经济基本面研究

按一定期限将所生利息加入本金再计算利息，逐期滚算的债券。

3. 累进利率债券。累进利率债券指年利率以利率逐年累进方法计息的债券。累进利率债券的利率随着时间的推移，后期利率比前期利率更高，呈累进状态。

（九）按债券是否记名分类

按债券上是否记有持券人的姓名或名称，分为记名债券和无记名债券。这种分类类似于记名股票与无记名股票的划分。

在公司债券上记载持券人姓名或名称的为记名公司债券；反之为无记名公司债券。两种债券在转让上的差别也与记名股票、无记名股票相似。

（十）按是否盈余分配分类

按是否参加公司盈余分配，分为参加公司债券和不参加公司债券。

债权人除享有到期向公司请求还本付息的权利外，还有权按规定参加公司盈余分配的债券，为参加公司债券；反之为不参加公司债券。

（十一）按募集方式分类

按募集方式分类可分为公募债券和私募债券。

公募债券是指向社会公开发行，任何投资者均可购买的债券，向不特定的多数投资者公开募集的债券，它可以在证券市场上转让。

私募债券是指向与发行者有特定关系的少数投资者募集的债券，其发行和转让均有一定的局限性。私募债券的发行手续简单，一般不能在证券市场上交易。公募债券与私募债券在欧洲市场上区分并不明显，可是在美国与日本的债券市场上，这种区分是很严格的，并且也是非常重要的。

（十二）按能否上市分类

按能否上市，分为上市债券和非上市债券。

可在证券交易所挂牌交易的债券为上市债券；反之为非上

市债券。上市债券信用度高，价值高，且变现速度快，故而容易吸引投资者，但上市条件严格，并要承担上市费用。

根据深、沪证券交易所关于上市企业债券的规定，企业债券发行的主体可以是股份公司，也可以是有限责任公司。申请上市的企业债券必须符合以下条件：

1. 经国务院授权的部门批准并公开发行；股份有限公司的净资产额不低于人民币 3000 万元，有限责任公司的净资产额不低于人民币 6000 万元；
2. 累计发行在外的债券总面额不超过企业净资产额的 40%；
3. 公司 3 年平均可分配利润足以支付公司债券 1 年的利息；
4. 筹集资金的投向符合国家产业政策及发行审批机关批准的用途；
5. 债券的期限为一年以上；
6. 债券的利率不得超过国务院限定的利率水平；
7. 债券的实际发行额不少于人民币 5000 万元；
8. 债券的信用等级不低于 A 级；
9. 债券有担保人担保，其担保条件符合法律、法规规定；资信为 AAA 级且债券发行时主管机关同意豁免担保的债券除外；
10. 公司申请其债券上市时仍符合法定的债券发行条件；交易所认可的其他条件。

二、衍生品种

（一）发行人选择权债券

发行人选择权债券，是指发行人有权利在计划赎回日按照面值赎回该类品种，因此该类债券的实际存续期存在不确定性。

（二）投资人选择权债券

投资人选择权债券，是指投资人有权在计划回售日按照面值将该类品种卖还给发行主体的债券。从实际操作角度来看，投资人卖还与否依然是借助于远期利率与票息的高低比较来判断的。

(三) 本息拆离债券

严格意义上来说，本息拆离债券是一级发行市场的概念范畴，进入流通市场后，为零息债券。

(四) 可调换债券

可调换债券是指一种可以按照确定价格将债券持有者的约定买卖权转换为其他类型证券的债券，通常为普通股可调换债券。在与低息票利率的股票交换过程中，可调换债券的持有者将可能获得资本收益。

可调换债券类似于附加发行认股权证书的债券。认股权证书表明持有者能够按照法定价格购买股票，因此，如果股票价格上涨，认股权证书的持有者就会获得资本利息。可调换债券比不可转让债券的票面利率低，但它可能给持有者带来更多的资本收益。

三、影响债券价格的因素

有交易就有市场，有市场就有价格，有价格就有变化。影响债券价格的有政策因素、经济因素、其他国家利率因素、其他因素等。

政策因素包括财政因素、货币政策因素、汇率政策因素等。

(一) 财政因素

财政即政府收支。扩张性的财政政策，通过财政分配活动来增加和刺激社会的总需求，造成对资金需求的增加，市场利率上升；紧缩性的财政政策，通过财政分配活动来减少和抑制社会的总需求，会造成对资金需求的减少，市场利率将下降。

(二) 货币政策

扩张性的货币政策通过提高货币供应增长速度来刺激总需求，在这种政策下，取得信贷资金更容易，市场利率将下降；紧缩性的货币政策是通过削减货币供应增长速度来降低总需求，在这种政策下,取得信贷资金较为困难,市场利率将上升。货币供应量的变化对市场利率的影响较为直接。

(三)汇率政策

一国政府一般通过本币汇率的升降来控制进出口及资本流动以达到国际收支平衡的目的。汇率将通过影响国内物价水平、短期资本流动而间接地对利率产生影响。当本币汇率下降时,有利于促进本国出口、限制进口,进口商品成本上升,引起国内物价水平上升,导致实际市场利率水平下降。如果本币汇率上升,则有利于商品进口,限制出口,出口竞争力下降,会导致实际市场利率上升。

汇率下降能改善该国贸易条件,促使该国外汇储备增加,假设其他条件不变,将增加国内资金供应,导致利率水平下降;如果货币汇率上升,促使该国外汇储备减少,将减少国内资金供应,导致利率水平上升。

经济因素包括经济周期因素、通胀因素、经济增长速度因素、其他因素等。

(四)经济周期

在经济周期的不同阶段,商品市场和资金市场的供求关系会发生相应的变化,包括财政政策和货币政策在内的宏观经济政策也会随之作出相应调整,从而对市场利率水平及其走势产生重要影响。

(五)通胀因素

通胀率的高低不仅影响市场利率变化,而且影响人们对市场利率走势的预期。市场利率的变动通常与通货膨胀率的变动方向一致:通货膨胀率上升,市场利率也上升;通货膨胀率下降,市场利率也下降。

(六)经济增长速度

经济增长较快,社会资金需求旺盛,则市场利率上升;经济增长速度缓慢,社会资金需求相对减少,则市场利率水平

第一章　宏观经济基本面研究

下降。

(七) 全球主要经济体利率水平

在经济全球化的今天，全球主要经济体的利率水平会直接或间接地影响其他国家的利率政策、利率水平。

(八) 其他因素

人们对于经济形势的预期、消费者收入水平、消费者信贷等其他因素也会在一定程度上影响市场利率的变化。分析影响市场利率和利率期货价格时，要特别关注宏观经济数据及其变化，主要包括国内生产总值、工业生产指数、消费者物价指数、生产者物价指数、耐用品订单及其他经济指标等。

债券市场是金融市场的重要组成部分，是企业融资和国家融资的极为重要的市场组成部分。作为金融市场的重要组成部分，债券市场为满足实体经济的投融资需求发挥着重大作用。作为一种灵活、有效而又安全的市场机制，债券市场可以通过推动储蓄转化为投资，为企业发展提供融资，提供多元化的投资产品，为资本的流动与定价创造便利条件。

债券市场是经济、金融稳定的重要支柱。银行等金融机构通过债券市场达到资本监管要求，政府通过债券市场满足日益增长的财政预算。多元化的固定收益产品（大部分存量都在银行间市场）能为社会财富的稳定增值提供良好的"蓄水池"。非金融企业债务融资工具的发展有助于刺激民间投资，降低经济发展对政府债务的依赖，债券市场需要丰富的层次与广阔的空间。

债券市场的层次越丰富，空间越广阔，对经济的益处就越大。按照地域范围不同，债券市场可以分为国内债券市场和国际债券市场。国内市场适合小规模、增长型的公司和国内投资者以及承受外汇风险的公司债务发行人。创业公司和小型企业可以先利用国内债券市场成长为行业龙头，再通过国际债券市场完成投融资体系的国际化，以获得进一步发展。相较于国内市场资金池的有限规模，国际市场更能满足有着较大项目融资需求的大型公司和跨国企业。总之债券市场是我们必不可少的市场组成部分，为国家经济的发展做出了巨大的贡献。

第五节 黄金

马克思曾说过，黄金天然是货币，黄金的货币属性自古至今在全世界范围内都是这样的，这就充分说明黄金在世界范围内具有不可替代的作用。从人类历史来看，黄金具有衡量一切商品价值的功能，是人类早期货币，但发展到现在黄金已不再是货币，但仍然是国际支付中可以通行的最后可靠手段。大多数国家都会储备部分黄金以备不时之需，即便是现在，黄金也还是具有一定的货币功能，同时黄金不仅具有衡量商品价值的功能，也具有衡量货币的功能，并且黄金在现代社会也具有投资功能。

在一些极端的情况下，一个国家的货币通货膨胀严重，钞票就会变得如同废纸一般。黄金本身属于贵重商品，金价会随着通货膨胀而上升，也就是黄金抵消了通货膨胀的损失，保证了投资者的资产不会被通货膨胀侵蚀。

1. 卓越的避险功能。当世界政局和经济不稳，尤其是发生战争或经济危机时，各种普遍的投资工具如股票、基金、房地产等都会受到严重的冲击，这时黄金就体现了很好的避险属性。

即使遭遇经济危机，黄金的价格仍能维持不变甚至稳步上升，保持了资产的价值。而随着黄金矿藏的不断开采和需求的不断增加，黄金变得更加稀有，增强了自身的避险属性。

2. 市场难以被操控。地区性的股票市场，人为操纵大市的情况比比皆是。但是黄金市场属于全球性市场，没有任何个人或财团有足够的资金能够长期操控全球黄金市场，因此黄金价格能够一直保持在反映实际供求关系的水平。

3. 世界通行。古代世界各地的人们都视黄金为出远门的最佳盘缠，时至今日，黄金仍然可在全世界通行。

只要手中拥有真正的黄金，在世界各地的银行、首饰商、金商都能够把黄金兑换为当地的货币，黄金可以全世界通行无阻，它的货币地位比美元还要稳固。另外黄金也是全世界都认可的资产，所有国家的人们对黄金的贵重价值都有共识。

4. 黄金储备。指一国货币当局持有的，用以平衡国际收支，维持或影响汇率水平，作为金融资产持有的黄金。它在稳定国民经济、抑制通货膨胀、提高国际资信等方面有着特殊作用。

5. 政治经济作用。黄金储备作为一国的经济保障，在一国的经济体系中发挥着极其重要的作用，对稳定国有经济，保持币值稳定有重要的积极作用。且黄金是一项独特的资产，它不受任何国家的货币政策和财政的直接影响。因此，当国家发生通货膨胀时，黄金不会贬值，也不会存在风险，所以家中存点黄金就能有效对冲通货膨胀。美国作为世界第一强大的国家，除了其强大的经济总量和军事实力外，其货币霸权也是支撑其强大的重要因素。

6. 价值稳定恒久。奢侈品不能保值，房屋和地皮也不能永久保值。黄金作为一种重要的类货币资产，自古至今都有效地充当着全球货币的角色。为什么只有黄金能发挥这样的作用，就是因为黄金的价值很稳定。这里说的稳定不是指价格不发生变化，而是指黄金内在的凝聚的劳动价值从古到今变化不大，这就使得黄金具备抵抗通胀和风险的功能。同时，黄金也能够起到衡量各国货币的作用。各国纸币的发行数量不尽相同，纸币由于被央行控制，既可以多发也可以少发，但黄金则不可能受任何单一国家的控制，使得黄金能够起到衡量纸币的作用，同时也可以在纸币信用崩溃时作为支付手段来进行国际结算。2016年委内瑞拉就发生了货币危机，在最后通过黄金储备来解决所急需的物资购买，这也说明了黄金在国际上的通用性。虽然黄金的价格也有比较大的波动，但相比较纸币可能变得一文不值的情况来看，黄金还是非常稳定的。黄金虽然很少在国际结算中直接使用，但其在金融体系中的作用仍是不可替代的。

第六节　商品、债券、汇率、黄金的内在联系性

世界上万事万物既是纷繁复杂的，又是普遍联系的。联系是事物之间以及事物内部各要素之间的相互影响、相互作用和相互制约。经济内部也是这样，商品、债券、汇率、黄金之间同样具有内在联系性。既然事物之间是相互联系的，我们就应该把这些品种作为一个整体进行研究而不是割裂地看待单一某个品种。

在金融投资中，"美林投资时钟"理论在实际运用中对于经济周期中各品种之间的普遍联系性做了很好的诠释。"美林投资时钟"理论是一种将"资产""行业轮动""债券收益率曲线"以及"经济周期四个阶段"联系起来的方法，是一个非常实用的指导投资周期的工具。

"美林投资时钟"理论按照经济增长与通胀的不同搭配，将经济周期划分为四个阶段：

1. "经济上行，通胀下行"构成复苏阶段，此阶段由于股票对经济的弹性更大，其相对债券和现金具备明显超额收益；

2. "经济上行，通胀上行"构成过热阶段，在此阶段，通胀上升增加了持有现金的机会成本，可能出台的加息政策降低了债券的吸引力，股票的配置价值相对较强，而商品则将明显走牛；

3. "经济下行，通胀上行"构成滞胀阶段，在滞胀阶段，现金收益率提高，持有现金最明智，经济下行对企业盈利的冲击将对股票构成负面影响，债券相对股票的收益率提高；

4. "经济下行，通胀下行"构成衰退阶段，在衰退阶段，通胀压力下降，货币政策趋松，债券表现最突出，随着经济即将

见底的预期逐步形成，股票的吸引力逐步增强。

Ⅰ周期性：当经济增长加快，股票和大宗商品表现好，周期性行业，如高科技股或钢铁股表现超过大市。当经济增长放缓，债券、现金及防守性投资组合表现超过大市。

Ⅱ久期：当通胀率下降，折现率下降，金融资产表现好，投资者购买久期长的成长型股票。当通胀率上升，实体资产表现好，如：大宗商品和现金表现好，估值波动小而且久期短的价值型股票表现超出大市。

Ⅲ利率敏感：银行和可选消费股属于利率敏感型，在一个周期中最早有反应。在中央银行放松银根，增长开始复苏时的衰退和复苏阶段，它们的表现最好。

Ⅳ与标的资产相关：一些行业的表现与标的资产的价格走势相关联。保险类股票和投资银行类股票往往对债券或股权价格敏感，在衰退或复苏阶段表现较好。矿业股对金属价格敏感，在过热阶段表现较好。石油与天然气股对石油价格敏感，在滞胀阶段表现超过大市。

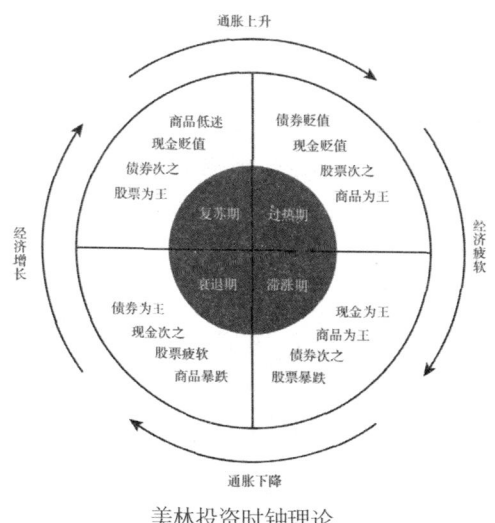

美林投资时钟理论

"美林投资时钟"理论和经济的周期规律是伴生的产物。没有经济周期何来的"美林投资时钟"？"美林投资时钟"又很好地解释了各个阶段各个品种之间内在的逻辑关系。经济运行并不是混沌的，虽然其运行过程看上去很复杂，但当我们看到事物本质的内在逻辑性，就会发现事物的发展主体是有规律可循的。这样的规律可以被我们用来研究预测经济运行。由于国家行政越来越多地干预经济的运行过程，这就使得原有的、内在的运行规律在时间和程度受到一些干扰。但这并不表明内在规律不存在，这正说明人可以利用规律的作用来趋利避害。虽然这不能也不可能彻底使得周期消失，但至少人们看到了规律被利用后还是减轻了经济周期下行的破坏程度，提升了恢复速度。

经济周期和价格周期就像皮与毛的关系，经济周期是里（皮），价格波动是面（毛）。我们知道资本主义经济周期具有发生的必然性，这样的必然性带来的影响就会表现为商品、汇率、债券、黄金、农产品的价格轮动。这样的价格轮动不是杂乱的，而是有一定顺序的，这样的顺序具有内在的逻辑性和传导性。这些品种看上去关联性不大但它们都有一个共同的根，这个根就是供需。供需的变化直接来源于经济的周期，也就可以形象地说经济增长率就是一根钢丝绳，商品、汇率、债券、黄金、农产品这些品种就是系在钢丝绳上的气球，随着钢丝绳的波浪形变化而上下波动。只是由于位置顺序的关系，不同的品种所表现出来的时间先后顺序有所不同。波动时间差的存在并不是说这些品种是孤立的，这正好表明了品种之间的传导性，既然是传导就必然会有先有后。我们也可以利用这样的规律，通过各个品种数据的变化判断当前经济所处的经济周期的位置，通过这些表象数据达到研究和预测未来经济前景的目的。

第七节 经济增长、人口流动、房价上涨、货币政策之间关系

从历史看,经济增长就是一种人口现象,因为在拉动经济增长的生产要素中,人力资源是最重要的要素。历史上欧洲、美国、日本、韩国、中国无不是人口结构的年轻化和城镇化转移促成了本国经济在一段时间高速发展。伴随着城镇化的趋缓和人口结构的老龄化,无不从经济的高速增长转换成经济的低速增长。这也很好理解,房地产往往会成为高速发展的支撑,随着人口因素的改变,需求的减少,房地产的拉动作用必然趋缓,随着房地产投资的趋缓,经济增速降低也是必然。从20世纪80年代初至2010年,中国经济能维持10%左右的高速增长,与农业人口大量向第二、第三产业转移有关,农村廉价劳动力和不断提升的劳动力素质,支撑着经济持续高增长。

流动人口规模的增加,不仅促使经济高速增长和房地产业繁荣,还带来了土地价格和房价的不断上涨,因为人口迁移的过程就是城镇化的过程。

在2000—2010年间,我国人口迁移总体方向是从西往东流动,这与东部的房价涨幅高于中西部是一致的。如上海2000年的常住人口为1670万左右,到2010年增加到2300万左右,新增630万左右,增幅为38%;北京2000年的人口为1380万,至2010年达到1960万,增加580万,增幅为42%;深圳2000年常住人口为700万,至2010年增加至1035万人,十年共增加335万人,增幅为48%。这三大城市的常住人口在2000—2010年的增速,分别是京津冀地区、长三角地区和珠三角地区最大的,同时,房价涨幅也是全国各大城市中位居前三的。

不过，2011年之后，新增农民工数量出现了回落，与之相随的是GDP增速连续六年的回落，同时，房地产开发投资增速也从2010年33%的峰值开始回落，2015年房地产开发投资增速只有1%，五年内增速回落如此之快，真是令人叹为观止。

关于人口的流动性，主要关注两个指标，一是新增外出农民工数量，按照国家统计局定义，离开乡镇去外面打工的人就算作外出农民工，哪怕同一个县内的农村劳动力在不同乡镇间流动，都纳入到外出农民工统计范畴。2015年中国新增外出农民工数量只有60万，2016年进一步降至50万，比上一年仅增长0.3%，与2010年新增800万及增长5.5%相比，出现巨幅下降，这说明时下离开乡镇的农民工几乎都没有了。二是流动人口数量，2015年中国的流动人口首次减少近500万，2016年继续减少了200多万。这两大指标已经连续两年接近于零或负值，就意味着以农村人口转移为特征的城镇化已经接近尾声，城镇化进程更多地表现为本乡本土的城镇化，根据国家统计局公布的数据，2015年的户籍人口城镇化率为39.9%，2016年达到41.2%，增长1.3%，但城镇化率仅从56.1%上升至57.35%，增长1.25%，这说明城镇化率的提升基本上是靠农村户口转为非农户口来实现的，并非是迁徙人口导致的。

由于房价上涨从本质而言就是人口现象，根据人社部2021年对500个村的农村劳动力转移就业监测数据来看，一季度在外务工的人数为27.9万人，同比减少2.1%，这应该是中国自20世纪80年代改革开放以来首次出现外出农民工的负增长，而中国流动人口的减少则发生在2015年。此外，作为购房主力的25—45岁群体人数的减少，也出现在2015年。同时，过去作为人口净流出省份的安徽，2021年常住人口竟然增加了60多万，这意味着其他发达省份或大城市的人口流入量在放缓甚至减少。那么，推动房价上涨的动力来自哪里呢？除了货币扩张因素之外，其他如改善性需求等解释力度并不大。

第一章　宏观经济基本面研究

人口老龄化和人口流动负增长等对房价存在抑制作用的因素未能充分显示出其作用，这同样是一个时滞现象。资本品价格的上涨或下跌，都会形成一种趋势，趋势一旦形成，其惯性作用要大大超过消费品，这是因为投资者的趋利性和非理性程度超过了消费者，在房价上涨的时候是如此，而一旦下跌，也会如此。认为房价只会涨，不会跌，或者要跌也只是小幅度调整的观点之所以被人们广泛接受，是因为当前房价正处在持续上涨的惯性之中，因而忽视了负面的力量正在不断强化。

据《香港商报》网站报道，汇丰银行调查了9个国家共9000名"千禧一代"，结果显示，相关人群的住房拥有率平均为40%，其中中国最高，为70%；而比中国富裕发达的国家如法国为41%、美国为35%、英国为31%、澳大利亚为28%、沙特阿拉伯为26%。也就是说，大部分国家的年轻人住房拥有率不到一半，远低于中国的比例。事实上，这个年龄段的内地年轻人在一线城市拥有两套以上住房的人也不在少数，同时，购买住房由家庭出资的比例也达到40%以上，比率也远超其他发达国家。

国家统计局城镇化率的统计概念是城镇化率=城镇人口/总人口。此人口均按常住人口计算，而不是户籍人口，也就是说城镇化率不是以户口性质计算，而是以常住人口计算，租住人口也包含在内了。

国家统计局数据显示2010年中国城镇人口近6.66亿，城镇化率49.68%，2016年中国的城镇化率为57%，平均城镇化率每年提高1%左右，转换成人口则是1400万。2010年全国商品房销售面积10.43亿平方米，2011年全国商品房销售面积10.99亿平方米，2012年商品房销售面积11.13亿平方米，2013年商品房销售面积13.05亿平方米，2014年商品房销售面积12.06亿平方米，2015年商品房销售面积12.85亿平方米，2016年的房地产销售面积为15.76亿平方米，也就是2010年—2016年底共销售房地产80.27亿平方米。如果我们按照标准较高的每套房子

100平方米计算，也就可以看出我们在7年的时间卖出了8千万套房子，可以容纳人口为（3口之家）2.4亿人。但从我们的城镇化率看人口城镇化为1400万，2010—2016年城镇化人口增加9800万，每年的房地产销售能容纳的人口为3400万，也就是说，全国的房屋每年能容纳人口能力多出2000万，假设建筑和销售是平衡的，那么销售和人口的城镇化率的速度就是不平衡的，也就是说房屋有很多虽然销售出去了但并没有人住，产生了大量的空置，这些空置随着改善型消费的发展，并不一定集中出现在新建小区，而是分散到整个城市之中，当然各个城市也是情况各异，但总的来说是不会偏差太大的，可以查到的数据是2012年完成保障房建设601万套，2013年完成保障住房470万套，2014年完成保障住房480万套，2015年棚户区改造600万套，2016年610万套，2012—2016年保障房建设2751万套。2010年人口普查结果，有住房2.2亿套，179亿平方米。不完全统计可以看到我们国家城镇住房是3.37亿套。如果按照可容纳人口计算大概可容纳10亿人。可是我们的城镇化人口为8亿，可见我们空置率是比较高的，这里还没有计算开发商手中的库存和在建，也没有计算小产权房数量。由此，我们可以得出一些结论：首先，空置率比较高是真实存在的；第二，建筑速度超过人口城镇化的速度是存在的；第三，如果建筑速度不减慢，那么库存增加是必然的；第四，随着百姓投资房地产，大量的库存转移到了普通百姓的手中。库存应该分为广义库存和狭义库存。开发商手里的库存应为狭义库存，社会空置为广义库存，因为空置的房子都是潜在出售的房源。

如果按照目前的建筑速度和销售速度来测算，那么未来将形成更大量的库存，这里指的库存不单指的是开发商的，而是指盖好的房子空置而没有住人。从上面的数据可知这几年积累的空置房屋数量大体能够住1.4亿人，够10年的人口城镇化速度。因为建筑量还是太大，广义库存还在不断地积累，积累库存就是积累风险。

中国城镇化率难以达到西方水平。2010年之后，中国人口不仅老龄化趋势更加明显，而且人口流动的速度也大幅放缓，如上海的户籍人口中，60岁以上老年人的比重已经接近30%，但同时，上海人口流入速度也大幅放缓，"十三五"规划建议和2040年人口发展规划均要求上海常住人口控制在2500万，这意味着2010—2020年，上海人口的净增长不足前一个10年的三分之一。2015年北京的常住人口仅增加19万，2016年只增加了2.4万且外来常住人口减少了15万。对超大城市实行人口控制或是人口流入减少的原因之一，但人口流动速度的整体放缓，却与超大城市的人口政策关联度不大，而与人口老龄化及农村可转移劳动力的大幅减少有关。

根据2015年国家统计局提供的数据，中国农民工的平均年龄已达38岁，高于所有劳动力平均年龄36岁的水平，也就是说，农村不仅存在可转移人口减少的问题，还有较大比例的中年人口存在叶落归根的需求，国家统计局公布的2015年数据，1.7亿外出农民工在务工地购房的比例只有1.3%，但目前的高房价更让他们失去购房能力。

流动人口数量的减少问题已在今年各省市的政府工作报告中有所揭示，几乎所有大城市或经济发达省份的人口流入量都在减少。过去有些人口流入大省如江苏省，2016年常住人口只增加22万，这主要靠本省的新生人口所做的贡献，来自外省市新增人口的流入非常少。此外，像合肥、厦门等房价涨幅较大的城市，人口流入量也有所放缓。

因此，当前流动人口的规模下降意味着大部分省市的人口增长主要依靠人口自然增长来实现，即新出生人口减去死亡人口。按照2015年国家统计局的统计数据，人口自然增长超过30万的省份分别是河北、安徽、福建、江西、山东、广西、广东、云南等。此外，江苏的人口自然增长率只有千分之二，重庆

四川和江苏的老年人口抚养比分列全国前三，因此，单纯从人口结构的角度看，这三个省份的未来房价走势或许不容乐观。

我国每年年轻人结婚数量大体是800万对，其中城市结婚的数量则为300万对左右。中国一年的人口死亡数字平均为800万人，如果按照两个老人双亡房屋产生空置算，城市中每年因人口死亡产生的房屋空置数量为160万套。如果考虑到每年建设的保障性住房1000万套——权威部门公布了2011年中国保障房建设目标。住房和城乡建设部表示，2011年计划建设保障性住房和各类棚户区改造住房的数量，将比2010年大幅度增加，还有很多小产权房没有统计，2015年棚户区改造600万套，2016年610万套，2017年预期是600万套，虽然这里的保障住房数据不够完整，但通过部分数据就可以看出我国的保障住房数量还是很多的，最近几年的保障住房都在600万套左右，可容纳人口高达1800万，光这一项就超过了城镇化的速度。保障房和商品房两者相加就进一步拉大了住房供给和人口城镇化的距离，基本可以肯定的是我们的建设和销售速度远远超过城镇化带来的实际需要。权威人士说去库存是以人为核心的去库存，这是正确的。不能以居民加杠杆为工具，以涨价为手段去库存，这样的去库存只是去开发商的库存，而不是去社会上整体库存。简单的库存转移并不解决根本问题，只是风险的转移罢了。

由于长期实行计划生育政策，使得中国人口老龄化呈现加速势头，故中国未来的城镇化提升空间很难达到发达国家的80%以上城市化率水平。从日本和德国这两个成功转型的制造业大国的城市化进程看，自20世纪70年代成为发达经济体之后，城市化率水平增速就降至年均0.3%以下。

为什么城镇化速度比较慢？因为城镇化再想继续下去也就是农村人口继续向城市转移，现从常理上看，现在进城的主体是年轻人，我国每年的出生人口1000万左右，其中一半人口原来在农村，不上学或上学毕业后去城市打工，基本上能实现转

第一章 宏观经济基本面研究

移人口几百万，再加上一些城市周边的居民转移到城市，基本上就构成了人口的每一年的城镇化人口来源，想多让人口转移也没有人口可转，因为我们的农村每年只能提供这么多的年轻人。绝大多数农村地区的人口是不具备人口转移的条件和技能的，能转移的都是年轻人。

美国房地产周期与人口结构密切相关，因为房地产属于典型的年轻型消费品，25—44 岁年龄群体是消费房地产的主流群体，到了 45 岁以后房地产消费占比会持续下降。日本早在 1980 年就出现人口老龄化，其中 25—34 岁年龄段的人口数量在不断下降，从 1981 年的 1995 万，降至 1991 年的 1573 万，降幅达到 21%，最终在 1991 年出现了房地产泡沫的破灭，故从国际上的经验看，随着 45 岁以上中老年人口占比的上升，房地产投资和消费均会遭遇历史性拐点。

根据中国指数研究院的调查结果，25—34 岁年轻人是购房的第一大群体，约占购房人数的 50%，第二大群体是 35—44 岁，约占购房群体的 24.5%，故 25—44 岁的这一年龄段要占到购房人数的 75% 左右。

中国由于计划生育的实施，人口红利的拐点来得更早，15—64 岁的人口占总人口比重的峰值在 2010 年已经达到 74.5% 的高点，到 2013 年这一占比已经降至 72.8%，到 2020 年这一占比降至 70% 以下。而 25—44 岁这一年龄段的人口总数在 2015 年达到了顶峰。从美、日、韩等国经验看，伴随着 25—44 岁人口总数见顶，地产销量也会出现拐点。

还有一个值得引起重视的反映经济增长动力的指标——劳动年龄人口（20—64 岁）与老年人口之比，由于人口政策导致人口结构的失衡，中国的人口老龄化进程大约只需用 30 多年时间就达到超级老龄化阶段，而一般发达国家大约需要上百年的时间。

2011 年后资金流对房价推升作用渐升。如果说 2010 年之前全国的房地产市场走了一轮全面普涨的大牛市的话,那么,2011年之后只能说是结构性牛市了。因为随着流动人口增速的下降,房价受资金面的影响开始上升。

中国经济增长自2009年之后,广义货币M2的规模超常增长,超过美、日两个发达国家。同时,M2/GDP的比例大幅上升,即从2008年的1.58倍,迅速上升至1.9倍左右,如今已经超过2倍,即中国经济靠投资(货币与之配套)推动的特征越来越明显,整个经济的杠杆率水平也大幅上升。

房价受货币的影响可以从三个方面来说明。第一是居民可支配收入水平、增速与购房杠杆率;第二是货币政策的松紧程度;第三是社会资金的流向。这三个方面又是相互关联和相互影响的。

从居民收入水平的角度来解释各地房价高低的差异还是有一定说服力的,如上海、深圳和北京的房价之所以高,是因为人均可支配收入位居全国前三;浙江的人均可支配收入高于江苏和广东,尽管GDP总量远低于后者,这就可以解释浙江的整体房价水平为何高于江苏和广东。

房价的涨跌与央行的货币政策也有较大的关联性,如2011年不仅多个地区的房价出现下跌,而且,钢铁、煤炭、有色金属及其他一些大宗商品的价格也出现了向下的拐点,这应该与央行采取收紧的货币政策有关——2011年共有三次加息和6次提高存款准备金率。此外,央行还上调了首付比例。可见,房价的下行与货币政策的收紧具有明显的因果关系。

2010—2015年这5年间官方一年期存款利率和法定准备金率的变化可以看出货币政策总体趋于宽松,如2010年的一年期利率为2.75%,存准率为18.5%,到2015年末,利率降至1.5%,存准率降至17%,其中,2015年分别有5次降息和降准,故房价表现大大好于2014年。有研究机构统计,2010年年末至2015年末,一线城市房价累计上涨46%,涨幅非常明显。相比之下,

第一章 宏观经济基本面研究

二线城市的涨幅仅为10.8%。同期，三、四线城市房价同比涨幅不断递减。一线城市中，深圳市新建商品住宅价格上涨79%，为全国之冠。

关于社会资金流向对房价的影响，不妨以北京、上海和深圳为例。如果单纯从人均可支配收入的角度看，这三个城市的居民平均收入也不过比中国最贫困省份高出二三倍，但平均房价水平却为何要高出七八倍呢？这其中有社会资金和财富向一线城市集聚的因素。因为大城市所集聚的教育、医疗和文化等公共服务优势，以及投资信息、财富增值机会等是其他地方难以获得的，所以，它们不仅能够吸引国内资金流入，也同样可以吸引国际资本流入。国际上如纽约、伦敦、墨尔本、温哥华等地，房价水平同样不是完全由当地居民的可支配收入水平决定，而是受到投资移民、国际游资等因素的影响。

随着人口流动性的减弱，中国楼市已不再具有全面普涨的行情，那么，资金推动型的结构性行情还能持续多久呢？对此，还是从居民收入水平及变化、货币政策的松紧程度和社会资金的流向这三个方面来分析。

首先，从居民的收入水平看，自2013年起，居民可支配收入增速不仅呈现下降趋势，而且低于GDP增速，更低于全国整体的房价涨幅。此外，居民房贷增速提速，购房加杠杆也是从2013年开始的，除了为满足消费所需之外，投资性购房的群体比例应该不低。国内居民强烈的投资房产偏好，使得购房者每年需要支付巨额的购房款，且还贷压力长期存在，因而抑制了日常消费需求，如2016年新房（住宅）销售额是9.9万亿，占城镇居民可支配收入总额约为37%，即便扣除2016年银行给购房者的4.8万亿新增房贷，加上20万亿房贷余额的利息成本约1万亿，估计购房者在楼市上的投入费用要占城镇居民可支配收入总额的23%。

其次，从货币政策的宽松度看，央行将货币政策回归中性

- 063 -

的态度非常坚决，因为2015—2016年的货币政策整体偏宽松，导致了货币泛滥，如2016年商业银行的总资产增加30多万亿，远超M2的规模增长，随后几年随着经济增速回落及外汇净流出，货币增速应该会缓慢回落。在全球的货币流动性趋紧的趋势下，中国也面临利率上行的压力，此外还有去杠杆的供给侧结构性改革任务，故今后的货币环境对于楼市而言并不利好。

第三，从社会资金流向看，尽管楼市目前还是社会上热钱的最大去处，但热钱会随着热点切换而改变流向。过去楼市一直能成为热钱的主要流入市场，与楼市的赚钱效应有关，因为土地受管制，故市场化的供需调节机制一直没有形成，从而造成了房价泡沫不断变大。

但世界上没有一个只涨不跌的市场，若楼市今后几年一直稳住不涨，则会引发投资客的抛售压力，因为既然是投资总要追求预期回报率，故楼市要维持价格平稳很难；如果楼市今后几年继续上涨，则泡沫继续扩大，也为楼市泡沫的最终破灭起到催化剂作用。

市场上还有一种观点认为通过货币贬值的方式来替代房价下跌，如俄罗斯就是这种模式。但中国经济的体量要远大于俄罗斯，且中国是制造业第一大国和全球出口第一大国，尽管存在较大的本币贬值压力，但贬值不可能一步到位，作为全球第一大经济体的美国也不能容忍人民币大幅贬值。中国目前面临的问题是作为非贸易品的房子、股票等存在明显泡沫，而作为可贸易品的生产资料或消费品的价格与国际价格基本接轨，并不存在明显的泡沫（或通胀）现象。如果通过贬值可以让房价不跌，那又如何能同时实现生产资料和消费资料的价格不涨呢？从统计数据可以看到，房地产需求已经从之前的居住性需求变成了投资性需求，广义的库存在急剧地扩张。虽然开发商的库存在减少，不过一旦人们的预期发生逆转，大量社会库存冲击市场将给百姓的财富带来巨大冲击。

第一章 宏观经济基本面研究

如果人民币贬值压力加大，则央行很有可能上调利率，事实上，美国步入加息周期后，将对中国目前偏低的利率水平构成持续的上推压力，从而打压房价。更何况在外汇管制背景下，居民配置外汇资产的比例极低，有长期增配外汇资产的动力，这也势必会导致减配房地产。

总之，经济增速必然会随着人口老龄化和人口流动性的减少而不断回落，2016年中国的外贸出口在全球的份额首次出现下降，表明我国货物流动性也开始减弱。从增速看，人口流、资金流与货物流均在下降，这是经济发展阶段特性所决定的，没有任何力量可以逆转，哪怕是继续限制土地的供给，也无法避免房地产熊市的出现，这就像股市必须得经历熊市和牛市一样，到了熊市，采取各种手段如暂停新股发行、国家队救市等都会失效。

因此，分析或预测房地产市场的盛衰，不能仅仅局限于判断土地供给政策、房地产去化率或房产税何时推出，而是应该把楼市和股市、债市一样，放在宏观经济的大系统、大周期里去看，这样才会看得清楚、想得明白。

第八节　资金流动

我们研究经济需要把世界经济视作一个整体进行研究，可以说现在的地球就是一个地球村，无论是人员、资金、产品、原料还是科技都是流动的，世界上已经没有几个国家是闭关锁国的。我们翻看历史就会发现，历史上历次大型经济危机的影响范围都不会局限于一个国家，都会遍及小则一个地区大则整个世界，最著名的1929年经济危机，发源于美国，波及整个世界，此外还有1973年的石油经济危机，1997年的亚洲金融危机，2000年的互联网泡沫破裂，2008年的美国次贷危机等。从上述事例可以看出，危机的范畴往往不会局限于一国，这就使得我们研究经济如果只研究一国的就会陷入坐井观天的困惑。如果1990年做铜期货，你看国内的铜消费和产量以及未来的形势变化，可能就会陷入迷茫，因为当时铜最大的消费主体不是中国，你只能跟随国外的价格波动。谁是世界铜消费量的主体和消费波动变化的主体谁就是铜价格的主导因素。2008年之后，中国铜的消费量逐年增加，这就在市场上取得了话语权，定价权逐渐由伦敦期货定价变为上海期货交易所的沪铜定价，其他商品也是，这时国外的交易者或研究员在大宗商品上再去研究美国或欧洲的铜消费那就很难做对行情了。所以大宗商品价格的定价权是由最大消费国的消费变化来主导的，不是由单一国家尤其是非主流消费国家决定的。现在日本国内的研究员在大宗商品方面研究日本的消费是没用的，日本经济固然有自己的周期，但这样的周期对于世界范围的大宗商品影响微乎其微。美国国内的研究员同样也是这样的道理，其他方面也是这样的，我们研究经济就要把世界作为一个经济整体去研究。

第一章 宏观经济基本面研究

资金和贸易是世界各个经济体紧密联系在一起的脐带，就目前从经济规模、经济实力，以及世界规则和秩序上看美国都是唯一的超级国家。所以我们研究整个世界经济体，就必须把美元作为中心货币，与之对应的是非美元货币。美元走强，其他绝大多数货币贬值；美元走弱，其他货币走强，这确实是现实。美联储释放货币的宽松政策，其他国家也会通胀抬头。美联储实施紧缩的货币政策，其他国家则大部分陷入衰退，并使得商品价格下跌，通胀低迷。看看2013年开始美联储减少宽松，2014年开始加息，随后欧洲、中国、巴西、俄罗斯、澳大利亚、拉美地区都出现不同程度的经济衰退。所以我们在研究世界经济时应重点研究美国经济，关注美国经济处于何种周期，并同时研究中国经济周期，把两个周期一起观察，如果两个周期共振，则会在外汇、商品、黄金等一系列的品种上出现影响，这是因为中国目前是世界经济的主要拉动力。如果出现美国加息但中国经济强势，那么中国对于商品的强势拉动就会抵消美国加息给其他国家带来的影响。如果美国加息和中国的经济周期下行同时出现，那么在汇率市场、商品市场两者的共同作用就会使得其他国家经济受到巨大冲击，美国加息和中国经济周期下行同时出现也会加大中国经济的下行程度。

研究经济要以货币为中心，以货币流动为重点，以美国和其他拉动世界经济增长的经济体为研究目标。观察美元的货币周期，通过了解美元是从内向外流还是从外向内流来研究世界经济周期变化。大规模的流入和流出必然引起汇率的涨跌，这是我们参与外汇市场的机会。资金大规模地流入和流出也关系到黄金市场的涨跌，这也是我们参与黄金市场的机会。美国经济的周期和主要新兴经济体主要国家经济的周期共振时，美元流入和流出也极大地影响商品价格的涨跌，这也是我们参与商品市场的机会。结合"美林投资时钟"理论和货币政策的内在逻辑性，就可以很好地把握市场机会，获得投资收益。看看铜的走势图我们就可以注意到铜价格每一个高点都是由不同的经济体的发展所引起的，1987—1989年的上涨和日本房地产泡沫有着直接的关系。1994—1996年的铜价上涨和东南亚经济的蓬勃发展带动铜价格上涨是密不可分。2003—2006年是美国房地产大发展时期。2009—2011年是中国房地产大发展时期。

  美元的贬值周期和商品上涨周期同其他经济体的经济繁荣周期有着共同的时间阶段，这三者的内在逻辑联系也是讲得通的，美元贬值、资金外流，其他经济体繁荣这些都是联系在一起的。美元宽松的货币政策使得资金外流，资金外流使得美元汇率下降，引发美元贬值。资金外流引发流入地经济繁荣，这也是正常的现象，这些地方和美元贬值的共同作用导致以美元计价的商品价格上涨。资金回流美国也是一样的逻辑，只是结果相反。总之，世界经济研究就是要把货币流动作为重点去研究。

第九节　宏观研究的要点

1. 宏观研究的格局一定要大，要完整。把世界经济作为一个整体进行研究。
2. 关联性，经济体之间的关联性，经济发展因素之间的关联性。
3. 要有重点，一个重点是美国，另一个是带动世界经济发展的主动力经济体。
4. 深入研究经济运行规律，运用经济规律指导研究方向。
5. 研究要以货币为中心，以国际资本流动方向为目标。
6. 经济研究要研究人口红利给经济带来的内在发展动力，城镇化带来的对于经济的拉动作用。
7. 新兴经济体发展的两个阶段，加工贸易阶段和地产发展阶段。
8. 大部分经济繁荣时期的结束都是以负债的不可持续为终结。日本的房地产泡沫是这样，"亚洲四小龙"是这样，美国的次贷危机也是这样。

第十节　金融交易的可预测性和不可预测性

有些人说金融交易具有不可预测性，尤其是技术派的人士会更多地持有这样的观点。这样的观点可能源于市场无效理论，也可能是来源于价格反映了市场中所有信息的说法。不管来源是哪一种，都无一例外地放弃了对基本面的继续研究。从实践来看，无论是长期还是短期都有一些事情是可以确定的，有一些事情是不能确定的，也就是我们投资就是要从不确定性中寻找确定性的投资机会，就像哲学家波普尔说的，人对于事物的认知是不完整、不全面、有偏见的。我们不能因为自己的知识和能力有限就否定事物规律的客观存在和别人对于事物的认知，就像波普尔所说的真理只能被证伪而不能被证实，但这并不能说明规律就一无是处。人类从地球中心说到太阳中心说，再到人类对于宇宙的认知，我们不能因为太阳中心说最后被证伪了就否定当时太阳中心说给人类社会带来的积极意义。自然科学是在不断地被证伪，但这些被证伪的学说也曾经给人类带来积极价值。社会学中的规律也是一样的，很多事物即便我们穷尽一生也可能钻研不透，但这不能成为我们放弃研究和否定客观规律存在的理由。

金融交易的影响因素是异常复杂的，不确定性和确定性是相互交织在一起的，即便长期的可预测性并不是说每个人都能很好地做出准确合理的判断。这里的可预测性也指的是少数人能预测到，短期的不可预测性也不是说什么情况下人们的预测都不准确，有些人还是能够通过研究和推理得出比较准确的预测。人对于事物的认知和人对于事物认知的不完整性也是相互交织的，这大大增加了金融研究的难度。

第一章 宏观经济基本面研究

虽然金融预测是困难的，但只要事物的发展遵循客观规律，我们通过适当的方法、通过大量的数据、通过正确的逻辑推理、通过历史的总结还是有可能对经济的发展做出相对正确的判断的。谁能准确地预测未来并采取恰当的行动，谁就可能赢得未来。未来什么是确定的？经济和社会规律依然会起作用。这里不是说刻舟求剑，而是透过现象看本质地寻找规律，是在变化中寻找不变的本质，是在不确定中寻找确定性。

期货市场中存在形形色色的交易者，有基本面派的，有技术派的，也有程序化派的，当然是方法平等、没有高下，无论是基本面派的、技术派的还是程序化派的，只要在那个领域研究得够深、够精，同样都可以赚大钱。就笔者个人而言，我喜欢先进行宏观经济研究，再以基本面为指引方向、以技术为标准的交易方法。

通过与不同交易者的学习与交流，笔者结合在期货市场中的实战经验，逐步形成了自己的期货交易观，可以总结为三句话，宏观决定方向、产业决定强弱、技术决定时机。

宏观决定方向，大局观远比细节重要得多。看到一些交易者沉迷于行情图表不能自拔时，笔者总是为他们感到惋惜，因为他们过于注重交易的细节，而忽略了对市场方向的把握。散户交易者一般对于宏观分析的能力较弱，而且做的周期比较短。笔者在多年的交易中发现，宏观才是最重要的，它决定了整个商品市场的走向。顺着宏观的方向开仓时，大多比较容易赚到大钱，而且顺着宏观的方向开仓，心里有底，敢于较长时间持仓。

产业决定强弱，虽然宏观决定了方向，但是有的商品沿着宏观的方向顺利前进，而有的商品却是进展不顺，其原因在于产业状况不同。宏观决定方向，而产业决定强弱。所以当笔者发现宏观利于做空时，不会去寻找那些产业供不应求的品种去做，因为产业与宏观存在矛盾，此时行情即使下跌，也会走得比较艰难。所以，我习惯于寻找宏观与产业同向的品种开仓。

很多人都觉得产业分析或者说基本面分析比较难，这个因人而异，深入分析的确困难，毕竟隔行如隔山，但是粗略的产业分析无非关注这几点即可。

1. 供求关系：供大于求与供不应求。
2. 基差：升水与贴水。
3. 库存：处于库存周期的哪个阶段。
4. 上下游：产业链上下游的价格与供需情况。
5. 企业盈亏：企业的成本和企业的盈亏状况。
6. 国家政策：国家出台的各项政策。

技术决定时机，技术是很多交易者喜欢谈的话题，技术分析起主要作用。一是分析当下的市场结构；二是找到合适的买卖时机；三是适当的价格止损。从长期来看，市场结构必定反映宏观所决定的方向，但是很多交易者即使判断对了宏观方向与产业方向，由于进入市场的时机不对，结果也会造成浮亏，技术交易体系既是设定止损和执行止损的标准和依据，也是财富保值的重要依据。

第一章 宏观经济基本面研究

第十一节 交易的核心问题

交易的第一个核心问题是方向。我们需要找到金融交易的核心,如果没有找到关键所在,交易就会失去方向,失去方向的交易就是无头的苍蝇。

那么这个关键是什么呢?笔者觉得就是趋势,怎样确定趋势转换?均线就是对趋势最直观的表现。金融交易的价格是由群体行为决定的,而均线描述的是市场的平均价格,它描述的就是群体行为。因此,均线就是群体行为,跟着均线走,就是跟着趋势走。

大周期均线制约小周期均线。先看大周期均线,再看小周期均线,小的服从大的。长期均线制约中期均线,中期均线制约短期均线,先看长期均线,再看短期周期,短期服从长期。小周期均线领先大周期均线,短期均线领先于中长期均线,当小周期均线与大周期均线重合共振,短期均线与中长期均线重合共振时,绝佳获利机会便出现了。

交易的第二个核心问题是位置。交易有两个核心的问题,第一个是方向,第二个是位置。方向是宏观、理念上的问题,宏观不能错;位置是微观、技术上的问题,微观也要对。方向对了,但在不好的位置进场,一样非常难受。巴菲特所讲的价值投资和安全边际,其实讲的就是在投资中的方向和位置问题。价值投资讲的是方向,选择未来稳定成长的公司,这就意味着你把握好了上涨的大方向;安全边际讲的是位置,虽然大方向是上涨,但为了减少风险,要在股价低于其价值时买进。而在金融的投机中,同样如此。好的位置,事半功倍,更小的止损,更大的盈利;不好的位置,事倍功半,更大的止损,更小的盈利。好位置的寻找，需要很强的耐心，没有耐心，就可能进得早，出得也早，那么就可能把本来一个正确的交易计划做坏，这就好比平常所讲的好心办坏事，就是这个道理。好心，说明其理念是正确的，却做了坏事，说明其做事的程序或时机把握得不好，最终使事情变坏。那如何才能做到有耐心呢，笔者觉得还是在于一个"信"字，要相信自己的交易系统，相信时机总会出现，出现了你总会有进场的机会。

交易的第三个核心问题是止损。止损是主动承认错误，防止损失继续扩大。但是什么是错误呢？又如何来定义这种错误呢？

我觉得错误有两种：第一种是方向错误，第二种是位置错误。

这两种错误，第一种是大错误，一旦犯了，如果不及时回头，会造成大亏损；第二种是小错误，没有止损，可能结果还是会赚钱。由于当局者迷，在实际交易中，这两种错误，交易者可能很难分清楚，当出现一定浮亏了时，交易者并不一定知道自己是犯了大错误还是小错误，因此，止损了，而结果可能只是个小错误，而倘若没有止损，结果不排除会是个大错误，虽然大错误的出现概率比小错误要低很多，但为了防止大错误带来的巨大亏损，所以一般理性的交易者都会设置一定的止损位，为的就是防止大错误的出现。也就是说，止损的真正价值在于防止趋势反转所带来的大亏损，并不是阻碍价格在正确趋势下的正常运行。

虽然在顺势交易下，不止损或许也能等回来，但交易市场没有百分之百确定的事，不怕一万，就怕万一。

如何设置止损呢？那就是止损位的设置要合理：

1. 你的账户或你的心理能够承受的每次亏损的极限。

2. 你的操作周期。如果操作周期越大，那么止损位也要相应的放大；如果操作周期越小，那么你的止损位就应越小。

第一章 宏观经济基本面研究

投资获得成功的关键在于发现机会，机会的发现在于看清楚全球资金的流动方向。流动方向是经济发展引起的赚钱效应，全球经济的增长点需要具备人口数量和人口结构的人口红利以及与经济发展相适应的政策制度相配合。全球经济周期的产生来源于不同经济体的接力式的兴起和回归平稳。宏观分析系统寻找的是方向，但金融交易的关键不只是方向，技术交易系统、宏观分析系统、思维系统、价值观系统共同才能组成相对完整的金融交易体系。

第二章 马克思主义政治经济学

经过多年对全球经济和中国经济宏观研究，笔者感觉很多时候经济的运行规律还是比较符合马克思主义政治经济学的一些观点的。这些观点可以在道的层面为我们进行期货交易的方向提供指引。经济本身是一个运行复杂的事物，通过马克思主义政治经济学的观点，我们能够看懂经济运行的基本规律和基本状况，以及如何能够使我们的金融交易做得更好。

第一节 商品价值理论

商品价值、价格与劳动，这是马克思主义政治经济学的核心之一。

商品具有价值和使用价值两种属性。商品的价值就是生产时凝结在商品中的无差别的一般人类劳动，即人们的脑力劳动和体力劳动。这样无差别的劳动的凝结，形成商品的价值。使用价值是不同的商品可以按照一定比例相互交换，就是它们都具有价值。货币就是价值的标尺，用来衡量价值的大小。黄金具有货币属性，具有携带方便和价值稳定的特点。人们把黄金作为交换尺子来衡量其他商品，其本质还是在利用黄金内在的商品价值作为标尺，只是后来为了携带方便，人们便发明了纸币，用纸币代替黄金的价值标尺的作用。纸币作为替代者本身并没有内在价值,也不是商品,纸币的背后一定是有国家信用背书的。如果国家不能遵守诚信,大量发行纸币,使得纸币数量大大超过实际合理数量,就会造成通货膨胀。

商品价值理论在我们的宏观经济学分析中有着重要的价值和地位,只有了解纸币和商品价值的相互关系,才能真正地理解货币政策、汇率变化、商品价格的变化,而且这些方面又都是相互联系的,这也证明哲学里事物的广泛联系性,同时也说明了格局的重要性,我们研究金融交易要有大格局。很多人做商品期货不关心汇率,有些人做汇率不关心商品,这都是不可取的。笔者推荐大家研究经济时把全球经济体系作为整体去研究,这样就可以更好、更全面地了解经济的运行和发展。

第二节 资本主义经济危机发生的必然性

第一个观点，笔者觉得我们永远要铭记资本主义市场经济永远无法摆脱经济危机的困扰，经济危机是市场经济的必然产物。如果我们回顾人类近现代的经济历史，我们就会发现那就是一部经济危机的历史，这里就不谈这些历史问题了。其实经济就是不断地从经济萧条开始，然后步入景气，再进入繁荣，最后再次进入萧条的周期循环，这样的周期理论不是马克思主义政治经济学所独有的，但这一观点是我们应该牢记的。为什么要记住这个观点？因为在不同的经济周期阶段，我们的期货交易方向是完全不同的，从萧条到景气到繁荣我们对工业品的操作在总的思路是做多的，如果在这个过程中你还是在不停地做空，那悲剧会是大概率事件。如果这一阶段你是在做多，同时在技术层面的运用又是得当的，交易成功的概率就会大大提高。我们要在泡沫形成时同大多数人一起吹泡沫，同时我们也要保持清醒的头脑，经济危机的到来是必然的，泡沫是必破的，该转向时我们可不要自己把自己忽悠了。不过任何泡沫都不是随便能破的，要使其灭亡，必先使其疯狂。不可过早做空，我们可以在疯狂时不做多，决不可在疯狂时做空。时机很重要。

一、资本主义经济危机的主要表现

经济危机的现象，在第二次世界大战以前和战后有所不同。但无论是战前还是战后，其共同点是商品滞销、利润减少，导致生产（主要是工业生产）急剧下降，失业大量增加，企业开工不足并大批倒闭，生产力和产品遭到严重的破坏和损失，社会经济陷入瘫痪、混乱和倒退状态。生产下降和失业激增，是战前与战后经济危机共同的主要标志，而其不同之处主要是在货币、金融危机方面。在战前的危机中，一般是通货紧缩，物价下跌，银根吃紧，利率上升，银行挤兑并大批倒闭；而在战后的危机中，由于国家垄断资本主义采取通货膨胀政策以及其他原因，从1957至1958年的世界性经济危机开始，各主要资本主义国家在危机期间都出现了通货膨胀、物价上涨的反常现象，主要表现在：商品大量过剩，销售停滞；生产大幅度下降，企业开工不足甚至倒闭，失业工人剧增；企业资金周转不灵，银根紧缺，利率上升，信用制度受到严重破坏，银行纷纷宣布破产等。

（一）经济危机的特征

资本主义经济危机是生产过剩的危机。但是，资本主义经济危机所表现出来的生产过剩，不是生产的绝对过剩，而是一种相对的过剩，即相对于劳动群众有支付能力的需求而言表现为过剩的经济危机。因此，在资本主义经济危机爆发时，一方面资本家的货物堆积如山，卖不出去；另一方面，广大劳动群众却处于失业或半失业状态，因购买力下降而得不到必需的生活资料。资本主义生产相对过剩的经济危机，最显著地表现了资本主义制度的历史局限性。

（二）经济危机产生的根源

资本主义经济危机的爆发是资本主义的基本矛盾，即生产的社会化和生产资料资本主义私人占有制之间的矛盾决定的。资本主义基本矛盾的具体表现有：

个别企业内部生产的有组织性和整个社会生产无政府状态之间的矛盾。这一矛盾发展到一定程度，就会导致社会再生产比例关系的破坏，进而导致经济危机的爆发。

资本主义生产无限扩大的趋势同劳动人民有支付能力的需求相对缩小之间的矛盾。资本家在追逐高额利润动机的驱使下，拼命扩大生产，加强对工人的剥削，结果是劳动人民有支付能力的需求落后于社会生产的增长，市场上的商品找不到销路，造成生产的相对过剩，引起经济危机的爆发。因此，资本主义经济危机是资本主义基本矛盾尖锐化的必然结果。

经济危机的可能性，早在简单商品生产中就已经存在，这是同货币作为流通手段和支付手段相联系的。但是，只有在资本主义生产方式占统治地位以后，危机的可能性才变成了现实。随着简单商品经济的矛盾——私人占有与社会劳动之间的矛盾发展成为资本主义的基本矛盾，就使经济危机的发生成为不可避免的了。

在资本主义社会里，随着社会分工的广泛发展，商品生产占统治地位，每个资本主义企业都成为社会化大生产这个复杂体系中的一个环节，它在客观上是服务于整个社会，满足社会需要，受社会调节的。但是，由于生产资料私有制的统治，生产完全从属于资本家的利益，生产成果都被他们所占有。而资本家生产的唯一目的就是生产并占有剩余价值，他们生产的扩大或缩小，不是取决于生产和社会需要，而是取决于无酬劳动的占有以及这个无酬劳动和物化劳动之比，或者按照资本主义的说法，取决于利润以及这个利润和所使用的资本之比，即一定水平的利润率。因此，当生产的扩大程度在另一个前提下还远为不足的时候，对资本主义生产的限制已经出现了。资本主义生产不是在需要满足要求停顿时停顿，而是在利润的生产和实现要求停顿时停顿。

资本主义基本矛盾的重要表现之一就是单个企业生产的有组织性同整个社会生产的无政府状态之间的矛盾。资本主义单个企业的生产，在资本家或其代理人的统一指挥下，是有组织、有计划的；而整个社会生产却基本上陷于无政府状态。社会再生产过程中比例关系的失调，特别是生产与需要之间的比例关系的失调，是资本主义私有制所造成的必然结果。私有制把社会生产割裂开来，资本家们各行其是。各生产部门比例的不协调,是资本主义生产过程中的经常现象,而按比例的发展则是资本主义生产运动中的个别情况。严重比例失调是引起经济危机的重要原因之一。

生产与消费的矛盾以及生产的无政府状态,作为资本主义基本矛盾的具体表现是彼此紧密联系在一起的,正是它们的结合,才不可避免地使资本主义社会再生产周期遭到破坏,引起生产过剩的经济危机。

二、经济危机的周期性

资本主义无法消除产生经济危机的根源,因而经济危机周期性地爆发。经济危机的这种周期性使资本主义再生产也表现出周期性,这种周期包括四个阶段,即危机、萧条、复苏和高涨。

危机往往在资本主义经济发展最繁荣时爆发,资本主义的各种矛盾在这时达到最尖锐的程度。危机首先在商品流通的某一环节出现,然后迅速波及各个部门,最后导致整个社会经济活动严重混乱。危机是经济周期的决定性阶段,是上一个经济周期的终点,也是下一个经济周期的起点。危机之后是萧条阶段。

在萧条阶段,商品供给超过有支付能力需求的现象有所缓和,生产不再继续下降,失业人数也不再增加,但过剩商品还未完全销售出去,社会购买力仍然十分低下,社会经济呈停滞状态。

萧条阶段之后,市场情况有所好转,生产开始逐步回升,经济逐渐摆脱停滞局面,于是,萧条阶段向复苏阶段过渡。

在复苏阶段,由于市场的扩大,价格开始上升,利润渐有回升,进而刺激着资本家增加投资、扩大生产。随着生产的不断扩大,资本主义经济发展的逐渐加快,社会生产超过危机前的最高点,进入经济周期的高涨阶段。

在高涨阶段,整个资本主义经济呈现出一片繁荣景象,但是，资本主义经济的繁荣只是暂时的，繁荣之中蕴含了新的危机先兆。随着社会生产的不断扩大，资本主义经济的各种矛盾发展到尖锐程度时，危机必将再次爆发，资本主义经济进入下一个周期。

在资本主义经济的发展过程中，经济危机是周期性地重演的，危机与危机之间的间隔表现了一定的规律性。自1825年英国第一次发生普遍的生产过剩的经济危机以来，随后发生危机的年份是1836年、1847年、1857年、1866年、1873年、1882年、1890年和1900年。在资本主义自由竞争阶段以及向垄断资本主义阶段过渡时期，差不多每隔十年左右就要发生一次这样的经济危机。进入20世纪后，迄第二次世界大战以前，又发生了1907年、1914年、1921年、1929—1933年、1937—1938年的经济危机，差不多每隔七八年就发生一次危机。

从一次危机爆发到下次危机开始之间的这个时期，构成资本主义再生产的一个周期，或称经济周期。在第二次世界大战前，每一个周期都包括危机、萧条、复苏、高涨四个不同的阶段。战后的周期虽然发生了某些形态变化，但四个阶段的交替仍是基础。

关于经济危机的周期性，有两个问题需要研究。一个是周期性的原因，一个是周期长短的原因。危机周期性的原因，要从资本主义基本矛盾的运动变化中去寻找。这一基本矛盾虽然贯穿于资本主义社会发展的始终，但并不是每时每刻都处于严重激化之中，而是有时尖锐，有时缓和，呈现出一种波浪式发展的状态。经济危机是这一矛盾激化到一定程度的产物，它又反过来通过对生产力的破坏暂时地缓解这一矛盾，但危机并不能消除资本主义的基本矛盾，一次危机过去后，随着经济的恢复和发展，其基本矛盾又会逐步重新激化起来，使另一次危机的爆发不可避免，正如恩格斯所说："在把资本主义生产方式本身炸毁以前不能使矛盾得到解决，所以它就成为周期性的了。

第二章　马克思主义政治经济学

资本主义生产产生了新的'恶性循环'"。

首先，关于周期长短的原因，在第二次世界大战前，当国家垄断资本主义还没有占统治地位的时候，主要是由固定资本更新的周期决定的。固定资本的更新是资本主义经济周期的物质基础。固定资本更新必然会引起对机器设备等生产资料的大量需求，从而促进生产资料生产的恢复和发展，这反过来又会增加就业，提高劳动群众的购买能力，扩大消费资料市场，从而促进消费资料生产的恢复和发展。因此，固定资本的更新为资本主义经济走出危机准备了物质条件。同时，它又会引起新的一轮生产过剩，为下一次经济危机提供物质基础。在资本主义的自由竞争阶段，大工业中最具有决定意义的部门的固定资本，平均大约 10 年左右就需要实行更新，固定资本的这个平均的生命周期，是决定资本主义经济周期的一个重要因素，为周期性的经济危机的间隔时间创造了物质基础。不但在资本主义以前的社会中没有周期性的经济危机，就是在资本主义的早期，其经济危机也非周期性的。当时，由于资本主义大工业还不够发达，固定资本的再生产还没有能够成为影响整个社会经济发展的决定性因素，尽管当时的英国频繁出现过 1788 年、1793 年、1797 年、1803 年、1810 年、1815 年和 1819 年的经济危机，但它们的出现和交替是没有规则的，而且从整个社会来看，危机还是一种局部性的或地方性的，只有当大机器工业发展到对整个社会生产产生决定性影响的程度时，地方性的、局部性的危机才逐渐转变为波及一切主要工业部门，震撼整个资本主义社会的周期性生产过剩的经济危机。1825 年首先在英国爆发的危机，就是最早一次这样的危机，固定资本的更新固然是经济周期的物质基础，对危机间隔时间的长短有重大影响，但也不能把这一点绝对化了。上述论断，对于 1825 年以后的自由资本主义时期，以及对于第二次世界大战以前的垄断资本主义时期是有效的，但在第二次世界大战后国家垄断资本主义占统治地位的时期，情况却发生了变化。决定周期长短的因素，除了固定资本的更新以外，还有国家垄断资本主义加强干预经济的政策和措施，这些政策和措施在一定的范围内可以延缓或加速经济危机的爆发，情况是错综复杂的，在当代，不能只用固定资本更新这样一个因素去解释经济周期的长短。

　　第二个观点很重要，价格总是围绕价值上下波动，这个观点容易被人们接受，但实际生活中又有太多的人会把它抛向脑后。举个简单的例子，购买黄金，奋不顾身去买黄金的其实不只是中国大妈，很多黄金投资者在黄金买卖高潮时都不相信金价会下跌，这其中也包括很多大的国际投行。房地产也是这个道理，美国有次贷危机，日本有房地产泡沫，英国、西班牙很多国家都曾经发生过房地产危机，中国的房地产也进入了去泡沫时代。其实很多工业品也都是这个道理，价格的上涨不可能是永远的和无限的，那么下跌的情况呢？其实只要是商品总是有涨有跌的，但我们怎样才能比较准确地预测商品的下降空间呢？笔者想通过马克思主义政治经济学就可以比较好地做出一个相对接近的预测，价格总是围绕价值上下波动，既然价格要围绕价值在波动，那我们就要看看什么是价值，商品的价值就是社会总体生产同样商品的必要劳动时间，也就是商品的社会平均成本。从博弈论的角度看，当商品供过于求时只有商品的价格低于平均成本时才会使大多数生产者停止生产，这也就会使供求关系重新达到平衡。所以当经济危机开始发生时商品的供求关系开始从供不应求变成供过于求时，我们做空的机会就到来了，如果我们没有目的地做空，我们也很难获得成功。那么我们如何判断做空的目标价位呢？这就要看商品的社会平均成本是多少了，如果我们把目标定在社会平均成本附近，再结合相应的交易技术系统，那么我们成功的概率还是比较高的，这里说的社会平均成本不是一个准确的数字，是一个估值，它是可变动的，它会随着科技的进步、生产力水平的提高发生改变，也会随着其他生产要素的变化而发生改变，我们看问题时可不能一成不变。

第三个观点就是纸币的发行量必须适度。纸币只是商品价值的符号，纸币的过量发行必然会带来通货膨胀，由于现在的世界经济是相通的，与一百多年前的相对封闭的经济体所产生的通胀形势和程度都有很多不同，大的经济体和小的经济体货币超发所得到的结果是不一样的，开放的经济体和封闭的经济体是不一样的。我们要结合实际情况作出判断，但纸币的本质是不会变的。这个为什么对我们很重要呢？因为货币政策尤其是美国的货币政策会对世界大宗商品的价格产生巨大的影响，我们要结合经济周期和货币政策的方向来判断大宗商品价格的未来变化趋势，根据价格的变化趋势来把握我们的期货交易。在基本面分析时我们也论述过汇率和纸币，在这里就不再重复。但我们要给予货币特别的关注，这是研究经济的核心。经济研究的核心本质就是关于钱的流动问题，危机也好繁荣也罢，都离不开钱，所以货币是经济研究领域的重中之重。有一点要注意，通货膨胀不同时期也会有不同的表现，我们不只单一地看CPI这一个数据，这一个数据并不能全面地反映通胀的情况，因为CPI的结构在不同的时期是不一样的。吃、穿、住、用、行不同的经济发展水平所占比重是不一样的，如果不能及时调整结构就不能全面反映我们面临的通胀程度。

第三节　商品价值理论在金融交易中的运用

　　商品价值理论是我们金融交易的核心理论。价格的涨跌因素有供需因素、汇率因素、货币政策因素等。汇率本身是货币交换，货币交换的本质是对于黄金的换算，对应的就是黄金的商品价值。纸币也有供需，汇率就是纸币的价格，所以可以说在一定条件下，纸币也是有价值的，这来源于政府的信用背书，当然这样的价格不是一成不变的。

　　供求的紧张程度决定了价格上涨的价格空间，但商品的内在价值决定了商品的价格下跌空间。经济危机的必然性和商品价格总是围绕商品价值上下波动相结合就是我们金融交易者熟悉的价格趋势变化周期。

　　我们一定要搞明白一件事情，马克思所说的商品价格围绕价值波动，这里说的是商品的内在价值。在货币没有超发的情况下，价格的表现形式就是像上面的波浪图和格兰威尔移动平均线图所示，价格有可能会回到起点附近，具体会不会回到上一个危机时的低点，主要取决于危机的程度和通胀程度，以及库存的程度，这里有一点要注意，如果货币大量超发，并且超发严重，即便是危机很严重，但由于货币超发，货币价格所代表的内在价值也发生了大幅度变化，价格也很难回落到原有价格水平，简单说就是初期社会平均成本100元一件的商品由于货币超发一倍，这时这件商品的社会平均劳动成本就是200元，当然这个过程中这件商品的价格变化是100元—150元—250元—350元—300元—200元，商品价值是变化不大的，但商品的价格由于通胀因素有可能发生巨大变化，我们不能机械地认为价格经过上涨后遇到危机一定会回落到起点，这是不一定的。

第二章 马克思主义政治经济学

如果没有通胀因素就有可能回到原来价格附近，同时也要结合科技和生产力水平的进步程度进行判断。如果很长一段时间科技和生产力水平相差不大，说明商品的内在价值相对稳定；如果科技和生产力水平有非常大的提升，那么内在的商品价值可能大幅下降，这时危机出现时商品的价格就有可能大幅度地低于上一个危机时期的低点，总的来说我们一定要弄明白商品价格和商品价值之间的不同和关联，这是我们做商品价格预测时非常重要的参考因素。

马克思主义经济学是最符合经济运行规律的科学理论，在指导我们认识经济规律、把握经济波动和解决经济困难方面都有着非常好的理论指导作用，是我们认识经济的理论基础，对于金融交易更是有着巨大的帮助作用，尤其在宏观经济分析方面，马克思主义政治经济学能够很好地解释各种宏观问题，也是价格预测和周期判断的重要理论依据。纵然马克思的《资本论》诞生已经超过160多年了，世界也已发生了巨大变化，但经典就是经典，依然对现实有指导作用。

第三章 技术分析和交易系统

第一节 技术分析

技术分析是金融交易最为重要的分析方法之一。技术分析就是通过对市场行为本身的分析来预测价格变动方向，即主要是对金融交易的日常交易状况，包括价格、交易量与持仓量等数据按照时间顺序绘制成图形、图表或形成指标系统，然后针对这些图形、图表或指标系统进行分析，预测未来价格走势。

技术分析方法的理论基础是基于三个市场假设。

1. 市场行为反映一切信息。这是技术分析的基础。技术分析法认为投资者的交易行为已经充分考虑了影响市场价格的各项因素。

2. 价格呈现趋势变动。这是技术分析最根本、最核心的观点。趋势概念是技术分析的核心，趋势的运行将会继续，直到有反转的现象产生为止。

3. 历史会重演。这是从人们心理因素方面考虑的。金融交易的目的是追求利润，不论是昨天、今天、明天，这个动机都不会变。因此，在这种心理状态下，投资者的交易行为将趋于一定的模式，从而导致历史会重演，但不会简单地重复。

技术分析是金融交易中最常用的基本技能，既常用又重要的一项基础技能，我们一定要明白技术分析的重要性及技术分类。技术分析可以为交易者提供好的入场时机，好的入场时机意味着好的价格和最小的止损距离。通过观察交易图形和成交量以及其他指标可以使我们更好地判断短期、中期、长期、顶部和底部，使我们能更好地选择交易策略，把握精准的入场时机，实现获利和确认离场时机、规避风险保护本金和利润，甚至毫不夸张地说，技术分析是用来保命的。

要想成为一个出色的交易者，你必须深度了解和掌握技术分析技巧，形成自己的交易系统、自己的交易风格，实行相应的交易策略。如果不能对交易系统以及策略类型进行彻底的了解，那么你的交易结果只能是令人失望的。

由于对技术分析的掌握不到位，通常情况下交易者一直会抱怨交易系统根本就不奏效，于是他们一直挣扎于可怜的成交回报并且不断尝试新的交易系统，不断地寻找所谓交易者中的"圣杯"策略。但是，实际上通用于各种不同情况下的交易"圣杯"是根本不存在的，问题的本身不在于交易系统，而在于在相应市场条件下选用正确的交易系统。

技术分析的主要理论主要有以下几种：

（一）道氏理论

道氏理论是技术分析的基础，创始人是查尔斯·亨利·道。为了反映市场的总体趋势，他与爱德华·琼斯创立了著名的道琼斯平均指数。

道氏理论的主要观点：

1. 市场价格指数可以解释和反映市场的大部分行为。

2. 市场波动的三种趋势，即主要趋势、次要趋势、短暂趋势，趋势的反转点是确定投资的关键。

3. 交易量在确定趋势中的作用，交易量提供的信息有助于解决一些令人困惑的市场行为。

4. 收盘价是最重要的价格。

（二）波浪理论

波浪理论的全称是艾略特波浪理论,是以其创始人名字命名的。波浪理论的主要观点:

1. 价格上涨下跌现象是不断重复循环的,而且价格涨跌具有周期性特征。

2. 价格运行的大周期可以细分出小周期,小周期又可以再细分成更小的周期。价格周期无论时间长短,都是以一种运动模式进行的。

3. 一个完整的价格周期要经过8个过程,上升周期由5个上升过程和3个下跌过程组成,下跌周期由5个下跌过程和3个上涨过程组成。一个周期结束才会进入下一个周期。

（三）循环周期理论

循环周期理论认为,无论什么样的价格变动,都不会向一个方向永远走下去。价格的波动过程必然产生局部的高点和低点,在时间上有一定的规律,因而投资者利用价格波动周期性选择低点做多和高点做空获利。

（四）相反理论

相反理论认为,当绝大多数投资者看法一致时,他们通常是错误的,投资者的正确选择应该是首先确定大多数投资者的交易行为,然后反其道而行之。相反理论在操作上的具体体现是在投资者爆满时出场,在投资者稀少时入场。

第二节　技术交易系统分类

通过把相应的技术分析系统化、规范化、固定化形成的完整的操作流程成为交易系统。追溯历史，交易系统的存在和发展已经经历了近百年的时间。在统计套利以及最近兴起的高频交易之外，交易系统一般可归为五大类型：

趋势跟随交易系统、反趋势交易系统、突破交易系统、价格区间交易系统、对冲系统。

趋势跟随交易系统是在高频交易被曝光前最流行也是最热门的交易系统类型。最早的趋势跟随交易策略成形于20世纪早期，主要利用移动平均线进行买入、持有、卖出。之后，由于有了计算机生成的开仓以及平仓信号，当今的趋势跟随系统更为完善和成熟，但是无论怎样现代化，趋势跟随系统都会在某些市场情况下失效，正如我们前面所提及的，没有任何策略能够战胜所有市场。

趋势跟随系统盈利的假设是股票或者期货市场正在形成一个较强的上升或者下降趋势。通常意义下，我们认为较强的上升或者下降趋势是指价格沿着大于35度角的上升或者下降通道运行，并且回撤较小，比如在上升趋势中，调整幅度较小并且获利平仓盘不明显。

从历史数据来看，市场在30%—35%的时间内处于趋势行情中。在趋势行情中，通常有些因素导致投资者更为贪婪（在上升趋势中）或者更为恐惧（在下降趋势中），投资者的这些极端情感和行为往往导致市场价格快速变化。趋势跟随系统就是利用这样的优势，往往能够在较短的时间内获得丰厚的利润。

为了抓住市场的大趋势，交易研究者开发出了相应的趋势跟随系统，这些趋势跟随系统是很受交易者欢迎的，因为每一个交易者都希望简单、快速地赚到钱，那么趋势交易的劣势是什么呢？作为一个趋势交易者，你需要在趋势性强的市场或者是带有一定速度的投机市场中进行交易，振荡行情或者是无趋势的市场将会是这些交易者的噩梦。

趋势系统主要有摆动系统、当日交易系统、动能系统或者其他较快节奏的交易系统。止损往往伴随着各种趋势交易系统，因为趋势交易系统的理念就是不断亏小钱以捕捉几次赢大钱的机会。因此，作为趋势交易投资者，你必须具有承受这些风险的能力，并且有足够多的资金去抵消这些交易损耗。

如上所述，趋势交易系统的最大制约因素就是它只能应用于市场出现趋势时，尽管目前的市场大概只有30%的时间处于趋势状态。如果交易者尝试将趋势系统应用于快速振荡行情中，那么他们一定会连续亏损直至退出。假设交易者不能认识到市场是否适合趋势交易，那么他们将会损失大量的金钱和时间。弥补趋势系统的不足，必须从交易之外的层次进行补充，这样的补充，唯一的途径就是宏观分析给出符合客观实际的预判性结论。用宏观指导技术系统，弥补技术本身的缺陷以期获得更好的交易结果，只有交易系统在宏观分析的指导下，在确定性机会较高时应用，在没有趋势阶段放弃趋势才有可能真正地实现趋势交易系统并发挥其最大优势。

一、反趋势交易系统

反趋势交易系统是与市场的主流趋势、长期趋势相反交易的系统。通常认为，最佳判定主流趋势的方法是利用周K线而不是利用日K线。反趋势，顾名思义就是做与主流趋势相反方向的交易。反趋势系统存在的历史已经超过几十年，但并未在中小投资者中流行开来，它被冷落是由于投资者的本性所导致的。反趋势交易本质上，是在市场进入超卖或者超买状况下持有相反的头寸。

作为一个反趋势交易者，通常需要在市场中有长期丰富的经验。一般来说，振荡交易者、日内交易者、短线交易者是反趋势交易的主体。反趋势交易成功的关键在于反趋势指标、特殊的K线图以及相当充足的交易经验。反趋势交易者通常在趋势转换前做出预判。

与趋势交易系统或者突破交易系统相比，由于反趋势交易系统是逆向交易，因此通常伴随更大的交易风险。所以，作为反趋势交易者，必须具备更好的止损素质或者止损策略，这是因为主流趋势往往是势不可挡的，而反趋势的交易机会瞬间即逝并且带有更为严重的投机倾向，很有可能存在连续做错方向的情况，统计表明，反趋势交易系统只在20%的情况下是奏效的。

每一段趋势之后必然会出现行情的回落和调整，这是客观事实，也是基本规律。反趋势交易就是利用这样的必然性，参与到其中进行交易获利的一种交易模式。

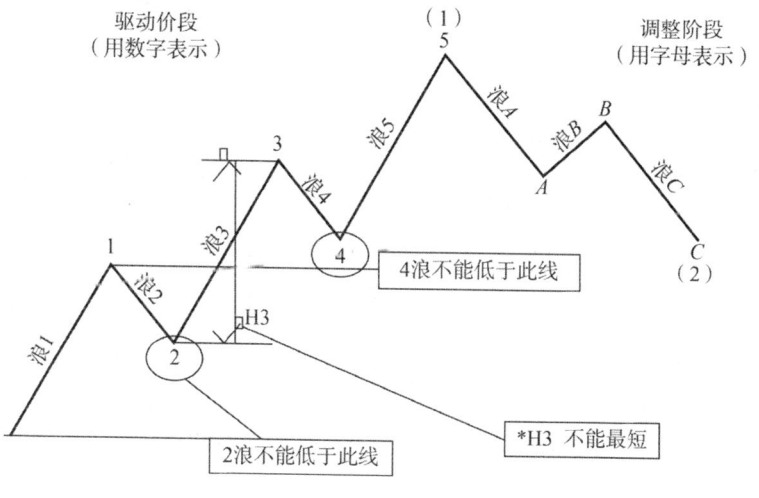

波浪理论

波浪理论中的第二浪和第四浪就是我们这里所说的反趋势交易，这是上升趋势中的反趋势交易机会。下跌趋势中的 B 浪也是一个反趋势交易机会。这样的交易机会是客观存在的，但其操作难度是非常高的，毕竟这样的行情是逆势而为，一旦不能止损坚决离场难免会遭遇巨大的损失。

二、突破交易系统

20 世纪 50 年代，突破交易系统首次出现在市场中，突破交易系统适用于市场在建立调整平台之后在没有任何先兆的情况下价格突然向上（或者向下，但是向上突破的交易系统使用更为广泛）运行的情况。

在投机氛围并不浓厚的情况下，市场基于本身的内在价值往往会构筑一个平台或者说箱体。而后，交易者尤其是大户根据基本面的突变会抢入很多筹码，这就使得价格突变上升并且加速上扬。

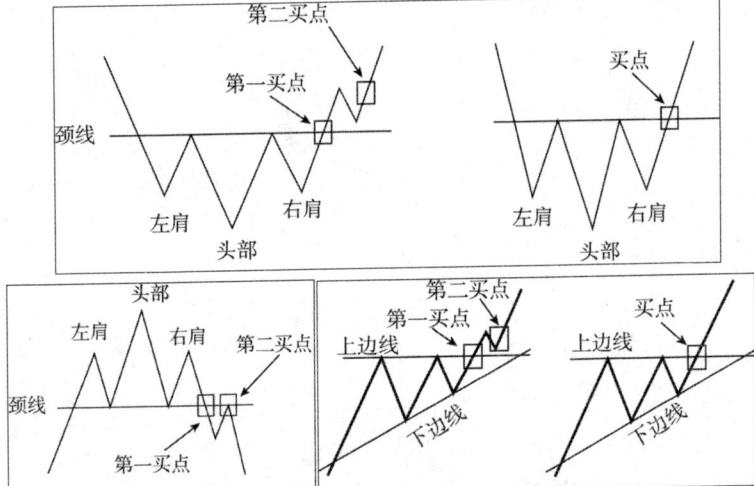

突破交易系统

第三章 技术分析和交易系统

突破交易系统与趋势交易系统相比较的优势在于突破交易系统可以应用于无趋势或者剧烈振荡的市场中。作为突破交易系统的应用者，理解跳空缺口并且知道它的影响显得尤为关键。跳空缺口往往是突破交易系统巨额利润的开始。

那么突破交易系统的缺陷是什么呢？该系统区别于趋势跟随系统，它在具有强烈趋势的市场中表现得不尽如人意，因为在强烈的趋势市场中，并不存在很明显的箱体形态。

根据无趋势市场或者箱体市场的特性，一般我们把止损点设置在箱体的上方（如果向上突破的话）。与趋势跟随系统相比而言，这样的设置有较好的支撑位。趋势跟随系统很可能存在连续错误的情况，而突破系统较少存在这样的情况。根据统计，趋势跟随系统在40%—50%的时间中都是有效的。

三、价格区间交易系统

价格区间交易系统是20世纪后半叶发展起来的交易系统，当时市场在一个大的区间内上下波动。该交易系统在1970到1980年间是美国股票市场最为流行的系统之一，适用于价格区间系统的市场通常发生在经济停滞的时期。从历史情况来看，一般市场出现崩盘后会进入到一个价格区间中，此时市场处于经济转型期。

价格区间市场有别于无趋势市场，处于该状态的市场振荡幅度较大并且有明显的最低和最高值，因此既不适用于趋势跟随，更不适用于突破系统，通常认为最小波动区间至少有10%才能称为价格区间市场。

价格区间系统是利用在价格区间内波段循环的特点：持有头寸直到最高价被触发，然后卖空头寸等待股票价格下跌。价格区间系统交易者在价格上升时买入，在价格下跌时卖出。在市场处于价格区间状态下，这是一种完美的盈利模型，并且能为有经验的投资者带来丰厚的利润。

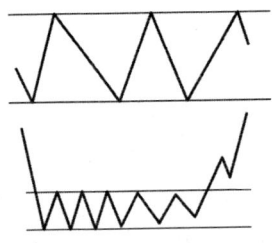

价格区间交易系统

价格区间系统的局限性在于首先是市场通常不处于一个价格波动区间内，除非正处于一个特殊的经济时期；其次价格波动区间不会总是精确的，可能本次的高点比上一次高，也可能比上一次低。价格区间交易者总是默认为价格的走势会重复之前波段的走势，因此这种类型的交易者需要大量的市场经验，统计表明，价格区间系统在20%—25%的时间内是有效的。

四、对冲系统

对冲系统的成熟和流行是由于20世纪末机构交易者的加入。机构交易者由于有巨额的资金量，单边投机存在较大风险，因此多个股票商品的组合成为他们规避风险的最佳手段之一。对冲系统的交易者在买入某一个商品或者股票后会卖出另一个商品或者股指来规避单边持仓的风险，比如在期货市场中，交易者会买入家畜卖出玉米；在外汇市场中，交易者会买入一种货币卖出另外一种货币；股票市场中，交易者买入股票卖出股指。

相对于其他交易系统，对冲系统更为复杂并且需要更多的专业知识和技巧。交易者的知识背景不仅局限于交易的股票信息，更需要了解相关的商品、货币走势以及期权情况，因此对冲系统并不适用于初级交易者。

专业的交易者利用对冲系统去解决不同的周期持仓，比

第三章 技术分析和交易系统

如短期和中期情况。而初级交易者则往往适得其反,只是利用对冲系统去控制他们的损失而已,有时甚至是扩大损失,这也是对冲系统所存在的缺陷,对于没有专业教育背景和市场知识的投资者,对冲系统只会加大他们的损失,给他们带来更大的伤害。

交易系统已经发展了将近100多年,根据不同的市场状况,各个交易系统都在不同的市场阶段被交易者运用。在今后的市场发展中,不同的交易系统也会有不同的演变,甚至有诸如高频交易这样的新兴系统出现。只有充分了解系统如何运作、如何发展、何时运用,我们才能明智地选择适合当前市场状况的交易系统。交易系统并没有绝对的好坏高下之分,适合自己同时也符合当时的投资市场和投资品种的才是最优的交易系统,当然交易系统的不同对于其他方面的要求也有很大不同。笔者善于趋势交易,所以本书侧重于趋势交易的论述。人无完人,笔者对于其他交易系统类型只是粗浅的了解,就不进行深入论述。趋势交易系统也因为可以参考很多技术指标,所以衍生出不同的交易系统类型。笔者常用均线系统,简单、方便、实用,通过均线和形态的结合可以很好地判断投资品种所处的位置(顶部或底部),虽然不能做到每次都准确,但至少比盲目地猜测准确率已经有了大幅度的提高。趋势交易也不是没有弱点,比较突出的问题就是系统信号并不是每次都是正确、可靠的,趋势交易系统的理念就是不断亏小钱以捕捉几次赚大钱的机会。因此,作为趋势交易投资者,你必须具有承受这些风险的能力,并且有足够多的资金去抵消这些交易损耗。为了尽量减少不必要的损耗就必须结合行业基本面和宏观基本面,通过综合分析减少出手次数,做到该出手时再出手,既可减少损失又可预防机会被错过。

第三节　建立并执行交易系统

顺势、止损、止盈，这些都是交易中最基本的因素。知道这些就能稳定获利吗？显然不是。为什么明明知道这些关键因素却不能实现稳定盈利呢？原因很可能出在随意性太强上。金融交易本质也很简单，就是对的交易方法和思路不断地重复使用，从而实现稳定的获利，所以我们就有必要把那些具有明显规律性特征的技术指标或图形的出现作为我们参与这个品种交易的重要参考，同时以这些技术指标的出现作为入场的最佳买入点。这些指标或图形即便有一定的规律但也不是绝对可靠，当技术指标和图形在之后的发展过程中不再符合原有的规则时就必须及时止损出局以保护本金的安全。止盈也是同样的道理，必须有相应的信号出现时才能止盈出局。在实践过程中我们往往担心获利回吐而过早离场，从而错过之后的更大更好的主升浪或主跌浪行情，使最后获利微薄并且有可能不能覆盖之前入场时反复止损造成的亏损，使得整个交易长期处于亏损状态，鉴于此就有必要建立一整套相对完善的入场规则和止损规则和止盈规则，并在交易的过程中严格地执行这些规则，减少在交易过程中由于人性的弱点在恐惧和贪婪的作用下随意胡乱地改变交易计划，导致整个交易失败给自己带来麻烦。

万事万物都是不断变化的，金融市场更是这样，交易系统也不是万能的一成不变的，需要不断地调整以适应新的变化，变化才是唯一不变的 。交易类型大的种类并不是很多，基本类型就这么几种，同一类型的交易系统、细分类型也屈指可数。成千上万的交易者为什么只有少数人能够最终盈利，原因何在？笔者认为原因不外乎以下这几类。

第三章 技术分析和交易系统

首先就是没有建立自己的交易系统,自己随心所欲地参与市场交易,这样的投资者应该说是占多数,当然这些人也可以细分为三部分:一部分为初生牛犊不怕虎的市场初期参与者(新手);另一部分是一些具备一定行业背景和宏观分析能力的市场参与者,这部分投资者认为基本面分析才是王道,忽略或鄙视技术分析;当然还有就是在市场中永远不知道总结,随市场随波逐流的普通大众投资者。

其次,就是建立了自己的交易系统但执行不力,在实际操作过程中犹豫不决不能坚定地执行到位,或者在几个交易系统之间犹豫不知道自己在何时运用哪套交易体系,始终处于摇摆状态。执行不力也是交易实践过程中常遇到的问题,这也可能是对于自己交易系统不够自信造成的,总是在用和不用之间纠结。

再次,可能是投资者自己设计的交易系统存在缺陷。其实交易系统的建立都可以通过对于过去交易历史进行参考加以确认,也可以参考现有的公开的大师们的交易系统加以修改运用到期货交易实践过程中,以史为鉴通过对历史数据的参考可以很好地验证交易体系的可行性,这样可以较少失误,比如海龟交易系统、鳄鱼交易系统等都是比较好的趋势交易系统,但你也会有疑问为什么没有太多的人靠这些公开的大师们的交易系统赚到钱?这确实是残酷的现实。这说明即便是优秀的交易系统也要与时俱进,同时再优秀的交易系统也不是适用于所有行情的所有交易时段。既然是趋势交易系统那就必然只适用于有趋势的时间段,这时如果不能对行情性质作出恰当的判断,那么系统的弱点必然暴露无遗,损失将不可避免,难道我们只能坐以待毙吗?显然不是。我们开始就说过交易是一项要求全面的行业,技术分析只是金融交易的一部分,要想回避这些问题基本面分析不可或缺。技术分析派有很多人都认为价格就是各种因素的综合反映,只要盯住价格的变化顺势而为就能够实现

- 099 -

盈利。在这里笔者不是强调技术分析无用，而是强调基本面分析和技术分析相结合的必要性，历史数据表明，趋势占整个价格运行周期的三分之一，也就是说如果你要使用趋势交易系统去应对，就可能有三分之二的时间在做无用功甚至这段时间由于没有明确的趋势行情，就要不断地承受被迫止损的境地，资金不断地被侵蚀，精神不断地被折磨。也许有人说那我离场不做了，这样可以吗？如果你是一个纯技术派交易者，离场也就意味着放弃，因为你也无法判断何时趋势到来，这就决定了纯技术派交易者就是要不断地承受这样无尽的痛苦和折磨，这就是纯技术派的宿命。很多人最后忍受不了这样的反复止损最终放弃了交易，这样的情况不是特例，是期货交易实践过程中的常见现象。

趋势交易体系有三大规律性基础：（1）万事万物都是周期性循环往复的；（2）万事万物都有其始，有其终；（3）群体心理特征的不变性和群体行为特征的重复性。

对万事万物都是周期性循环往复的，该如何理解？观天地演变，观价格运行，观人之本性，万事万物都是周期性循环往复的。通过观察，我们可以发现大自然中事物的周期性循环往复是普遍存在的，如四季变换，如黑夜和白天，如天体运行，如电子运动……因价格变化，出现牛市熊市轮替，价格上涨促使市场从熊市到牛市，价格下跌促使市场从牛市到熊市，如此循环往复。若是交易者能找到市场价格波动中的周期性循环往复的规律性的东西，那么价格图表将不再迷惑，一切都将清晰明了，其中的交易机会自然显现。市场价格运行中存在哪些循环往复的价格走势？牛市和熊市、区间波动和趋势波动、趋势中的调整性走势和趋势性走势，此三者乃是市场上常见的三种周期性循环往复规律性的价格走势，其间的转变常常构成非常好的交易机会。

对万事万物都有其始又有其终，又该如何理解？万事万物

第三章 技术分析和交易系统

均非永存，一切都有其始，一切都有其终，知其始终，得天机矣。万事万物，其始往往构成介入时机，而其终往往构成退出时机。熊市的结束就意味着牛市的开始，构成了很好的周期性长线买进机会；牛市的结束就意味着熊市的开始，构成了很好的周期性长线卖出时机。区间波动的结束意味着趋势波动的开始，构成了跟随趋势的最佳进场时机。在趋势中，调整性走势的结束意味着趋势性走势的开始，构成了顺势交易的良好进场时机，而趋势性走势的结束意味着调整性走势的开始，此时构成了退出交易的良好离场时机。

对群体心理特征的不变性和群体行为特征的重复性，该如何理解？对于个体而言，其个体心性和行为习惯会随着时间的延续而有所改变，但对于群体而言，其群体心理特征却总是惊人地保持不变，其群体行为特征更是不定期地重复性出现，这些群体行为特征往往构成很好的交易机会，把观察对象从个体过渡到群体，就是进行市场行为分析的开始，把群体进行分类并找出其各自群体行为特征，就是把别人的金钱装进自己口袋的开始。

此三者，体现了某些规律性的东西，体现了某些事实性的东西，基于规律和事实建立起的交易体系是客观的，是可观察的，是可操作的。理解了周期性循环规律，则价格图表清晰明了；理解了有始有终的事实，则价格图表上的交易机会一目了然；理解了群体心理特征的不变性和群体行为特征的重复性，便就读懂了价格背后的某些真相。此三者，彼此相辅相成，相互印证，若深知之，则无惑矣。

从不同的角度观察市场价格，会找到不同的东西，而以上三者，绝非市场的全部，即便如此，此三者也将对理解价格运行方式和进退时机有所帮助。

一、实战交易系统简介

（一）波浪理论交易系统

波浪理论的基础是心理学，可以理解为多空双方心理变化所导致的结果。波浪理论是比较难学的一种交易体系，千人千浪，每个人都有自己的解读，客观性稍微差一些。波浪理论是技术分析的最高境界，是技术分析皇冠上的明珠，但波浪理论不单单是技术分析，它更是一种策略，兼备摸顶抄底和顺势而为的特点，且交易系统更为复杂，总共分为八个浪，每一个浪都有对应的策略，我们不一定每个浪都做，而是要选择确定性最高的阶段进行交易。

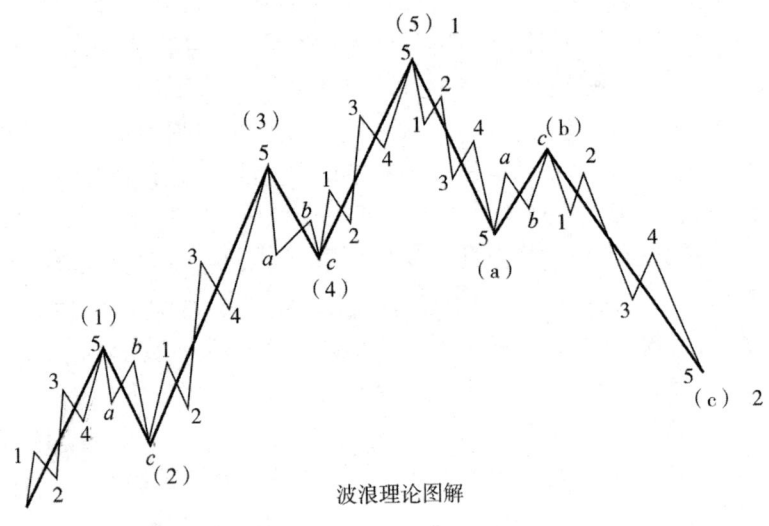

波浪理论图解

（二）均线交易系统

笔者建议初学者选择这个系统，均线系统属于顺势而为的系统，分为单均线系统和多均线系统。中线交易，你可以选择60日做趋势判断，你用10日、20日线作为入市信号。还有很多种组合，根据个人的实际情况，选择适合自己的组合。没有最好的,适合就好。笔者就使用均线系统,简单实用,客观性强。易学好用,如能同时结合大的形态系统就可以更好地把握行情。

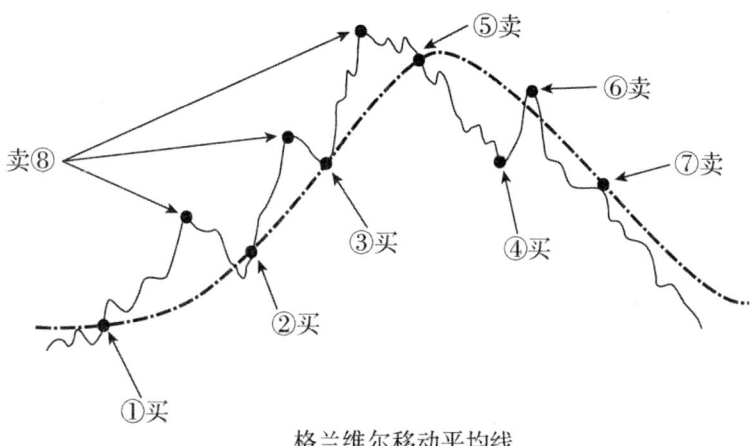

格兰维尔移动平均线

(三)形态交易系统

形态交易系统也兼备摸顶抄底和顺势而为的特点。形态就是观察主力位、支撑位、主力线、支撑线等,来判断多空方向,主要通过画线来选择最佳入市点与次佳入市点。

笔者比较推崇次佳入市点,因为它的止损是比较确定的。最佳入市点要经常砍仓,很容易形成反转,次佳入市点结合考虑均线,多空判别明显。

(四)复合交易系统

波浪、均线、形态都是单一的交易系统。复合交易系统就是波浪、均线、形态这三者,最少有两者结合在一起。均线和形态的结合,属于双共振,对于没有掌握波浪理论的人是一个不错的选择。

二、布林通道

布林线是根据统计学中的标准差原理设计出来的一种非常实用的技术指标,它由三条轨道线组成,其中上下两条线分别可以看成是价格的压力线和支撑线,在两条线之间是一条价格平均线(中轨线)。一般情况下,价格在由上下轨道组成的带状区间游走,而且随价格的变化轨道的位置也自动调整。

由布林通道的设计原理可以知道,它的变化代表着价格的一种波动率变化以及价格的隐含趋势,当布林通道开口明显处于扩张变化,而且价格紧贴上轨或下轨运行时,则意味着价格正处于明显的多头或空头势中。

三、瀑布线

瀑布线属于传统价格趋势线,它真正的名称叫作非线性加权移动平均线,是由六条非线性加权移动平均线组合而成,每条平均线分别代表着不同时间周期的市场价格成本状况,方便进行对比分析,它是一种广泛应用于金融领域中判断股价运行趋势的主要分析方法,因其经由汇聚向下或向上发散时呈瀑布状而得名。

瀑布线其实是"加权"性质的均线系统,它更准确地表明了市场的趋势动向,其变化原理和均线系统大同小异,当瀑布线指标的不同周期的线呈现同向发散,且价格此时出现强力的上涨或下跌时,则意味着趋势正被强力构造形成。

四、海龟交易法

海龟交易法是一种追随趋势的完整的自动交易系统,最初它以四周的形式出现,使用方法如下:

(1)只要价格涨过前四周内的最高价,就平掉空头仓位并做多。

(2)只要价格跌破前四周内的最低价,就平掉多头仓位并做空。

从该规则中可以衍生出一个理论,即当四周新高出现时不宜做空,当四周新低出现时不宜做多。虽然理论定义如此,但在实际操作中投资者往往不够重视或者自以为是，认为自己能够在顶部建立空仓（或者在底部建立多单），但实际情况又往往相反，以致损失惨重，这也正是我们老生常谈的不能把自己的观点强加给市场，顺势操作才是王道。

注意事项：

（1）假突破：当出现四周突破并建立头寸之后，如果行情朝相反方向运行一到两周，投资者应平回该头寸，确认其为假突破，并等待下一个四周突破信号的出现再入市。

（2）具体市场，具体分析：海龟交易法可进一步优化，并不局限于四周突破，如在美林公司商品研究报告中称，糖期货市场最好采用五周规则，在大豆市场最佳选择是两周规则。

（3）适用范围：海龟交易法一般适用于所有时间周期，包括筑顶、筑底、回调和牛熊市的大涨大跌。

海龟交易法是顺应趋势的，可借助其对类似移动平均线交叉后形成的反转信号进行过滤，如5日均线向上突破10日均线，形成上攻趋势时，周规则亦出现向上突破信号形成共振，进而确认突破有效与否。

为了避免在无趋势时产生的错误开仓信号和尽量地保护手中利润，可以将四周规则用于开仓，而将二周规则用于平仓。同时，它不仅可以当作交易系统使用，还可以当作辨别趋势是否反转的工具。如果你是一个系统交易者，那么通过优化周规则并在其基础上进行交易是最好的选择，因为它已经被证明具备在任何市场中获利的能力。最后需要指出的是，使用周规则应该始终如一按照它的指示去操作，往往一年甚至几年的利润就在一次信号之中。

理念，即顺势而为。一切都是假设，一切皆有可能。做交易的对错不以输赢为评判标准，要以是否符合系统信号为标准。赚该赚的，赔该赔的，不要把自己置于任何一个交易陷阱之中。不可能每个品种的每个信号都能做到，每个人的时间、精力都是有限的，关注的太多，反而可能一个也做不到。

在我们构建交易系统的过程中，会遇到很多问题，比较常见的包括贪婪、恐惧、怀疑、沮丧以及见异思迁。虽然存在种种的问题，但是我们每一个金融交易者，都一定要根据自己的实际情况，建立适合自己的交易系统，并坚定不移地去贯彻它。

如何建立一个最简单的交易系统？为何每一个人都需要一个属于自己的交易系统呢？因为没有交易系统，就没有确定性，交易的结果就不稳定，资金的稳定增长就很难实现，只有建立了交易系统，才能确立整个交易过程的客观标准，很多问题才能得到彻底解决，故建立一个属于自己的交易系统，然后按照交易系统严格训练自己，慢慢优化调整交易系统使之与自己的心性相契合，这才是正确的交易之路。

一个完整的交易系统应包含哪几个部分？交易是一个过程，交易过程便是从开仓到平仓的过程，一个完整的交易系统至少应包含市场、头寸、进场、亏损离场和盈利离场五个部分。

（1）市场：买卖什么。一般选择流动性大，含有趋势的品种。

（2）头寸：头寸规模。一般根据资金大小来决定。

（3）进场：何时入市。一般与交易信号相关。

（4）止损离场：何时退出亏损的头寸。一般与初始止损相关。

（5）止盈离场：何时退出盈利的头寸。一般与移动止损相关。

至于仓位管理、资金管理、情绪管理、数据统计等其他方面，这里暂不具体表述。

对于新手来说，在交易生涯初期，最重要的不是立即赚钱，而是解决交易中的最基本问题，制定一个最简单的交易系统，然后按照交易系统来严格执行，不断地总结经验。至于市场，建议选择一个流动性大、趋势顺畅的品种。初期不要贪求

第三章 技术分析和交易系统

多品种下的多种交易机会，至于仓位规模，因为初期还未能盈利，较低的固定仓位最好，不要过早研究仓位管理从而达到简化交易过程的目的。进场时机选择，这恐怕是交易者初期面临的最重要课题，因为一旦进场问题得到解决，离场问题包括止损离场和盈利离场便自然得到了解决。进场问题体现了交易者交易过程中最主动的部分，蕴含了交易者对市场价格运行规律最基本的理解。至于止损离场和止盈离场，一般而言，离场位置是不受自己控制的，因为一旦进场位置确立，离场位置往往以跟随市场、跟随趋势的方式确定了。从趋势的角度来看，初始止损往往设置在最近的前期高点或者前期低点之外，而移动止损往往会在趋势结束时触发。

总之，在交易生涯初期，系统设计尽量简单化，着重优化调整进场时机和离场时机问题，待进场和离场问题得到彻底的完善之后，再进行仓位管理（加仓和减仓），最后再扩展到更多市场中寻找更多交易机会。在尝试建立自己的交易系统时，应如何着手？

首先，可以从简化的模型来着手，手绘出市场常见的三种市场状态模型，即区间震荡，上涨趋势和下跌趋势，然后观察，问自己到底是想抓住这三种市场状态中的哪一部分利润，如何抓住、如何进场、又如何离场？

其次，找到你所选择品种的历史图表，然后识别出图表上的三种市场状态：区间震荡，上涨趋势和下跌趋势，然后找出你所想抓住的那一部分行情，然后不断修正你的进场策略和离场策略。

第三，长期观察图表，最终制定出统一的进场规则和离场规则，如此反复这般，一个简单的交易系统很快就能建立起来了。均线之下做空，均线之上做多，离场则正好相反，这就是一个简单实用的交易系统。

如何对进场进行简单评估？可以从趋势和时机两个方面来

考量：

（1）统计交易次数，分成盈利次数和亏损次数，然后得出其胜算率，若胜算率不错，则进场方向没有问题；若胜算率不佳，则说明进场方向有问题，应以顺着趋势的方式改进。

（2）统计进场之后盈亏状况，若大部分的交易进场后即是浮盈状态，则进场时机良好；若大部分的交易进场后即是浮亏状态，则进场时机不好，需要加以改善。如此这般，便可以简单评估你的进场是否出了问题。

如何测试交易系统的优劣？交易系统建立之后，可以先用历史数据对交易系统进行测试，记录每一次的交易结果，画出资金曲线图，然后从交易次数、盈利次数、亏损次数、胜算率、总盈利、总亏损、净利润、平均盈利、平均亏损、盈亏比、最大盈利、最大亏损、连续盈利次数、连续亏损次数、最大回撤幅度等角度进行统计分析，从而测试出交易系统的风险承受能力和盈利能力。

用历史数据对交易系统进行评估，可以看出交易系统的优劣，从而对交易系统进行优化调整，而待有足够的交易记录之后，对实盘交易记录进行统计分析，然后与理论统计数据相比较，便很容易找出实际交易中的各种问题，然后进行改善。

总之，交易系统确立了一个标准，对交易过程进行规范，从而使得交易结果有一个稳定的表现，进而实现利润的稳定增长。

任何一个人的交易系统都有盲区，任何一个人的系统都不可能适用所有行情。在这个盲区，你的系统和市场走势是不匹配的，你的系统不适合这个行情，所以你的资金无法增长。把止损设得要小一点，采取的策略是宁可错过，不可做错，此时要达到的目的是保证你的账号不能出现明显回撤。经过100多年的历史发展，上亿人的亲身实践，无数个系统建立，都无法找到一个适合所有行情的系统，现在没有，未来也不可能，这

第三章 技术分析和交易系统

种系统根本不可能存在,所以你的系统也一样,不可能适合于所有行情,总会存在盲区。

原油的走势图,均线为 200 日均线时,市场在大部分的时候是震荡行情,震荡行情之中,大部分又是无规律波动的走势。这意味着在大部分的时候,市场是无规律波动的。而做交易赚钱,靠的是确定性的走势,前提是市场必须有规律波动,这就决定了在大部分的时候,我们根本无法把握市场的无规律波动,于是我们无法赚钱。

趋势行情中总有调整。如果你是做趋势的,那么行情也不是一步就到位,而是波浪式的上涨,大部分时候在调整震荡。如果你的持仓一直不变的话,在账户上就显示出阶梯式的上涨。

面对盲区,我们怎么办?我们如果能提前知道盲区,那我们肯定停下来休息。但在盲区的初期,我们并不知道,到了盲区中期,我们可能知道遇到盲区了,因为当你的系统和市场系统匹配的时候,你赚了很多钱,此时你的信心大增,认为你的系统将适合任何行情,将大赚,所以在盲区的初期,你不容易察觉,甚至难以察觉出来,而且在盲区的初期,行情还没表现出明确的无规律,所以在盲区的初期,你很难提前察觉。

如何避免盲区和无规律行情?

第一,在不适合你系统的时候,你要回避,不去做。当你做单子不顺的时候,例如做了两个单子,止损,此时市场很可能不适合你的系统,此时你要休息,及时跳出来休息、观望,做一个旁观者,这就是针对你的第一个问题,不知道何时进入盲区。那么当你做单子开始不顺的时候,你的盲区可能来了。

第二,采用倒金字塔加码,在前期盈利的时候才加码。你的底仓低,比如我们一般只有 10%,如果错了,那也亏不了多少钱。但如果盈利了,我们再加仓,保证我们在亏损的时候仓位很低;在盈利的时候,仓位较大。这就是实现仓位上的盈利。

第三,把止损设得要小一点,采取的策略是宁可错过,不

— 109 —

可做错。此时要达到的目的是保证你的账号不能出现明显回撤。你的心态不是赚多少钱,而是先保证不亏损。在保证不亏损的情况下,只要抓住了一波行情,账户的钱就多起来了。亏损多少,取决于我们自己,但赚多少,部分取决于市场。

第四,加强宏观基本面研究,通过提前预测对行情运行分析和把握,弥补技术方面天生的缺陷,所以我们能做的就是保证我的账户尽量减少回撤幅度。我们无法控制行情的运行和发展,但我们可以控制损失的幅度。我们不能保证能赚多少钱,也不能保证这个月赚多少钱,更不能保证明天赚多少钱,因为我们无法控制盈利。盈利主要取决于市场给我们多少。在不顺的时候,我们的任务是控制损失,严控回撤,将利润锁在抽屉里;在判断正确的时候,放飞利润,让利润自由奔跑。

做交易先要判断出一个品种所处的趋势状态(上涨、下跌或振荡),然后顺势操作,不能逆势而行,如此才不会出现大的风险,也才有机会获得收益。能不能实现回避震荡区域,单从技术的角度很可能是无法实现的,基本面分析也能够为摆脱震荡区域提供参考。技术分析不是孤立的,是经济运行和价格波动在技术图形上的具体体现,其根本因素还是在经济层面。何时走出震荡区域,归根结底还是要看经济和行业层面的具体因素而不是技术图形。技术图形只是能够更好地把价格走势的轮廓表现出来,两者的结合才是最优的策略。

长期稳定盈利需要以下几个必要条件:(1)正确的交易思想。(2)良好的交易习惯。(3)完善的交易计划。(4)正确率相对较高的技术分析。(5)管理交易情绪,耐心等待理想进场点,果断认赔出场。

成功的投资者往往必须同时具备一套好的技术分析方法和一套完善的交易系统。在你被市场证明是错误之前,你是正确的,正确就要坚持你的头寸,要知道,你介入市场,不是要证明你有多能干,而是要在相对低风险下获取利润。投机事业是一个长期的工作、职业，他不是百米冲刺，而是漫长的马拉松运动，不在于你一次能获得50%、100%的盈利，而在于你能否长久在市场生存并获利。在所有不好的交易习惯中最坏的习惯是不执行交易计划、不按交易计划行事，这样只会导致投资失败。

　　简单的事情重复做，你就是专家；重复的事情用心做，你就是赢家。市场无数次地让交易者明白投资的本质就是尽量地减少犯错。市场的复杂性，需要建立一个完整的交易计划。这些简单的想法并不为大多数交易者所理解，他们以为大笔财富就在他们面前，而不需要对他们的交易做深入的思考，这是令人悲哀的。大多数新手经常困惑自己做错了什么。其实，不是他们做错了什么，而是他们什么也没有做对，因为他们不知道什么是正确的。

　　在市场变动以前许多交易者并没有调整好他们的交易，这就区分了市场中的赢家和输家，他们甚至没有想到现在所发生的仅仅是一种对可能性的判断，他们脑子里所想的是现在他们可以从市场中赚取多少，他们注定是失败者。并不是因为他们不懂交易或市场不好，而是因为他们无法自主。最糟糕的是，他们还没有意识到这个问题。多数情况是，一个交易者的计划中没有考虑过如果我错了怎么办，他们的思维停留在对正确的期望上，这是不能升级成为成功交易者的关键所在。

　　在这里，给大家提供两个交易规则，它们都是成功的关键所在。为了更好地展现规则，先向投资者问一个问题：当绿灯亮起，在你过斑马线之前，你会做什么？正确答案是仔细检查两边车辆，即便是没有任何车辆穿越红灯，你还是会检查车辆情况，因为事实告诉你，车辆闯红灯的可能性总是存在的，你的生命有可能会受到威胁。根据你在这方面的认识，你做了这个假定。交易的情况同你过马路的情况是一致的，我们必须做好假定什么是可能发生的，只要这个可能性存在，我们就必须为这个可能性做好准备。

多数交易者只对自己认为可能性较大的一面做了计划，大多数交易者都是只做盈利预想却没有详细的可执行的止损计划，这是他们在交易中可能犯的最大的错误。他们应该对输的一面做准备，限制亏损，让利润自由发展。他们必须明白，当被告知不要在交易中做某件事的时候，这并不意味就应该去做相反的事情，所以要强调正确的理解，否则，你就不能理解它们并把它们运用到你的交易中。

第一，在市场证明我们的交易是正确的之前，我们假定我们是错的，已建立的仓位必须不断减少和清除。作为交易者，你必须有合适的假设，因为你不可能知道市场每天是如何变化的，正确的持仓方法是当仓位被证明是正确的时候你才持有。作为一个好的交易者，必须站在控制者的地位，当你的交易计划变坏时，你必须明白并告诉自己这一点；当你的交易处于正确的方向时，市场会告诉你这一点，你只需持住仓位。多数人却是做相反的事情，他们等市场告诉他们交易错了的时候还不止损清仓，这一点对于交易能否实现实在太重要了。在交易生涯中，这个将减少你的交易损失，并使你对于止损有着快速敏捷的反应。有的人会说，一个坏交易难道就不会转变成好交易吗？这正是大多数交易者的想法。交易者担心在他们平仓后，市场开始朝他们原先期望的方向走。但如果他们不早期割肉，那么等市场越走越远时，割肉也就变得更为困难。这里强调的是你要使你的损失越小越好，割肉越快越好。这不会总是正确的，但可以保证你能够在这个游戏中生存。为什么你在交易中会有不同的行为呢？答案是在交易中人性控制了我们。每个人都必须面对恐惧和贪婪，我们必须在交易中尽量排除情绪因素。

第二，如果没有一个正确的对你盈利头寸加码的方法，你也许永远不能获得较高收益。好的交易系统保证你交易正确的时候，你有一个较大的仓位、一个符合行情的计划，当趋势确

第三章 技术分析和交易系统

认后,你再合理地增加筹码,增加筹码的合理方法取决于你交易计划的时间跨度。你也许是一个当日交易者、短线交易者、中期交易者或趋势交易者。规则二的重要性在于当你有获利头寸时,你可以获取最大利润,而同时损失的可能性在此时却是最小的。你必须合理地制定和执行好交易计划,使你持有好的和适当规模的盈利头寸。

大多数交易者在他们拥有正确交易时,都有套现的冲动,但现实情况是我们往往套现后行情还会沿着原有趋势大幅发展,从而错失绝大部分行情。大多数交易者担心市场会朝相反的方向走,甚至夺去他们已有的利润。通常而言,他们会让亏损头寸越走越远,而盈利头寸才刚刚开始,他们就平仓出场,这是人性在市场中的反应。在交易中,人的本能可能会干扰交易计划。对一个盈利头寸加码的一个好的理由是,当你正确的时候,你的仓位是增加的,正确地对仓位加码能够做到这一点,你必须让你盈利头寸的仓位大于你亏损头寸的仓位,每次加码必须一小步一小步地走。在交易的任何时候,交易计划必须始终被遵守。

第三,必须千方百计地让你的交易心态、交易行为相融合,将他们深深地镶嵌在你的潜意识中,才能相得益彰。在交易中你的心态健康胜过一切,思维清晰,交易就能做好。看看多数的趋势起点和市场一旦反转时的好收益,你就会明白交易的真理是控制你的头寸,而不是让市场来控制你接下来该怎样处理你的头寸,这也极大地增强了你进行正确交易的能力。任何时候你只有在证明正确时而不是在出现问题时继续你的交易,交易中你永远不能失去警惕,你必须总是知道在任何情形内下一步该做什么,必须预演你的交易计划并且使其成为你的第二天性。当你下单时,你不知道交易计划和实际行情发展是否一致,而且没有任何人可以确定地告诉你什么事一定发生,你所能做的就是建立你的标准或者交易计划,将行情所有可能出现的情况进行充分的考虑，有备无患。

刻意练习，让你更加优秀、更加卓越。世界冠军为什么能成为世界冠军，答案就是他们不断地刻意练习。如果想成为一个领域的专家，除了天赋以外，长时间刻苦练习也是必不可少的。马尔科姆的《异类》中有著名的10000小时定律：人只要从事10000小时的刻意练习，就会成为该领域的大师。为什么刘翔能成功，没有刻苦的训练他能成功吗？但只是简单重复就能成功吗？答案是不能。我们不仅要练习而且要刻意地训练，还要在训练中不断改进和总结。做任何事情都只有"做正确的事"和"正确做事"两个维度，如果我们的方向是对的，那么我们就是做了正确的事，接下来我们应该正确做事。简单的重复不可能成就一番事业，只有正确地做事，才能够通过经验和能力的积累实现能力的跃升，成就一番事业。

首先，刻意练习意味着要摆脱舒适区，集中精力做自己短板的事，这里的短板指的是自己特长方面内部的结构性短板，比如著名体育明星乔丹、姚明，他们在成长过程中，总是少不了对篮球各种超难动作的刻意练习，而篮球爱好者之所以打球水平长进不快，其根本原因就是他们用自己最熟悉而常规的方法打球，每天做着相同的动作。真正的练习其实不是为了完成固定的运动量，而是在持续练习中不断把自己原来做不好的事情做到更好，一点一点克服自己的弱项。当然，人生有不同，术业有专攻，强行挑战自己天生不具备的能力也不可取，我们也要量力而行。

其次，重复练习是刻意练习的必要条件，只有达到一定的量才能产生习惯性效果，就像篮球运动员投篮，知道如何做动作并不一定就能把球投入篮筐，只有反复地练习固定的投篮动作，达到一定的量才会使得肌肉和潜意识反应中出现特定的投篮动作，这个在军事训练中比较明显，比如飞行员在平时演练中不断模拟遇到各种罕见的空中险情，通过这种不断重复的练习，飞行员的实战能力才会有所提升。

再次，刻意练习要求持续获得有效的反馈。一个好的教练会及时指出你的不足之处，并提出改进建议，而在平时，我们就应该当自己的教练，不断发现自己的错误，不断练习，直到改进。刻意练习并不是轻松的活动，它是一个不断发现不足并不断改进的过程。

技术不是孤立的技术，技术是整个交易体系中的一部分，为我们更好地掌控金融交易提供帮助，尽量不要技术单独地割裂出来，技术只是事物运行的表象而不是本质，本质才是决定因素。

对于资金管理、仓位控制，以及情绪调整、技术分析的妙用简直无穷。实质上，如果你能把这三个方面做好，就足以管住自己的亏损了，至于盈利与否那是顺其自然的事情，所以技术分析的功能不仅在于进攻，也在于防守。技术之上是心法，是格局，要赚钱，好的技术交易系统不是唯一的必要条件，更多需要的是心法，需要的是更大层面的东西。

术可以用一些时间来学习，但是没有道，永远无法成为真正的高手，所以我们经常看到一些大师，他们在著作中往往更多讲的是道层面的东西，而很少讲技术。成功交易，并不是你每一笔交易都能赚到钱，没有人能做对所有的交易，任何领域的杰出人才，都是在不断犯错的过程中完善自我的，我们可以犯错，犯错才能成长，我们要犯小错，不犯大错，保持进步，保持盈利。

第四节　技术分析的先天弱点

要不要相信技术分析？当然需要相信技术分析了，技术分析，是你进出场的重要依据之一，解决的办法是进场前忠于自己，进场后忠于盘面。进场前相信走势的规律性，进场后只认可走势的随机性。

进出场信号系统，就是所谓的技术分析或基本面分析，由于笔者我只研究技术分析，对基本面、价值面研究不多，所以，我所能够说的只能是技术分析这一块。学技术分析的人无数，但费尽心血，能够登堂入室的却不多。为什么？是智商和知识缺乏吗？不是，是被误导了。

技术分析最大的特点就是对历史行情有效，就是对静态图有效。在任何时间的当下，走势图都是静态的。任何一次进场，在你点击进场操作前一秒钟，你所看到的图表都是静态的。

你是可以根据准确的技术分析进场的；你是可以持有效的工具来帮助自己判断的。但是，你一旦进场后，你以前的分析全部无效，你的分析和判断，不能对未来的行情产生半点影响，更别说左右行情。无数的技术分析爱好者，都是牺牲在这样的客观事实面前，一辈子无法自拔。技术分析，分析的是当下市场的走势结构，并根据系统规则采取对应的操作策略，比如当前是上涨的，则采取买进策略，当下是下跌的，就采取卖出策略等。很多人之所以失败，就在于他试图用历史的数据去预测未来。

我们知道交易系统的设计可以建立在各种不同的理论基础之上。我们的列举已包括了技术分析派、基本分析派、心理分析派和学术分析派，当然还有其他的理论可以据以建立交易系统，如人工智能分析、脑神经网络技术、混沌理论等，例如，按混沌理论在模型参数高度聚合时设定进场点，在模型参数高度分散时设定出场点等；按模糊逻辑解读技术参数系统，当某一值域达到时执行某种操作，对应值域达到时执行反向操作。

总之，交易系统的关键在于客观性和完整性。当根据任何一种理论形成的操作方法达到整体的客观性和整体的完整性时，它就已经形成了一个交易系统。

第五节　投资失败的两种死法：突然死亡和慢性自杀

在现实的投资过程当中，总会听闻一些投机者的人生悲剧，要么爆仓，要么越套越深，越亏越多。

投机者在交易中的失败主要有两种方式：1.突然死亡。指的是缺乏对系统性风险的防范能力，遇到巨大的行情波动并且持仓方向与行情相悖。一旦遇到了不可避免的突发事件（黑天鹅事件或灰犀牛事件）而造成的行情突变，令交易者的账户在很短时间被爆。2.慢性自杀。就是那些没有交易规则、胡乱操作或交易系统设计不合理的人。盈利时，过早出场；亏损时，超过了合理的止损范围还在期待回本，交易的结果是"小赚大赔"，最终在日积月累中慢慢死去。也有一种可能是交易系统没问题但宏观判断出现问题，造成过早入场并连续止损出场，不断地止损造成本金不断地损失导致牺牲在黎明到来之前。

出现以上两种情况缘于市场的周期起伏和人性弱点。2015年的大牛市全民炒股后迎来的就是一场世纪股灾，可以说是瀑布般下行给股市中的很多投资者造成了巨大的伤害，这样的股灾式行情是很多人都没想到的，其实更多的人根本就没去想过风险决定生死的事情，每天都是在幻想上涨以及更快上涨。未来股市也可能会出现慢慢阴跌，无论哪种情况，投资者身在其中都会遭受巨大的损失。突然死亡让人猝不及防，慢性自杀也是痛苦的煎熬。相比投机者的突然死亡和慢性自杀，投资大师则大都可以平安渡过。巴菲特、索罗斯这些大师都是寿星级别的投资大师，几十年在市场中平安渡过。风险这件事从没忘记，这是投资大师们时刻关注的焦点。很多人都知道巴菲特投资股

第三章 技术分析和交易系统

票是长期持有，却不知道巴菲特从不在狂热的市场情绪下买入股票。巴菲特往往是在股灾发生后大量买入股票。通过买入好公司的股票和低迷时段买入股票已经使巴菲特回避了一些风险，这也就使得巴菲特不会面临突然遭遇股灾的情况。索罗斯投资和巴菲特截然不同，但索罗斯也很少遇到风险。索罗斯之所以很少遇到风险，是因为超强的宏观预判能力使他不会参与其中或主动出击击溃泡沫而获利。危险之所以会击垮很多投资者，是因为这些投资者忽略了风险的存在。风险是很难从技术的角度分析出来的，投资时机同样不是技术能够完全把握好的，都需要把宏观和技术两者相结合。

对于投资者来说，识别风险、回避风险远比赚钱更重要。这其中，既包括整个市场的系统性风险，又包括行业、个股的非系统性风险，既可能是价值陷阱，也可能是成长陷阱，或是听信他人，或是自以为是。因此，只有始终牢记好生意、好公司和好价格，逆向思维克服贪婪和恐惧，方能在市场中立于不败之地。做投资，首先要想好自己是不是具备能力，如果不具备这方面的知识就一定要深知其危险性，不要把一时的运气看成能力。

第六节　请保持交易技术的一致性

　　技术交易系统能获得成功关键在于保持交易的一致性。一致性就是我们要持之以恒地坚持一个高胜算的交易原则，用交易系统来过滤噪音、过滤主观思想，实事求是地研究市场并知行合一。搞价值的就搞价值，别眼红成长股上涨，反之亦然。千万不能本来是搞成长股的，看到价值股狂涨的时候，先质疑、再鄙视，然后抓狂，最后割了成长股追价值股，成了接盘侠。搞投机的就搞投机，别眼红长线持有翻倍，等你也想学着做长线的时候基本上只有被套了。追涨杀跌的就专心追涨杀跌，等你想抄底逃顶的时候大概率是鸡飞蛋打。做趋势的就要坚持做趋势。做震荡的就要坚持做震荡，这就是交易的一致性。做日内的就做日内，做长线的就做长线。没有什么系统是万能的，风水轮流转，切忌因为自己的飘忽不定使自己总是远离行情而后悔莫及。

　　市场总有轮换。当然，虽有少部分"股神"可以抓住每一只大牛股，每一波行情都是满仓赚翻，但是大部分人可能都很难做到这一点，或许安分守己做好自己擅长的事情就是个不错的选择。

第三章 技术分析和交易系统

第七节　没有完美的交易系统

概率,在数学理论中用来描述一种对随机事件发生的可能性进行度量的方法。市场价格的涨跌是随机的,不能准确度量,只能进行过滤筛选,在合适的盈亏选择比率的大框架之下,总结出来的各种对于捕捉小亏损、大盈利事件的交易规则,自然而然就慢慢形成了一套交易系统。

任何一套交易系统都来源于对概率的捕捉,这决定了没有胜率为百分之百的系统,所以也就没有适合所有行情的完美的系统。如果对小亏损、大盈利的概率定义的交易规则是有效的,那么在此基础上总结出来的交易系统也应该是有效的,只要能够贯彻执行就一定可以实现资金曲线的稳定增长,但是在实际交易过程中,实现稳定盈利的交易者依然是少数,其中包括很多系统交易者,金融投机从来都不是技术的问题,而是人心,这也是别人的交易系统自己拿来无用的原因。与其寻找完美的交易系统,不如修炼自己的交易心态,交易系统再怎么锋利,终究也只是握在手里的一把剑,能不能发挥威力还要看剑握在谁的手里。

建立适合自己的交易系统。金融市场就如同浩瀚的大海,适合你的交易系统、交易计划就是你前行的保障,正所谓适合的就是最好的,每个交易者都应该寻找并建立一套适合自己的交易系统,没有哪一套交易系统是适合于所有交易者的。专业的投资者,都应该建立并相信自己的交易系统,同时熟悉自己的交易系统在什么情况发挥最正常,什么情况下可能产生亏损,那么你便有更超脱的心态去观察市场、观察交易行为,你会因为有完善的交易方案而不会对市场产生恐惧。

金融市场是一个风险很大的市场，它在创造高利润的同时必然伴随着高风险，而对自己的严格自律是唯一能使你避免重大亏损从而走上盈利的不二法门，因此，要严格自律，充满自信，更要懂得谦卑，同时要保持一颗平常心。

　　没有技术交易系统的交易就像是裸奔，也许一时很爽，但终究会遇到麻烦。技术交易系统只是交易的一部分但不是全部。交易系统只是对概率的捕捉，没有完美可言。技术交易系统、宏观分析系统、思维系统、价值观系统一起才能组成相对完整的金融交易体系。

第四章　交易哲学

哲学是一门非常古老的学问，它的本质是认识和思考我们所处的世界。哲学是有严密逻辑系统的宇宙观，它研究宇宙的性质、宇宙内万事万物演化的总规律、人在宇宙中的位置等一些很基本的问题，是关注思维和存在、意识和物质的关系问题，研究整个世界一切事物、现象的共同本质和普遍的规律。科学的哲学观是我们如何更好地看待世界、理解世界、认知事物规律的工具。我们只有知道怎么认识世界才能更好地利用事物的基本规律，为我们的生活和工作提供帮助。

吉林大学哲学系教授孙正聿曾提出较深刻的见解："学习哲学，最重要的就是锻炼和培养一种善于发现问题和提出问题并进行'前提批判'的理论思维能力。"哲学无论是对自然的研究，还是认识人本身，都不仅仅是一种对知识的追求，更重要的是一种对生活意义的关切，对生活境界的陶冶。哲学还是一种反思的、批判的思想活动，它要追究各种知识的根据，思考历史进步的尺度，询问真善美的标准，探索生活信念的前提。学习哲学需要广泛地阅读，特别是对经典著作的研读、思考、批判。

第一节 马克思主义哲学

马克思主义哲学，是关于自然、社会和思维发展一般规律的学说，它坚持唯物论和辩证法的统一，坚持唯物主义自然观和历史观的统一，是科学的世界观和方法论。它吸收了几千年来人类思想和文化发展中的优秀成果，尤其是在批判地继承、吸收德国古典哲学、英国古典政治经济学和法国、英国的空想社会主义合理成分的基础上，深刻分析了资本主义社会的发展趋势，它以实践的观点为基础，合理地解决了思维与存在的关系问题，从而实现了唯物论和辩证法的统一以及唯物主义认识论和本体论的统一。

一、辩证唯物论

辩证唯物论就是用辩证法的观点研究世界的本质，即研究世界的本质"是什么"的问题，是马克思主义哲学体系的理论基础和逻辑起点。它以物质和意识或思维和存在的关系为主线，系统论述了辩证唯物主义的物质观、实践观和意识观，正确认识物质和意识辩证关系的认识论和方法论，只有明白物质和意识才能更好地运用思考的力量。我们要明白物质是客观的、不以人的意志为转移，这就是事物存在和发展的客观性。我们只有充分地认识到这一点才能够使我们明白，感情的倾向性并不能改变事物的客观性。

那我们就举例说明一下，人民币是我们国家的主权货币，我们都很热爱我们的国家，大家也都希望我们的货币能成为世界各国认可的储备货币，这是我们的愿望。但现实是目前我们的货币还不能自由流通，在国际贸易中没有被广泛使用，还没有获得国际上众多国家的广泛认可,这就是现实。我们不能因为人民币是我们国家的货币,我们希望得到认可就主观地认为我们的人民币马上就会取代美元的国际货币地位,这就是不现实的认知。未来是有可能的,但那毕竟是未来的事情,如果未来实现了,到那时我们再做这样的分析也不晚。我们目前研究国际经济和货币还是要以现在的核心货币为中心来展开研究,这就是物质决定意识,不能清醒地分辨事物的客观独立性是很多做投资研究的人爱犯的错误。当然,这里不是否定人的主观能动性对于事物发展的影响,这样的改变是通过影响客观条件来改变未来,不是改变现在和过去,所以保持对于事物的客观认知,是我们的投资能否最终成功的关键核心所在,绝不是可有可无的事情。

作为中国人,笔者希望我们国家的经济能够保持高速发展,这是我们的愿望和期待,但能不能实现,这就要取决于事物发展的客观条件了,我们能做的就是通过努力使这样的条件尽量充分和齐备,如果做不到使条件具备,那我们就不能实现这样的愿望,因为只有愿望和主观想象是不可能改变事物的发展方向的。客观认知是发挥主观能动性的前提,客观认知都做不到又怎能发挥主观能动性呢?

二、唯物辩证法

该部分回答了"世界怎么样"的问题。它通过阐述唯物辩证法的联系和发展的两个观点,进而讲解唯物辩证法的基本规律和范畴,从不同侧面揭示了唯物辩证法与形而上学的对立。

事物是普遍联系的,我们在研究经济学方面更应该注意这些方面,把事物和事物的关联性考虑周全,把整体与部分研究清楚我们才能看清楚事物的本来面貌,使我们的认知更接近事物的实际情况。在经济领域,国家和国家虽然是相互独立的经济主体,但随着全球化的发展,各个国家之间的经济又是紧密联系的，各个国家都在经济交往中扮演着不同的和多个角色，世界通过贸易使得各个国家紧密联系在一起，各个国家之间相互投资，世界范围有各种贸易组织和贸易协定，促使和协调各个国家在世界范围的经济活动。现在很多国家的事情，已经不只是这个国家的内部事情，而有可能会通过投资贸易等途径，影响力很快扩散到世界范围。美国的次贷危机虽然始于美国，但其影响波及全球；欧债危机虽然是欧洲内部少数国家的危机，但影响范围远超欧盟内部，对于全球市场都构成了影响；中国的经济趋缓，影响全球大宗商品市场的价格，对全球经济形成影响，而中国对于经济的刺激也通过大宗商品的价格使得全球很多国家受益。

国内各个行业之间也是这样的，金融、房地产、建筑、煤炭、电力、加工制造、汽车制造、零售等行业都是紧密联系在一起的。虽然每个行业都有自己的特点和自己的发展规律，但作为经济整体的一部分都离不开经济整体的大环境。单独研究一个行业很难把握事物的全貌，所以经济研究离不开对于事物的整体性研究，也离不开对于行业的研究。

金融交易领域内部各板块之间同样也是相互联系相互影响，外汇、黄金、白银、石油、天然气、白糖、大豆、玉米、棉花等，虽然品种各不相同，但这些又都相互联系。汇率的变化直接影响进口价格的变化，即便供需不发生改变，单单汇率的大幅波动就足以改变进出口价格。进出口价格的改变，反过来也影响供需的变化。棉花、大豆、玉米、小麦之间有相互替代种植的关系，玉米种植面积扩大很可能预示着大豆种植面积的减少；棉花种植面积的减少，有可能会导致玉米面积的增加；同时玉米价格的上涨可能带动大豆价格的上涨；石油价格的下跌可能会影响甘蔗制作乙醇的产量，从而增加白糖的产量，导致白糖价格下跌；同时白糖价格的上涨可能会减少甘蔗制作乙醇的产量，从而影响石油的供应量。所以事物之间，整体与部分之间，

第四章 交易哲学

部分与部分之间都有着千丝万缕的联系,我们要研究这些关联性给我们带来的投资机会。

三、主要矛盾与次要矛盾

在复杂事物本身包含的多种矛盾中,每种矛盾所处的地位、对事物发展所起的作用是不同的,总有主次、重要非重要之分,其中必有一种矛盾与其他诸种矛盾相比较而言处于支配地位,对事物发展起决定性作用,这种矛盾就叫作主要矛盾。正是由于,矛盾有主次之分,我们在想问题处理事情的方法论上也应当相应地有重点与非重点之分,要善于抓重点、集中力量解决主要矛盾。

主要矛盾在不同的事物中和事物发展的不同阶段上呈现出复杂的情况。在有些事物中,主要矛盾与基本矛盾是统一的,贯穿于事物发展全过程的始终;在有些事物中,主要矛盾与基本矛盾不完全统一,它可能是基本矛盾中的一个矛盾,也可能是基本矛盾中某几个矛盾的综合,也可能是非基本矛盾,在这种情况下,主要矛盾在事物发展的全过程中将随着矛盾运动的发展而变化,尽管事物的基本矛盾尚未解决,事物的根本性质没有改变,但是由于事物的矛盾体系中各种矛盾的力量消长变化,有些矛盾激化了,有些矛盾缓和了,有些矛盾解决了,又有些新的矛盾发生了,原来的主要矛盾下降为非主要矛盾,非主要矛盾上升为主要矛盾,从而使事物的发展过程呈现出阶段性。在事物矛盾体系中,非主要矛盾虽然受主要矛盾的支配和规定,但它并不是消极被动的因素,可以影响和制约着主要矛盾。

主要矛盾和非主要矛盾相互关系的原理具有重大的方法论意义,它告诉人们在观察和处理任何事物或过程的诸种矛盾时,必须善于以主要精力从多种矛盾中找出和抓住主要矛盾,提出主要的任务,从而掌握工作的中心环节,当矛盾的主次地位发生了变化，事物的发展进入新的阶段时，要善于找出新的主要矛盾，及时转移工作的重点，还要把事物或过程的主要矛盾和非主要矛盾作为一个有机的体系予以统筹兼顾，发挥它们之间相互促进、相互制约的作用，以推动事物的发展，这是进行一切实践活动的重要方法。

在金融交易中，对于主要矛盾和次要矛盾的理解和运用也是极其重要的方面，处理不好主要矛盾和次要矛盾的关系就不能在金融交易方面获得成功。

在技术交易系统方面，主要矛盾和次要矛盾主要体现在主升浪和回调浪方面以及在下跌中主跌浪和反弹浪的关系。

在现实的交易中，之所以绝大多数人都赚不到钱，往往不是人的智力有问题，而是目标不稳定。在行情逐步演进的过程中，一会做多，一会做空，总是在多空之间不断地变换。没有方向感，不是真的不知道方向，而是追求的目标混乱。金融交易应该制定相应的交易计划和交易方向，不能随波逐流，一旦宏观和基本面分析确定为做多，那么交易计划制定的目标一定是做多，即便市场出现回调，我们可以出场观察，也坚决不能做空，因为这时选择做空往往已经错失了做空入场的最佳时机，耐心等待才是最佳选择，当接下来技术系统发出支持做多信号时坚决做多就是最优选择，这时的做多因为有所准备，所以入场时机会比较好，同时做多是主升浪，上升幅度会比较大，获利空间很大，下跌浪的操作也是同样的道理。做主升浪和主跌浪与做回调和反弹的最大不同就是空间不同，空间大小就决定了获利的幅度，这也就决定了交易最后是成功还是失败。

在宏观分析中主要矛盾和次要矛盾的理解和运用更是有着极其重要的作用。主和次之所以要判明，是因为主次矛盾对事物的影响不同。主要矛盾在特定的时间段决定着事物的变化，影响着事物的走向，次要矛盾则没有起到影响事物发展方向的作用。通过数据我们可以清晰知道，目前中国是世界上石油、

第四章 交易哲学

煤炭、铁矿石、铜、铝、锌、镍、铅、锡这些大宗商品的最大进口国,可以说在大宗商品市场起着举足轻重的作用,其他国家进口占比相对较低。这就可以看出中国在世界大宗商品市场起着主导作用,是市场的主要矛盾,其他经济体是次要矛盾。这就决定了中国在商品市场上价格方面的发言权。我们研究分析时,就要以中国市场的变化为核心,去研究未来市场的具体方向,只有抓住这个主要矛盾才有可能把握好价格的未来趋势。

研究世界经济重点是研究中国,中国经济又是有很多因素共同作用的,我们也需要进一步研究中国经济的主导因素。经济理论中我们经常用到的三驾马车理论,即投资、消费和出口,这三大因素谁是当前的主导因素,谁就是主要矛盾。

投资又分很多类,房地产投资和基建投资、企业生产经营投资等几类。房地产长时间都扮演着中国宏观经济晴雨表和助推剂的角色,在固定资产投资中长期占比较大。国家统计局数字显示,2013年投资对GDP的贡献率为54.4%,按照通常的房地产投资占固定资产投资比重为25%左右计算,2013年房地产对GDP的贡献率为13.6%左右,所以说房地产投资在国民经济中起着决定性作用。

通过上面的分析我们发现世界大宗商品价格起主导作用,世界—中国—投资—固定资产—房地产—住宅地产,这样推导下来,我们的关注点就比较清晰了,在其他因素变化不大的情况下,我们可以把主要研究精力放在房地产的变化上,通过观察房地产市场的变化,我们就可以比较清晰地预测到商品价格未来大的方向变化,而不是像陷入迷雾中一样不知所以。

抓主要矛盾是我们分析复杂事物时必要的分析手段,眉毛胡子一把抓的混乱状态必然无法搞清楚事物的发展趋势,只有正确地运用好主次要矛盾的哲学道理才能够理清事物的本质。

四、量变与质变

质变和量变的辩证关系在分析事物发展中起着非常重要的作用，尤其在主要矛盾和次要矛盾的转化中对于分析事物的趋势变化是否正确起着重大作用，度是质和量的统一的范畴，是事物保持其质的量的界限、幅度和范围。统一表现在度是质和量的互相结合和相互规定。关节点是度的两端，是一定的质所能容纳的量的活动范围的最高界限和最低界限。度是关节点范围内的幅度，在这个范围内，事物的质保持不变；突破关节点，事物的质就要发生变化。量变与质变相互区别的根本标志就在于事物的变化是否超出了度。度是关节点范围内的幅度，要把度和关节点、临界点区分开来。在实践过程中，要掌握适度的原则，要学会把握分寸、火候，防止过犹不及。量变和质变在矛盾论中有很重要的作用，在主要矛盾和次要矛盾关系中有很重要的作用。主要矛盾一般在事物的发展过程中有着决定性作用，次要矛盾在事物的发展过程中起次要作用，但在一定的条件下主要矛盾和次要矛盾也可以相互转化。我们在事物发展过程中要注意矛盾的变化。矛盾的量变和质变的区别，在交易和宏观分析中，我们经常会遇到主要矛盾和次要矛盾的问题，比如中国经济的三驾马车，投资、消费、出口，这三者也不是并驾齐驱的，是有主有次的。2008年之前我们国家是出口导向型国家，出口是我们国家创造财富和拉动经济的主要动力，这可以从出口数据和出口增速影响看出来。2008年美国次贷危机影响了美国和欧洲的消费，进而影响到中国的出口，使得中国经济增速大幅下滑，这说明2008年之前出口是我们经济拉动因素的主要动力，当然，我们并不否认其他两个因素的作用，只是出口是主导性的。2008年之后，投资在拉动经济的三驾马车中逐渐占了主导地位，这就是矛盾的转化，这就是主要矛盾和次要矛盾从量变到质变的转化，这样的转化对于我们研究宏观经

第四章 交易哲学

济、分析经济矛盾的主导因素都有着非常重要的作用。谁是主要矛盾，谁就是大趋势的主导者，大趋势何时是高潮，何时会结束都要通过分析主导因素来得出结论。这是分析次要因素分析不出来的。一旦主要矛盾判断错了，相应的结论必然会导致对大趋势判断的错误，所以主要矛盾的判断是宏观分析的核心。

黑格尔认为"度"是"质"与"量"的统一，并由"限度"深化为"程度"，实际存在的事物都是同一本质在不同程度上的体现，也就是说同一个本质变化程度不同就形成不同的事物，主要矛盾的转化决定了事物性质的转变。

唯物辩证法"量变质变规律"讲到"度"，就事物自身变化而言是"程度"，事物内在的矛盾双方力量对比超过一定"限度"，事物整体就要出现相应"程度"的变化。度的变化也是我们关注的关键。

五、认识论与实践

认识论围绕着实践、认识、真理三个核心及认识发展过程中实践与认识的辩证关系，强调认识是在实践基础上主体对客体的能动反映，系统阐述了马克思主义哲学的辩证唯物主义认识论，实现了在实践基础上唯物论和辩证法的高度统一，辩证唯物主义认识论和历史唯物论的有机结合，正确回答了"怎样认识世界"的问题。怎样认知世界关系到我们投资决策的推理和结论的可靠性，只有接近客观事实的认知和推理才能帮助我们实现指导投资实践的目的，才能实现我们追求稳定盈利的目标。

唯物史观围绕着社会和人两个主题，系统阐述了马克思主义哲学历史唯物论。首先，说明人类社会的产生、本质和社会规律的特点以及社会有机体及其结构，这是学习和掌握历史唯物主义诸原理的前提。它主要包括两方面，第一，人类社会的物质基础和本质；第二，人类社会的经济、政治、观念结构。

物质资料生产方式是人类社会发展的决定力量原理。其次,社会发展的基本规律和动力以及社会历史的主体,通过社会发展的规律性,为我们进行金融和经济预测提供理论基础。

实践的观点是马克思哲学首要的和基本的观点,实践的原则是马克思哲学的建构原则。马克思哲学从实践出发去反观、透视和理解现存世界,把对象、现实、感性当作实践去理解。马克思把自己的哲学对象规定为作为现存世界基础的人类实践活动,把哲学的任务规定为解答实践活动中的人与世界、主体与客体、主观与客观的关系,从而为改变世界提供方法论。马克思第一次把实践提升为哲学的根本原则,转化为哲学的思维方式,从而创立了以实践为核心和基础的崭新形态的现代唯物主义。科学的实践观是马克思创立辩证唯物主义和历史唯物主义的思想机制,辩证唯物主义和历史唯物主义是统一的。

存在决定思维,物质决定意识,自然界先于人类而存在,这是一切唯物主义都必须坚持的根本原则。人类的物质实践活动是唯物的、辩证的,也是社会的、历史的。马克思主义哲学在实践的基础上揭示了自然观和历史观的统一,从而正确地、彻底地解决了哲学的基本问题,把唯物主义贯彻到底。

马克思主义哲学从实践出发解决哲学基本问题,即思维和存在的关系问题是对人与世界关系的最高抽象。马克思主义哲学深刻地指出人与世界的关系实质上是以实践为中介的人对世界的认识和改造关系。

从实践出发解决人与世界的关系问题是马克思哲学实现伟大哲学变革的实质和关键,是实践为人提供了认知对象,因此在实践中,人不仅认识了世界,而且改造了世界,在天然、自然的世界的基础上创造了人类世界,所以,实践不仅具有认识论意义,而且具有世界观意义。马克思主义哲学从实践出发去理解现实世界,从而在世界观、自然观、历史观和认识论上都获得了全新解释,构筑了统一的、彻底的、科学的哲学体系。

第四章　交易哲学

实践的观点是马克思主义哲学的基础，贯穿于全部辩证唯物主义和历史唯物主义。我们理解和掌握马克思哲学的辩证唯物主义和历史唯物主义能够很好地解决宏观经济学的逻辑推理和历史借鉴问题，能够为我们的金融预测提供巨大的帮助。马克思主义哲学是我们认知世界的利器。

第二节 索罗斯的金融交易哲学

卡尔·波普尔，一位维也纳出生的哲学家，他在其名著《开放社会及其敌人》中阐述了他的观点。在他的书中，波普尔认为经验真理不能被绝对地肯定，即便科学规律也不可能摆脱疑云，他们可以被实验所证伪，也就是说，只要有一个实验数据证明这个理论是错的，就足以证明整个理论都不成立，哪怕有再多的数据支持该理论，也无法完全肯定该理论是对的。科学规律实际上是假设性质的，而真相永远有待检验。

1987年，索罗斯出版了《金融炼金术》。这本书试图解释了金融市场操作的哲学基础。《金融炼金术》非常畅销，大部分对冲基金行业内的人都读过，商学院也在教授，书中的哲学观点对于我们金融交易者来说有着非常重要的指导作用。书中"易错性"和"反身性"是两个非常重要的概念，是本书的核心思想。其一，是当一件事情有人参与时，参与者对世界的看法始终是片面的、歪曲的，这是易错性原则。其二，这些歪曲的观点又能反过来影响到与该观点有联系的事情，因为错误的观点会导致不适当的行动，从而影响事件本身，这就是反身性原则。

易错性和反身性都是常识。在经济学领域中，经济学家总是希望找到确定的东西，然而，事实却是不确定性是人类事务的关键性特征，就像我们研究分析宏观经济学，观察人们的研究成果时，我们会发现即便是名闻天下的大师级投资者都没有办法做到每次分析预测都准确无误。犯错几乎是金融行业的常态，比如巴菲特每年在公司大会上都向投资者承认错误，索罗斯也是这样，索罗斯曾经在日元投资中严重亏损。投资大师利弗莫尔最后因投资失败而自杀，曾经的辉煌并不表明现在决策

第四章　交易哲学

的正确是必然的。我们可以看到人类对于事物的认知确实容易出现错误，易错性是人类社会认知中的显著特征。

人们普遍承认我们生活在其中的世界，其复杂性超出了我们的理解能力。参加者本身就是事情的一部分，在处理时往往不容易处理好自己本身和整个事物互动而产生的相互作用关系，这也增加了事物认知的难度。

反身性仅仅适用于这样的事件，在事件中，具备思考能力的参与者也是事件的一部分。围绕参与者的思想会形成两个函数，其一是认识我们生活在其中的世界，其二是向有利于自己的方向行动，其中由于我们人的参与本身就是变量，自身的改变必然带来事物的改变，事物的改变又使得人类再次做出行动进而使之进一步改变。参与者的意图在对世界产生影响，当两个函数在同时起作用时，他们可以互相干扰。

如何干扰？通过剥夺每个函数中的自变量，这些自变量同时是其他函数的因变量。因为，当一个函数的自变量是另一个函数的因变量时，就没有一个函数具有真正的独立性，这意味着认知函数不能产生足够的知识来作为参与者决策的依据。同样，操纵函数可对改变世界的结果产生影响，但不能单独确定它。换言之，其结果容易偏离参与者的意图，在意图和行动以及行动和结果之间必然会产生某种偏差，因此，在我们对现实的理解和事态的实际发展之间也存在一定的不确定性。为了理解不确定性与反身性之间的联系，我们需要探讨得远一点。如果认知函数孤立地运作而完全不受操纵函数的影响，它可以产生知识，这些知识被表述为结果为真的断言，也就是说，这些断言如果和事实符合，就是真的（这就是真理符合论告诉我们的判断标准）。但是，如果操纵函数对事实产生了干扰，从而改变了事实，这时候事实已经不能再作为独立的标准去判断那些由认知函数产生的断言了，因为即便断言仍然与事实符合，但由于事实已经被改变，这样的符合也缺乏独立性了。

在现实世界中,参与者的思想,不仅表现在判断上,也表现在各种形式的行动上,这使得反身性成为一个非常广泛的现象,而其通常采用的形式是反馈。参与者的意见影响事态的发展,事态的发展影响参与者的意见,该影响是持续和循环的,于是变成了反馈回路。让我们把现实分成客观和主观两个方面,思想构成主观方面,事件构成客观方面。换句话说,主观方面包括参加者的头脑中发生的事情,客观方面是指外部现实中发生的事情。只有一个外部现实,但有许多不同的主观意见。当现实中没有主观方面参与,就没有反身性。反馈回路可以是负反馈,也可以是正反馈。负反馈将参与者的观点和实际情况之间越拉越近;正反馈则把他们越分越远。换言之,一个负反馈过程是自我纠正的,它可以永远存在下去。如果外部现实中没有发生重大变化,它可能最终导致一个平衡点,在这个点,参与者的观点正好对应于实际情况。在金融市场上一般认为发生的就是这种情况,因此,均衡这个在经济学中的核心事例,只不过是负反馈中的一个极端事例而已,与此相反,正反馈过程是自我强化的,它不可能永远持续下去,因为参与者的观点将与客观事实相差越来越远,最终参与者也将不得不承认它们是不现实的,两者间的交互过程也不会让事物的实际状态维持稳定,因为正反馈有这样的特性,它让现实世界中已然存在的任何倾向都越来越严重,这时候我们面对的不是均衡,而是动态的不均衡,或者说,任何可以被描述为离均衡越来越远的情况。在这种离均衡越来越远的情况下,通常参与者和现实之间的分歧会达到高潮,从而触发另一个相反方向的正反馈,这种看上去的自我强化实际上是一个自我否定式的繁荣—萧条过程,在金融市场中,就是积累泡沫和泡沫破裂的过程,在其他领域也能找到类似的情况。

这一切非常抽象,当有思想能力的参与者参与进社会现象时,情况与自然现象具有完全不同的结构,不同之处在于思维

第四章 交易哲学

的作用。在自然现象中，思想没有发挥因果作用，只具有认知功能。在人类事务中，思想本身就是问题的一部分，既具有认知功能也具有操纵功能，这两个功能（函数）可以互相干扰，这种干扰不是随时都会发生，但一旦发生，就引入了自然现象中所没有的不确定性，这种不确定性在两个函数内都有表现，即参与者根据不完全的认知去行动，他们行动的结果也不符合他们的期望，这是人类事务的重要特点。

与此相反，在自然现象的例子中，事态的发展不以观察者的看法为转移。外部观察者只与认知函数相联系，现象本身提供了可靠的标准让观察者的理论可以明确判断真伪，因此，外部观察者能够获得客观的知识，基于这一知识可以成功地对自然界实施改造。在认知函数和操纵函数之间存在着天然的分野。由于这样的分野存在，比起在人类领域来，两个函数可以轻松地达到目的而不存在偏差。比如人工降雨在生活中的运用。人工降雨本身需要很多自然条件才能完成，这些条件具备时我们也不能否定我们不实施就不会下雨，因为下雨的条件很接近了，但我们的参与加大了这样变化的可能性。下雨后改变了空气温度、湿度、云层的多因素变化，进而使得降水条件进一步向着符合降水的方向发展。这样的例子还有很多，比如夫妻关系，妻子可能认为夫妻关系不好，事实现状也确实不好，但如果妻子做出改变，对丈夫百般呵护，关心备至，换来的是丈夫对于两人关系的重新判断，进而也改变态度，使得妻子也感受到了丈夫的关心，这使得夫妻关系彻底发生改变。

反身性不是人类事务不确定性的唯一来源。反身性的确将不确定因素引入参与者的观点和事件的实际过程中，但其他因素也可以产生影响事物的结果。参与者不知道其他参与者所知道的信息，也导致了偏差，这与反身性相当不同，可也是人类事务不确定性的来源之一。一个班级的卫生状况非常差，作为班上的一员和班长，以身作则，并且多次劝阻大家的不文明行为,但由于大家都已经形成习惯,情况并没有改善,这时又有两个班干部主动提出班里卫生问题,这时情况就发生了改变,此后大家都自觉保持卫生,情况彻底改变,这就说明你的改变不一定能使得事情发生改变,还取决于其他因素的改变,这也和金融交易有很多相似的地方。个人作为投资者进入市场交易,并不一定起到决定作用,但在一定时刻作为市场的一部分也会起到一定作用,也就是说做出投资决策时不仅仅要考虑我们自己的决策也要考虑其他市场参与者的判断。博弈论中的合作和竞争都是在考虑别人的决策。纳什均衡就是市场上多方综合力量因素达成的平衡,这样的平衡也会随着各种因素的改变而改变。

  大师的思想就是高深,因为那是他的专业。我们作为哲学界的外行看着这些术语感到头疼也是正常的。哲学是一个百家争鸣的学科,各个学派的说法都有其一定的道理,我们只需要把这些能够使我们更好地认知社会,对于期货交易能起到指导作用的部分弄明白即可。哲学这门学科本身就是一个复杂的学科,可能我们用一生去研究也未必能够完全弄明白。索罗斯想要表达的重点在于易错性和反身性。下面我们就简单、直白地讲解一下,易错性对于期货来讲是准确的描述,前面的章节我们已经论述过宏观分析行业以及技术分析的复杂性,这些复杂因素交织在一起必然具有易错性,这些特征就要求我们判断事物时要尽可能地去全面收集信息,用合理的逻辑去推理运用信息,同时也要求我们有一颗大心脏,因为我们会不断地出现错误,不要因为我们出现错误就对自己失去信心,失去信心就意味着失败。出现超出我们的预想是很正常的事情,但这并不能否认我们对于事物的认知具有正确的一面,很多时候我们也能够很好地分析出事物的基本逻辑和期货的总体方向,这就够了,我们并不要求完美。只要我们能在自己擅长的范围内很好地预测到一些商品未来的价格运行方向就很好了,其他的比如何时

第四章　交易哲学

入场操作、何时出场这些问题都可以交给技术交易系统去具体执行，同时易错性也就必然要求我们做交易时要设定止损，保护我们的本金不受巨大损失，为未来后续操作留下本金。期货交易不是赌博，不能有赌博的心态，绝不能有押上所有身家的冲动，那样的行为失败就是必然的结局，因为易错性决定了结局的必然性。

反身性的简单理解就是人对事物的认知指导人的具体行动，具体行动对于事物的运行形成影响，可能会进一步地强化或改变人的认知，从而进一步通过人们的具体行为继续影响事物的发展，有时候预期的自我实现就是这个道理。反身性本身也对易错性构成影响，在股市中我们经常看到反身性原理的存在，如果人们开始认为股市进入牛市，就会投入更多的资金购买股票，这样的行为必然会推高价格，价格的上涨会吸引更多的人投入更多的资金，这就很明显地表明人的认知在改变市场的运行的同时，运行也在强化人们的预期。当价格已经很高时，人们开始逐步冷静，后续资金开始减少并不断流出，这时人们的预期发生了改变，认为股市要进入熊市状态，这样的情绪会使一部分资金先撤出，使得价格下跌，价格下跌使得更多的人认识到熊市的到来必然引起更多资金的撤离，预期的自我实现也就这样发生了。

人类是一种会犯错误的生物。我们本身是不完美的，对身边世界的理解也是一样的不完美。不管你对自己的方法和过程多有信心，其中总是会有不确定性因素掺杂进去。理解不确定性，接受不确定性，这至关重要，只有做到了这一点，你才能够有勇气和信心承认自己可能犯错，承认市场可能犯错，接受自己和市场都可能存在不同程度错误的事实。

索罗斯相信单单依靠传统经济学是不可能透彻理解市场的。这里虽然没有任何实实在在的东西，有的只是各种观点和信念体系的混合体，这就意味着，要在市场当中生存，你就需要从可能性的角度出发去思考，确保自己能够持续适应层出不穷的各种变化。

　　风险不可避免，管理它才是王道，在大多数人的观念当中，风险都是一种二维的存在，要获得更高的回报，就必须冒更大的风险。索罗斯却有不同的看法，他认为风险是一种不对称的存在。索罗斯不相信"更大的风险"等于"更高的回报"，一心思索如何在冒尽可能小的风险的情况下获得尽可能高的回报。同时，所有事物当中都有着不可知的风险因素。事实上，哪怕是大家所认为的"零风险"资产，在一些极端的和意外的情况之下，也一样可能变成灾难，比如国债，在正常情况下一般会被人们视为无风险产品，但在特殊时期国债崩盘事件也会发生。银行存款也被认为是无风险的资产，但当经济突然出现重大危机时银行也会被波及，因此，索罗斯从来不说什么"零风险"，而是将这些资产定性为"基于我或他人的认知，风险较低的资产"。单单看字眼，似乎差别并不是特别大，但是在其背后，却有着迥然不同的心态。正是因为对风险有着深刻的理解，索罗斯才能够在艰难和混乱的时期保持平和的心境。

　　通过对投资哲学的学习，包含着对风险的充分理解和接纳，不管是已知风险还是未知风险，才能够和风险保持健康的关系，并成功地管理风险，进而在投资过程中赢得胜利。

第四章　交易哲学

第三节　发展自己的交易哲学

　　交易者必须有自己的信仰，信仰是一个交易者交易哲学的体现，也是交易者在市场上安身立命的根本，交易者的交易哲学可以修正、改进，但是却不能像墙头草一样时时一百八十度地大转弯，如果连这一点都做不到，也就很难在这个市场上生存了，因为除非交易者运气好到极致，否则在没有信仰的情况下，必定被市场吞没。交易者必须发展自己的投资哲学，建立自己的交易系统。

　　每一个成功的投资者都有一套自己的投资哲学，这是投资者理解市场和世界的哲学观。要想成为一个出色和成功的投资者，就要做到既不想照搬别人的思想和方法，也不想一劳永逸或期待一个完全可靠的系统来帮你盈利，这两种想法都从出发点上就出现了错误，世上没有白吃的午餐，即使有这样的事，别人也只会自己独自去享受他的好处而不会给你分一杯羹，同时，世界本来就在不断发展和变化着，我们的认知也要跟上事物的发展和变化，简单学习别人的论断，最后只能是投资失败，只有学会哲学思想和哲学思维，才能适应变化的事物，投资才能保持理性和客观，才能收获成功。

　　笔者的交易哲学是以世界的客观性为基础，在不确定的事物发展中寻找具有确定性的客观规律为核心，以事物的整体性为背景，结合事物之间和事物内部的联系来分析问题，以事物的主要矛盾为切入点，以正向思维和逆向思维为起点寻找确定性的投资机会，以历史为线索，以批判性思维为手段不断地修正自己的逻辑和认知。

　　要想真正地在投资领域一直走下去，最主要的就是要建立自己的投资哲学并发展自己的交易系统。每个人对世界的看法都不一样,对市场理解也都不一样,但多数人都是在受着他人思想的影响,这样只能让你随着市场和他人而走,人云亦云,把命运都交给了市场,这其实不是投资,而是赌博。投资是一种艺术,是一个人思想、知识、判断和生存等多方位能力的结合,而赌博凭借的是运气和冒险。投资则不是,投资是运用哲学思想和思维,找到低风险高回报的投资机会,只有这样的投资机会,最终才有可能获得成功。

成功的投资者并不是冒险家,相反他们都是风险厌恶者,只有保证风险在可控范围内或极小的程度下他才会去投资,他们最基本的出发点不是盈利和冒险,而是生存。投资并不是风险和盈利对等的,高风险高盈利或低风险低盈利,投资也存在低风险高盈利和高风险低盈利,选取低风险高盈利的机会做投资才是最好的投资决策,另外建立自己的交易系统也是必不可少的成功关键。

在投资方法上很多人过分单独依赖基本面或技术分析,因为世界上大多数人都在用它,可很多人从来没有考虑过他是否合理和完全可靠,在两者之中大多数也更偏向技术分析,并且比较倾向依赖一些技术指标,这就完全把自己放在了追随他人影子之列,也更容易受技术指标的左右,盈利时也许你会感觉到它是可靠的,但指标和市场严重偏离时你会感觉市场错了,可从来没有想过也许错的是你自己。

基本面和技术面都不应该单独作为交易系统的全部方法,指标也只是个指标,它也许能说明一些问题但并不代表就能解释市场的全部行为并保证你持续盈利,技术分析总的来说更像是概率。发展适合自己的交易系统至关重要,重点是保证生存和盈利,方法不重要,重要的是它适合你。运用多学科知识分析事物的发展变化,把握事物规律,建立自己的哲学思想体系和宏观分析体系以及技术交易体系。

第五章　历史在金融交易中的作用

我们在投资中为什么总有一种迷茫的感觉，不知道未来的发展变化会是怎样的。诚然，世界是不断向前发展的、不断创新的，新的事物和社会形态是不断出现的，这些都是我们用老眼光所无法预知的，但事物的发展也不是每时每刻都在发生质的变化，质的变化我们不能很好地预测，这是因为我们的认知水平达不到，但事物大多数是在量的范围里变化，这就决定了我们通过历史和过往经历可以总结出在目前相对稳定的事物状态下的事物发展规律，利用这样的规律我们就能够很好地了解我们所处的历史发展阶段，从而指导我们对于事物发展的阶段性认知，进而指明投资方向。

"欲知大道，必先为史"，规律是事物之间内在着某种必然联系，这种联系不断重复出现，在一定条件下相互作用，并且决定着事物向着某种趋向发展。规律是对历史的高度总结，是对于社会发展内在本质的认知。规律是客观存在的，不以人的意志为转移。

历史的方法，是通过考察对象的自然进程来揭示对象规律性的方法。逻辑的方法，是以理论的形式，以抽象的体系来再现历史过程的本质、必然性和规律性的方法。用历史与逻辑相统一的辩证思维，把抽象具体的思维方式延伸到历史的长河之中，它要求逻辑的、历史的统一是具体的统一；逻辑对历史的反映是"经过修正的"、把握了主流的反映，剔除了支流和偶然因素；要注意从成熟的、有典型性的发展过程来考察客体，才能剔除枝节和偶然因素，发现事物内在的、本质的、必然的、稳定的联系。综上所述，金融投资者应首先立足于从实际出发，进行比较鉴别、初步抽象概括，继而进行分析综合、归纳演绎，最后，由抽象概括再上升为理性、具体，并从具体历史进程中验证与完善理论。实践，认识，再实践，再认识，循环往复，螺旋上升，这就是辩证逻辑思维的全部程式，毛泽东把它概括为四个字：实事求是。

读史可以明智，以人为鉴可以明得失；以史为鉴，可以知兴替。经济史对于我们，更好地理解和研究经济有着极其重要的作用。索罗斯说过金融交易必学的两项内容是历史和哲学，这两个学科对于我们进行金融交易有着巨大的帮助作用。各国的经济发展水平各有不同，所处的阶段也各不相同，虽然各国的情况迥异，但经济的内在规律具有普遍的适用性，我们通过这些普遍的适用性规律可以很好地理解我们国家经济所处的阶段，进而了解和判断这个阶段的特征，根据这个阶段的特点我们就可以判断出目前的投资机会有哪些，为投资者提供很好的参考。

英国诗人雪莱曾这样写道："历史，是刻在时间记忆上的一首回旋诗。"也因此，历史学就有了它最重要的功用——经世致用。何谓经世？致力于建设国家，致力于服务社会谓之经世；何谓致用，以我之所学，化作我之所用谓之致用。"以史为鉴""读史明智"……都在强调着历史学的现实指导作用，对个人、对民族、对人类的启示和帮助。当一个民族成为能够从历史中不断汲取力量、不断思考、不断创新、不断反省的民族时，那将是整个地球，乃至宇宙之福。学习历史，从历史中借鉴，是人类社会一个永恒的课题。自进入人类社会以来，人类就知道向历史学习了。梁启超20世纪20年代讲中国历史研究法，在讲到史学的起源时，对史学的最初形式作了想象式的描述"当人类之渐进而形成一族或一部落也，其族部之长老，每当游猎之

第五章 历史在金融交易中的作用

隙暇，或值佳辰令节，辄聚其子姓，三三五五，围炉藉草，纵谈己身或其先代所经之恐怖所演之武勇等，听者则娓娓忘倦"，也就是说，最初的历史形式是传说故事，人们通过这些传说故事，就能够从历史中汲取智慧。"史"的产生，是人类社会的大事。一般动物也有记忆和模仿的本能，但它没有知识，它不能将第一代所积累的经验传至二代、三代，这是因为动物没有"史"，人类则不然，先代的生活经验，能以记诵或记录的形式，流传后世，历数百年数千年而不失坠。人类文明之所以不断进化，"史"的作用可谓大矣。

中国"历史作家"的层出不穷、继续不断，实在是任何其他民族所比不上的，黑格尔在他的《历史哲学》中通过与其他国家的横向比较得出这样一个认识。的确，中华民族历来就有治史、学史、用史的传统。西周时期的周公就提出"殷鉴"思想，司马迁作史，意在"述往事，思来者"。历史学家大都怀着匡世救俗的责任感，来研究和撰写历史著作。对于历史的价值，唐代史学评论家刘知幾讲得十分精彩，他说："史之为用，其利甚博，乃生人之急务，为国家之要道，有国有家者，其可缺之哉？"

史之有用，大概谁都否认不了，至于为什么有用，中国传统的史学理论很少上升到科学理性的高度来回答这个问题。20世纪20年代，中国马克思主义史学奠基人李大钊，以唯物史观为指导，讲述史学理论，指出"横着看人类，便是社会；纵着去看人类，便是历史。历史就是社会的变动"，从而指出了历史与社会的关系。西方生机主义哲学提出历史为进化而存在，为生机开展而存在，历史具有生命性，认为历史、现实、未来都是有机联系的，这一点与唯物史观的认识有相通之处。据此，我们可以认为，"历史"具有二重性：一方面，历史是过去的事情，过去的事情就一去不复返了；另一方面，过去的事情虽然形式上过去了，但它的精神、影响有很多遗留下来，对现实、

对未来产生这样或那样的作用。所以,如何认识历史,在很多情况下,并不是纯粹的认识论或知识论的问题,而是关系着如何处理现实和开辟未来的问题。同时,由于历史与现实、未来有这种割不断的联系,所以,探索过去,对了解现在、预测未来是有帮助的。《易传》中说"彰往而知来",道理就在这里。

　　认识历史,学习历史,历史学举足轻重。历史学是人文社会科学当中的一门基础学科,也是关乎人的素质修养的学问。无论是从事科学研究,还是了解社会现实、制定各项政策、提高个体人文修养,离开了历史学,都是没有根基的。李大钊曾经说过:"研究历史的趣味的盛行,是一个时代正在生长成熟、正在寻求聪明而且感奋的对于人生的大观的征兆。这种智力的老成,并于奋勇冒险的精神,不但未有以消阻,而且反有以增进。"他认为"立在过去的世界上,寻出来的新世界,是真的、实的、脚踏实地可以达到的"。史学对于人生修养同样具有重要的意义,因为史学能够陶冶人们科学的态度。所谓科学的态度,一是尊疑,一是重据,而史学即以此二者作为宝贵的信条。史学这种求真的态度,"熏陶渐渍,深入于人的心性,则可造成一种认真的习性",以这种态度求学,则真理可明;以这种态度做事,则功业可就。"这种科学的态度,造成我们脚踏实地的人生观"。李大钊的这些话,虽很朴实,却意味深长,值得重温。由此可见,一个国民,不能没有一定的历史知识。

　　历史对于人类社会的发展有着重要的借鉴作用,这是不可争辩的事实。作为一个投资者,历史对于我们的投资又有什么样的指导意义?既然历史能够对于我们认知未来有指导作用,投资领域也不会例外,那么我们如何利用历史为我们的投资提供更好的帮助?历史参考分为横向参考和纵向参考。自己和自己的过去比较这是纵向参考,参考别人的历史这是横向参考。比如从我国历史发展来看,我国历史悠久,从夏、商、周的奴隶社会到秦至清的封建社会,再到现在的社会,我们看看欧洲

第五章 历史在金融交易中的作用

大体上也是经历了奴隶社会、封建社会、资本主义社会。世界上其他地区大体也是这样的发展过程，但这样的过程并不是同步的，有些国家发展得就快，有些国家的进程会比较慢，还有的国家被其他外部因素强行打断其历史进程，但人类社会总体的社会发展进程是接近的，这样的接近不是无缘无故的，是因为内在的经济发展规律所决定的。由于有其内在的规律决定，这就必然有其共性，这样的共性和社会发展的不同步性就决定了相对落后的地区和国家可以参考那些先发展的国家和地区的发展方式和发展路径，减少发展过程中犯错误的次数，缩短社会发展的历史进程，更好地为本国人民带来幸福。我们也要看到因为不同的地区和国家具有不同的因素，这就必然会因为这些不同的因素使其发展各具特色，不可能千篇一律，各具特色是其必然。既然共性是由于经济因素决定的，相同的经济发展阶段就必然会有相同的发展特征。经济体的经济发展是有规律可循的，任何国家的经济发展都是循序渐进的，不可能突然跳跃的。资本主义市场经济的发展阶段都是从农业社会发展而来。第一阶段，初期的工业化过程，依靠低成本劳动力大力发展出口，首先我们看看英国，英国工业革命开始后需要市场和原材料来源和销售市场，结果英国不断地向外殖民扩张，这也成就了英国的繁荣。后来的欧洲国家纷纷效仿英国，欧洲大陆也走向了繁荣。可以这样说，出口是一个国家经济进入繁荣的必要途径。后来的美国，再后来的日本，再后来的"亚洲四小龙"，包括我们国家的改革开放到2008年之前都得益于出口的拉动，使得经济得到了高速的发展，这就是人类历史的共性。我们再看看印度，同样是人口众多，和我们同样的起步条件，但这些年和我们国家相比差距巨大，这就是没有很好地利用国际分工合作，没有很好地利用国际市场，发展始终比较缓慢。第二个阶段，随着经济的发展、资本和财富的积累，人们生活水平的提高，吃、穿、行、住不断地升级，尤其是以住房为代表的房

— 147 —

地产行业会代替出口对于经济的主要拉动力，房地产投资成为一个时代的主旋律。在这个阶段很容易形成房地产泡沫，很多国家都在房地产泡沫中摧毁了积累的大量财富。通过和世界其他国家的经济发展阶段的比较，我们大体可以比较清楚地知道我国经济所处的发展阶段以及未来可能出现的情况。当然我们国家有我们自己的特点，但这并不能否认其基本共性的存在。第三个阶段是经济长期低速发展期。看看身边这些发达国家的经济增长率，我们就可以很明显地知道经济的高速增长只存在于工业化阶段和房地产繁荣这两个阶段。我们再看看大宗商品的波动规律，就会发现大宗商品价格的涨跌规律和国际经济的发展有着惊人的规律性。我们就以铜的价格为例，铜的价格每一次达到高峰时都对应着世界经济的繁荣期，不过每个阶段的繁荣背后的经济拉动因素是不相同的。20世纪80年代末期铜价的高涨对应的是日本的房地产的繁荣，90年代中期的价格的高涨对应的是亚洲尤其是东南亚经济的繁荣和发展。这一时段的经济繁荣发展也都是由出口和房地产先后的繁荣拉动的。2000年后的价格高涨是由美国房地产的大繁荣和中国制造业的飞速发展拉动的。2009年后的价格大涨完全是由于中国房地产繁荣拉动了铜的价格大幅回升。我们看到这些就应该明白，世界经济的发展是由不同的经济体在不同的阶段拉动的，找到主动力是我们做大宗商品期货的关键。大宗商品的涨跌主要是由于世界经济中当前最活跃的经济体决定的。如果能找到世界经济新的主动力诞生，我们就做多大宗商品，如果我们看到提供主动力的经济体出现问题我们就做空，那么我们的金融交易就更容易获得成功，这些新动力只可能是工业化阶段或房地产繁荣特征明显，这就是历史给我们提供的参考。

我们再来看看万众瞩目的A股市场，中国股市是一个典型的投机性市场，一旦上涨就是一头疯牛，一旦下跌就是一只疯熊，典型的散户特征和典型的博弈论里的纳什均衡的特征，上

第五章　历史在金融交易中的作用

涨时最佳策略是买入，下跌就是卖出。既然特征明显，我们再回顾一下历史，股市就是不断地在牛熊市之间不断转换。如果我们不是选股天才（大多数人都不是），那么我们就要选择时机入场。如果从纳什均衡的角度做股票交易就要从牛熊市周期的角度去判断该不该入场，中国股票的牛熊市状态都表现得比较明显，当熊市时股票的成交量不断地萎缩，人气低迷，股票的估值合理，下跌时间足够长时，这就有可能孕育着下一轮牛市，这时股票就要不断地观察市场，符合技术条件时就要做多，也许这一阶段会有反复，但未来是光明的。当市场出现疯狂上涨鸡犬升天时就要冷静。当身边都是股神时就要观察市场资金流入情况，随时准备撤退。一旦进入熊市，技术上就是跌破60日线就要停止操作，耐心等待下一次牛市的到来。但市场中的参与者从来都不去回忆市场，从来不去总结过去发生的事情，每天只是盯着眼前的价格幻想牛市明天就会重来，这样的操作悲剧就是必然，在牛熊市的轮回里不断地体味人生。也许判断股市牛与熊本身并不难，难的是如何控制自己内心的贪婪与恐惧。在牛市里人们总是高估自己的能力，明明知道股市是一场击鼓传花的游戏，可是每个人都认为自己肯定不是那个最倒霉的人，可是事实不断地证实大多数人就是那个最倒霉的人，其实无论从时间周期看股市，股市周期应该7年左右一个轮回，还是从技术的角度看行情是否值得参与，只有指数突破所有周K线时股市才能基本确定新一轮的牛市行情有可能悄悄地启动了。

　　当代的世界，货币在经济生活中有着极其重要的作用，可以说货币代表着财富，但在世界货币里也不是所有货币都是稳定可靠的，各种货币的作用也是不同的。从历史和现实的角度看目前美元是核心，其他货币都是围绕美元变化。美联储的货币政策通过美元的汇率变化传导到世界各个经济体，所以对于美元的研究应该成为货币研究的核心，那么，影响美元的又有哪些因素？毫无疑问利率是影响美元汇率的核心。我们的重点

就是研究汇率的变化对美元的影响。

从近30多年的美元指数的历史来看，每一次美元利率的变化都会极大地影响美元汇率的变化，20世纪80年代的加息，美元飙涨，后来的减息，美元大幅贬值；20世纪90年代的加息也是如此，利率的变化都引起汇率的大幅波动。从过往的历史中我们看到利率的变化对于美元的影响，那么这次美元加息是不是还会对美元产生大的影响呢？答案是肯定的。

我们生病了为什么喜欢找专家看病？因为专家有经验，经验是什么？这里的经验不就是历史病例的总结和整理后的知识吗？同样的道理，我们很多企业在招聘时时常提出工作经验的要求，这些经验不也是个人过去的工作经历吗？投资也是一样的，我们需要较长时间的投资经验来完善我们的投资技巧和经验积累，从而使我们获得更好的投资收益。如果我们把个人工作经验的积累来获得经验拓展到更广阔的空间和时空上，不就能获得更多的经验吗？答案是肯定的。通过大量的横向历史和纵向历史，也就是通过自己国家的经济发展史与世界其他国家和地区的发展史的比较和总结，找出经济发展的内在规律，通过这些可靠的内在规律，就可以提高我们对于经济运行的状态和阶段的了解，进一步提高对于经济预测的可靠性。即便是技术派的人士难道就不会用到历史吗？显然不是。K线图本身就是过往的历史，量化交易的策略大部分都来源于对过去的交易历史的总结，这其实也是一种对于历史的运用，所以说历史在金融交易中的作用是普遍存在的，怎样用好历史观念对于我们把交易做成功有着不可替代的作用。

第六章 行为金融学

行为金融学是从微观个体行为以及产生这种行为的心理等动因来解释、研究和预测金融市场的发展的学科。这一研究视角通过分析金融市场主体在市场行为中的偏差和反常，来寻求不同市场主体在不同环境下的经营理念及决策行为特征，力求建立一种能正确反映市场主体实际决策行为和市场运行状况的描述性模型。行为金融学虽然试图深挖金融市场运作背后的奥秘，但并不系统也不透彻，因此现今成型的行为金融学模型还不多，研究的重点还停留在对市场异常和认知偏差的定性描述和历史观察上，以及鉴别可能对金融市场行为有系统影响的行为决策属性。值得指出的是人类对于股市波动规律的认知是一个极具挑战性的世界级难题。迄今为止，尚没有任何一种理论和方法能够令人信服并且经得起时间检验，2000 年，行为金融学理论创始人之一、耶鲁大学经济学教授罗伯特·席勒在《非理性繁荣》一书中指出"我们应当牢记，股市定价并未形成一门完美的科学"；2013 年，瑞典皇家科学院在授予罗伯特·席勒等人该年度诺贝尔经济学奖时指出几乎没什么方法能准确预测未来几天或几周股市债市的走向，但也许可以通过研究对三年以上的价格进行预测。这正好和格雷厄姆的股市短期是投票机、长期是称重机的说法是一致的。短期的市场波动更多的是市场短期博弈行为和市场心理反应造成的结果。

行为金融学是金融学、心理学、行为学、社会学、博弈论等学科相交叉的边缘学科，力图揭示金融市场的非理性行为和决策规律。行为金融理论认为,证券的市场价格并不是只由证券内在价值所决定,还在很大程度上受到投资者主体行为的影响,即投资者心理与行为对证券市场的价格决定及其变动具有重大影响。市场的行为就是博弈的行为,市场的不同参与者都在根据其他人的行为而改变自己的行为,这既是市场的反射性又是博弈的过程。随着投资实践的发展,对金融市场的大量实证研究发现了许多现代金融学无法解释的异象,为了解释这些异象,一些金融学家将认知心理学的研究成果应用于对投资者的行为分析上,这个领域涌现了大量高质量的理论和实证文献,形成最具活力的行为金融学派。

传统金融理论认为人们的决策是建立在理性预期、风险回避、效用最大化以及相机抉择等假设基础之上的。大量的投资实践研究表明,人们的实际投资决策并非如此,比如,人们总是过分相信自己的判断,往往是根据自己对决策结果的盈亏状况的主观判断进行决策等。

传统金融理论认为在市场竞争过程中,理性的投资者总是能抓住每一个由非理性投资者创造的套利机会,因此,能够在市场竞争中幸存下来的只有理性的投资者。在现实世界中,市场并非像理论描述的那么完美,大量反常现象的出现使得传统金融理论无法应对。按照传统金融学理论,每个人都是理性的,可惜事实并非每个市场参与者都能完全理性地按照理论中的模型去行动,人的非理性行为在经济系统中发挥着不容忽视的作用。因此,不能再将人的因素仅仅作为假设排斥在外,行为分析应纳入理论分析之中,从而指导决策者们进行正确的决策。

行为金融学承认市场行为中很多变化和过程是由人的心理决定的,这就是行为金融学的正确之处,它开辟了一条把人的心理和人的行为作为市场变化最基础原因的正确方向,它历史性地承认了市场变化在很多情况下不是纯客观的,而是与参与者的心理特征和行为特征有关的。市场在很大程度上是人性的

第六章 行为金融学

反映,股市中的很多现象都不符合科学的原理和既定的逻辑,每次股市大跌或个股价格大跌时都会出现"羊群效应",一看到别人都在卖,投资者会不顾一切、不问任何原因就条件反射式地卖出,这就是人的心理和人性的自然反应。这时,首先出现在他脑海中的不是理性,而是一种自然的条件反射。人的主观情绪结构就是先是由情绪支配,再由理性支配的。过去,所有的理论都假设人是理性的,所有的事情都按照利益最大化来分析,实际上与人们的真实投资行为不符。虽然估值、成长等理论都非常有用,但股市在相当大的程度上也是心理博弈。巴菲特说的"别人恐惧我贪婪,别人贪婪我恐惧"就是心理博弈,弥补了过去资本市场金融理论的错误与不足,这就是行为金融学的重要价值。

行为金融学主要是探求人类心理有哪些共性的规律性特征,并且用这些人类基础的客观心理特征来分析、解释市场的现象。通过总结,行为金融学已经通过试验、总结、发现、统计、归纳了人类有哪些心理特征,并用于解释市场的现象,也告诫投资人有些心理特征是不利于投资的。总体来说,行为金融学就是统计行为心理特征,然后用其解释资本市场的现象。它发现了人的心理特征是市场短期变化的决定性原因,也发现了一系列人类共有的具体心理特征,并且把这种具体心理特征对投资成败的影响也描写清楚了,也就是说,行为金融学发现、提出、总结了人类在金融交易中有"羊群效应"和从众等心理特征,并且也认识到其危害严重。研究行为金融学对于我们认清市场阶段,采取对应措施和把握机会都有非常大的帮助。

一、博弈论

博弈论是现代数学的一个新分支,也是运筹学的一个重要组成内容,同时还是行为学的重要组成部分。2005年,因对博弈论的贡献而获得诺贝尔经济学奖的罗伯特·奥曼教授的说法,博弈论就是研究互动决策的理论。所谓互动决策，即各行动方的决策是相互影响的，每个人在决策的时候必须将他人的决策纳入自己的决策考虑之中，当然也需要把别人对于自己的考虑也要纳入考虑之中……在如此迭代考虑情形中进行决策，选择最有利于自己的战略。博弈理论的互动决策和索罗斯哲学思想中的市场反射性是一致的。

博弈论的应用领域十分广泛，在经济学、政治学（国内的以及国际的）、军事战略问题、进化生物学以及当代的计算机科学等领域都已成为重要的研究和分析工具。此外，它还与会计学、统计学、数学基础、社会心理学以及诸如认识论与伦理学等哲学分支有重要联系。

博弈，就是用游戏思维来突破看似无法改变的局面，解决现实的严肃问题的策略。在博弈中，每个参与者都在特定条件下争取其最大利益，强者未必胜券在握，弱者也未必永无出头之日，因为在博弈中，特别是多个参与者的博弈中，结果不仅取决于参与者的实力与策略，还取决于其他参与者的制约和策略。事实上，博弈过程本来就不过是一种日常现象。我们在日常生活中经常需要先分析他人的意图从而做出合理的行为选择，而所谓博弈就是行为者在一定环境条件和规则下，选择一定的行为或策略加以实施并取得相应结果的过程。博弈理论在现实生活中运用广泛，企业竞争经常会用，体育比赛经常会用，学习考试经常会用，金融投资经常会用。尤其是金融交易活动中博弈理论几乎无时无刻不伴随着。作为交易的多空双方是在博弈，多方内部或空方内部也是博弈。交易过程中可以说交易即博弈。博弈可能是双方博弈，也可能是多方博弈，更可能是群体博弈。博弈的目的只有一个，就是让自己的利益最大化。当然，博弈中有人成功就有人失败，也有共同获益的博弈。博弈的结局既取决于自己的博弈策略，也取决于对手或合作伙伴的策略，有时也取决于群体的策略和看法。

第六章　行为金融学

博弈论首先是我们思索现实世界的一套逻辑，其次才是把这套逻辑严密化的数学形式。博弈论的目的在于巧妙的策略，而不是解法。我们学习博弈论的目的不是为了享受博弈分析的过程，而在于赢得更好的结局，说到底毕竟只是把博弈论当作一个分析问题的工具，用这个工具来简化问题，使问题的分析清晰明了也就够了。另一方面，博弈的思想既然来自现实生活，它就既可以高度抽象化地用数学工具来表述，也可以用日常事例来说明，并且寻求用这种智慧来指导生活决策的方法。

博弈论的关键词很多，有囚徒困境、重复博弈、智猪博弈、猎鹿博弈、枪手博弈、酒吧博弈、人质困境、信息均衡、脏脸博弈、鹰鸽博弈、分蛋糕博弈、蜈蚣博弈、协和博弈、斗鸡博弈、警察与小偷博弈等。

生活处处皆博弈，大到国与国之间的贸易战，小到该不该给太太送花。在激烈的商业竞争中博弈更是常见，良好的博弈能力能够帮助商家飞黄腾达。我们这里不是博弈论专场，这里主要是想通过博弈论在经济领域的实践来指导我们的期货交易。囚徒困境是我们在这里重点讲的博弈现象之一。

二、囚徒困境

假设有两个小偷 A 和 B 联合作案、私入民宅被警察抓住。警方将两人分别置于不同的两个房间内进行审讯，对每一个犯罪嫌疑人，警方给出的政策是如果一个犯罪嫌疑人坦白了罪行，交出了赃物，于是便证据确凿，两人都被判有罪，如果另一个犯罪嫌疑人也作了坦白，则两人各被判刑 8 年；如果另一个犯罪嫌疑人没有坦白而是抵赖，则以妨碍公务罪（因已有证据表明其有罪）再加刑 2 年，而坦白者有功被减刑 8 年，立即释放；如果两人都抵赖，则警方因证据不足不能判两人的偷窃罪，但可以私入民宅的罪名将两人各判入狱 1 年。

关于这个案例，显然最好的策略是双方都抵赖，结果是大家都只被判1年，但是由于两人处于隔离的情况，首先应该是从心理学的角度来看，当事双方都会怀疑对方会出卖自己以求自保，其次才是亚当·斯密的理论，假设每个人都是"理性的经济人"，都会从利己的目的出发进行选择，这两个人都会有这样一个盘算过程：假如A坦白，B也坦白的话，A最多判8年；B要是抵赖，A就可以被释放，而B会坐10年牢；A如果抵赖，B却坦白了，则A就要判10年。综合以上几种情况考虑，不管B坦白与否，对A而言都是坦白了划算，两个人都会动这样的脑筋，最终，两个人都选择了坦白，结果都被判8年刑期。

囚徒困境几乎成了博弈论的代名词，两个基于坦白从宽抗拒从严审讯的囚徒，从理性的角度出发，会产生怎样的结局？结果若是从个人理性并追求个人利益最大化出发，那么二人皆坦白也就是背叛，这在所有策略中并不占优，那为什么不采用集体最优策略而合作呢。很简单，集体的优化，必然侵害个人利益的最大化。当然这一切前提都是理性假设，也就是著名的经济人假设。破解这一困境的途径则是打破信息孤立，而执法者则是维持或加强威胁。无论背叛还是合作，谁在这里面坚持到最后，谁就胜利。囚徒困境中因为个人的自私自利的行为，并不一定导致集体利益的最大化，"看不见的手"拉不住人类向堕落之城下滑的趋势，在特定的阶段，现实的社会就是这样，比如当经济周期处于下降时需求开始萎缩，商品开始供大于求，价格不断地降低，谁都知道限产能够提升价格，但实际执行就是做不到。市场上的主体太多，自己的限产就有可能被别人抢占市场份额，有谁在有可能吃亏的情况下去严格执行限产协议呢？所以商品价格一路走低，不过这也不是没有好处，谁的效率高谁的成本低谁就能生存，这本身就是经济规律，对于提高生产效率、促进技术革新都有巨大帮助，只有这样人类才会不断向前进步。只有当价格持续走低每个成员都感觉到自身难保，这时坐下来谈判才有可能达成协议。马克思曾经说过价格总是

第六章　行为金融学

价值上下波动,囚徒困境就是价格为什么出现低于价值,也就是低于成本的原因,也就是说大宗商品在经济危机出现时低于社会平均成本也是必然的。如果是这样,我们预测到经济危机或某一领域的泡沫破裂,我们就可以相对有把握预测到商品价格会大致下跌到哪个价位。有了目标价格对于期货投资是非常重要的。

囚徒困境不是博弈论的全部,纳什均衡也是博弈论的重要部分,对于金融投资有很重要的现实指导意义。我们先看定义,纳什均衡是博弈论最重要、最一般化的均衡概念。它是指所有参与人战略的一种组合,在这一组合中,给定其他参与人的战略,没有任何人有改变自己战略的积极性。换言之,构成纳什均衡的战略对每个人都是最优的。笔者认为这样的一种定义首先有点晦涩难懂,其次缩小了纳什均衡的应用范畴,我在讲经济学中一直强调纳什均衡是生活中、经济学中等一切最重要最一般化的均衡概念。纳什均衡就是均衡,因为任何一种均衡如果不满足纳什均衡的条件,就压根不能称为均衡。通俗地理解,均衡首要的特征是一种"稳定的结果",即每个人做出选择后,不想再去改变了,为什么不想再去改变了?因为没有更好的选择了,我已经选择了对我来说最好的选择。纳什均衡特别强调了什么时候才能稳定,人都是自私的,在现有条件下,只有每个人都得到了最大的满足,才不会有人去破坏约定,这是稳定的基本条件。

为什么说纳什均衡改变了经济学的基础理论呢?我们先来看看经济学的基础理论是什么,1776年亚当·斯密在《国富论》里提出了"看不见的手"的理论。什么是"看不见的手"?即市场机制。价格机制即在市场中,价格作为一种信息引导着资源的配置,最终达到的均衡是有效率的,这里面的均衡跟纳什均衡的定义完全一模一样,纳什并没有否定,纳什否定的是"有效率"。传统经济理论认为市场机制中,个人追求自身利益最大化，最终会导致集体利益最大化，即是有效率的。纳什的创新之处就是否定了这样一种观点，即个人按照自身利益最大化去决策，达到的结果并不一定意味着集体利益最大化，即个人利益最大化与集体利益最大化并不总是一致的，是有冲突的。如果市场有效理论完全成立，那么股市也就没有波动了，事实是股市大幅波动经常发生，这也给投资者带来了很好的机会。没有波动就不会有股神巴菲特，也不会有索罗斯。

如果看完上面的这段内容没能明白这对于投资有什么现实指导意义，那笔者就简单地解释一下。股市处于上升周期时每个人的最优策略就是尽早买入并持有，股市的价格被后来买入者不断地推高，这就形成了所谓的牛市。当后来者不断变少推动力变小，股市到达顶部时接下来卖出就变成了个人的最优选择，这就是所谓的熊市，这样的情况就告诉我们怎样投资股市，首先要判断股市所处的阶段，只有这样我们才能知道自己的最优策略是什么，这可以很好地指导我们投资的行动。如果股市一旦处于牛市就不要逆趋势做空或卖出持股，因为大多数人的一致行动不断地推动行情的发展，逆趋势的行为必然不会有好的结果。股市进入熊市状态也是这样，早早卖出或做空是最优选择，买入或做多很可能会带来巨大损失，对于中国股民来说这也具有很现实的指导意义。纳什均衡具有预期的自我实现功能，通俗地说就是在牛市中由于人们错过了前面的行情，只要行情回落就会有更多的人入场买入从而推高价格，实现一波比一波涨得高的行情。熊市也是一样，一旦人们意识到牛市结束了，熊市开始了，人们就会在市场产生反弹时不断地减持手中的股票，股市就要迎来一波一波的下跌，同时股市的转折点的判断就显得很重要。顶部的判断也不是完全不可以判断，可以把一根长期均线作为判断标准也可以通过形态作出判断，股市的市场情绪也是股市所处阶段的重要参考方面。

看看我国的 A 股多有特点，不是上涨就是暴跌，或者就是

第六章　行为金融学

长时间横盘。这是为什么呢？因为我们是投机盛行的市场。投机市场为什么会这样呢？因为我们的股市参与者很多人不是以持有股票收获股息为赚钱途径，大多数投资者尤其是散户投资者，是以赚取股票差价为目标。企业的好坏并不重要，重要的是低位买入高位卖出，这样就达到参与股市的目的了，这样的操作习惯就造成中国股市的特点是暴涨暴跌，"羊群效应"特别突出。股市经过长时间的低迷，一旦有资金持续流入就会形成赚钱效应，如果再有好的政策或经济形势就会形成纳什均衡。一致预期一旦形成，买入就是一种最好的策略。买入持有就是在现有条件下，每个人都得到了最大的满足，不会有人去破坏约定。这是稳定的基本条件。上涨不断地被强化，泡沫不破誓不罢休地上涨，直到可入市资金枯竭。有一部分股市参与者发觉股市泡沫清晰可见，离场便是个人的最优选择，这样行动的人逐步增多，打破了原有的平衡，这时谁先撤离股市谁就是胜利者，争相离开变成了新的一致预期。一旦人们意识到牛市结束了，熊市开始了，人们就会在市场产生反弹时不断地减持手中的股票，股市就要迎来一波一波的下跌。这就是博弈论里的纳什均衡在起作用！我们再看看美国的股市。

美国的股市也比较有特点，回撤比较少，总体运行在牛市之中，这是因为美股的投机氛围要小得多，很多投资者都是长时间持有不动，以收获股息为目的，不是为了频繁地博取差价。由于卖出少所以波动就比较少，波动幅度也比较小，这里面也有纳什均衡的作用，原因很简单，就是因为买入后卖出的投资人比较少，所以一般情况下卖压不大，只要有人卖出就会被人买走并持有，所以这样就形成了以估值为核心参照的认知体系。大家都参照估值标准，所以你想获得股票差价就很困难，因此，股价偏高就有人卖出、偏低就有人买入。股价短时间在基本面变化不大的情况下，波动不大，这就形成大家共同一致的意志。大家都一致认为持有是最佳策略，短炒策略不是最优选择，这就是纳什均衡中的均衡，因为企业盈利在正常年份里不断地提升，所以股价也跟着上涨，又因为估值保持相对稳定，只有大的经济衰退发生才有可能打破这样的平衡，下跌又形成新的均衡，这样的均衡造就了慢牛走势。这样的情况不只发生在股市里，在大部分金融产品里都会有这样的情况，生活中也经常有这样的情况发生。为什么会有趋势的产生？趋势就是一致预期的纳什均衡的表现，这样的表现会在很长时间里得到维持。

中国的股市在不断地发展和完善。过去曾经庄股横行，几乎每只股票都有庄家，这些庄家在股市横行，翻江倒海地折腾，有时庄家还会发生变化，一只股票出现几个庄家，股民们不得不适应这样的市场环境，股民们和庄家不断地进行博弈。股民和庄家之间是又爱又恨。没有庄家的股票没前途，这是当时市场的共识，没有庄家的炒作股票不会上涨。股民们盼望庄家的进入，但庄家也不是来做贡献的。庄家入场首先就是要把散户手里的筹码变成自己的筹码，这就是典型的博弈。通过反复地拉涨杀跌，收集股票到庄家的手里。筹码收集完成进入拉升阶段，这是股民们最高兴的阶段，这个阶段也是博弈的一种表现形式，合作是这个阶段的主要特征，大家都不卖出，实现股票流动性降低使得股票很容易被少量的资金推高股价，达到一定高度后，分歧出现，庄家有可能利用股民的恐高心理继续收集筹码，也可能会卖出离场，继续推高股价后也是离场。总之，庄走茶凉，股票跌，很多股民最后被套，股民和庄家就是不断博弈的过程。股民既要利用庄家又要防备庄家，这个时期也出现了非常多的股市秘籍、专门解密庄家手法的书籍。庄家对于股民也是爱恨难分，既要利用股民也要欺骗股民，操盘手法不断地推陈出新。我们要明白一点，博弈不单单是打败对手那么简单。博弈的终极目标是实现自己利益的最大化，如果合作能达到目标就合作，如果打败对手能实现目标那就打败对手。人无常态，水无常形，但目标明确。博弈无时无刻不出现在我们

第六章 行为金融学

的生活里。

期货市场的博弈更是清晰明确，多空双方不断地兵戎相见，双方不断地调动资金投入战斗，或撤出资金停止战斗。另一个多空大战的典型性案例是棕榈油。棕榈油是国内期市较早推出的大品种。1995 年，国内外棕榈油市场由于供求不平衡，全球植物油产量下降，而同期需求却持续旺盛，导致棕榈油的价格不断上涨。1995 年，国内外棕榈油市场行情却出现了较大的变化，棕榈油价格在达到高峰后，逐渐形成回落趋势。1995 年第一季度海南棕榈油期价一直处于 9300 元/吨以上横盘，但在 M506 合约上，市场投机者组成的多头阵营仍想凭资金实力拉抬期价，而此时又遇到了一批来自以进口商为主的空头势力，在国内外棕榈油价格下跌的情况下，以现货抛售套利，由此点燃了 M506 合约上的多空战火。1995 年 3 月以后，多空的激烈争夺令 M506 合约上的成交量和持仓量急剧放大，3 月 28 日持仓一度达到 47944 手的历史最高位。与此同时，有关部门发出了《期货监管工作必须紧密围绕抑制通货膨胀，抑制过度投机，加大监管力度，促使期货市场健康发展》的通知。国家的宏观调控政策是不允许原料价格上涨过猛，对粮油价格的重视程度也可想而知，这就给期货市场上的投机商发出了明确的信号，而此时，M506 合约上的多空争夺硝烟正浓。多头在来自管理层监控及国内外棕榈油价格下跌双重打压下匆忙撤身，而空方则借助有利之势乘机打压，使出得势不饶人的凶悍操作手法，在 1995 年 4 月，将期价由 9500 元以上高位以连续跌停的方式打到 7500 元一线，而此时的海南中商所施行全面放开棕榈油合约上的涨跌停板限制，让市场在绝对自由的运动中寻求价格。多头在此前期价暴跌之中亏损严重，哪有还手之力，这又给空方以可乘之机，利用手中的获利筹码继续打低期价，在 M506 临近现货月跌到了 7200 元水平。至此，M506 事件也告结束。

平时交易中的博弈也无时无刻不在进行，时不时就会出现逼仓事件。多空博弈是比较常见的现象，多头内部的博弈，空头内部的博弈，期货投资资金和现货商的博弈，政策和市场的博弈，政府各部门之间的博弈，国家之间的博弈，国内生产者与国外生产者的博弈，博弈无处不在，博弈随时发生。只有更好地了解博弈理论才能从中收获知识，用知识指导我们的工作、投资和生活。

博弈理论应该成为行为金融学的一部分。

第七章 思维方法

第一节 思维方法

金融投资交易必然要求交易者有很高的分析问题和解决问题的能力,思维方法就是实现这些能力的基本方法。金融投资交易者必须掌握辩证逻辑思维方法、系统思维方法、战略性思维方法、创造性思维方法、逆向思维方法。

马克思主义对辩证逻辑思维方法的哲学建构可以说是最为完整的。马克思主义的辩证逻辑思维,在思维规律方面,从事物的联系、变化、发展和矛盾中来考察事物的整体运动;在思维方法方面,把比较、抽象和概括方法作为形成科学概念的基础,把分析与综合相统一的方法作为处理信息材料的手段,把归纳和演绎相统一的方法作为深入洞察对象本质的途径,把由抽象到具体的方法作为再现对象全貌的阶梯,把逻辑与历史相统一的方法作为有效掌握事物发展历程的工具。毛泽东的《实践论》《矛盾论》《人的正确思想是从哪里来的》等著作,又把辩证逻辑思维简约化、本土化,并有了许多新的创新。下面介绍一下辩证逻辑思维的三类具体方法。

一、比较、抽象和概括的方法

比较、抽象和概括的方法是辩证逻辑思维的初级方法,也可以叫概念形成法。比较,是确定事物之间异同关系的简单思维方法，有比较才有鉴别。抽象，是通过对事物整体联系的分解，其他动物也有感知，有形象意识，但不具备抽象思维能力。抽象是在比较的基础上形成的。概括，是把抽象出来的事物属性推广到具有这些相同属性的一类事物上去，从而形成关于这一类事物的普遍概念。

二、分析综合和归纳演绎的方法

这两个思维方法相对于比较、抽象和概括的方法而言，是辩证逻辑思维的中级方法，也可以称为逻辑建构法。分析与综合是把握局部与全局的辩证关系的思维方法。分析是把客观事物的整体分解为各个部分、方面与要素，以便于逐个加以研究的思维方法。综合是把事物的各部分、各方面、各要素统一起来，在思维中形成对客观事物整体性认识的思维方法。分解和综合是分析的基础，两者不能割裂，而应彼此渗透，相互转化，这是防止思维陷入形而上学误区的警戒线。分析综合法又分为矛盾分析综合法与系统分析综合法，二者都是处理信息材料的有效手段。

归纳演绎法是把握事物共性与个性的辩证关系的思维方法。归纳是对个别性经过分析、比较上升到一般性的思维方法。演绎是从一般性的前提推导出个别性的结论的思维方法。归纳与演绎也必须结合起来，彼此渗透，相互推动，往复多次，才能洞察出事物的本质，得出科学结论。

三、抽象与具体、历史与逻辑相统一的方法

这两个思维方法是马克思主义辩证逻辑思维的高级方法，也可称为理论应用法，是理论与实际相结合的根本途径。抽象与具体相统一的方法，是指从抽象到具体的思维方法，是具体再现事物全貌的阶梯。抽象是使人的认识由感性上升到"抽象

第七章 思维方法

的规定",把握事物的本质属性,具体是指事物多方面属性、特点、关系的整合或再现。抽象是为具体服务的,如果理论脱离了实际,便成了空谈,听起来头头是道,用起来满不对号,这样的理论是没有价值的。辩证思维所特有的逻辑程式之一是由抽象到具体,即解决实际问题。

历史与逻辑相统一的方法,是把握历史脉搏、预见历史进程的思维方法。历史的方法是通过考察对象的自然进程来揭示对象规律性的方法。逻辑的方法,是以理论的形式,以抽象的体系来再现历史过程的本质、必然性和规律性的方法。历史与逻辑相统一,也是辩证思维的另一个特有程式,它把抽象具体的思维方式延伸到历史的长河之中,它要求逻辑的、历史的统一是具体的统一;逻辑对历史的反映是"经过修正的"、把握了主流的反映,剔除了支流和偶然因素;要注意从成熟的、有典型性的发展过程来考察客体,才能剔除枝节和偶然因素,发现事物内在的、本质的、必然的、稳定的联系。综上所述,金融投资者应首先立足于从实际出发进行比较鉴别、初步抽象概括,继而进行分析综合、归纳演绎,最后,由抽象概括再上升为理性具体,并从具体历史进程中验证与完善理论。实践,认识,再实践,再认识,循环往复,螺旋上升,这就是辩证逻辑思维的程式。

第二节 系统性思维方式

系统性思维方法就是运用系统观念着眼于系统之间、系统内部各要素之间的紧密联系，分析系统的结构方式和要素变化对整体功能的影响，并以此作为分析事物根据的方法。

一、整体性思维

系统的整体性是指系统各构成要素的有机统一。系统论的创始人路德维希·冯·贝塔朗菲（Ludwig Von Bertalanfy）曾指出，"一般系统论是对'整体'和'完整性'的科学探索"。因此，系统的整体性自一般系统论创立以来就一直占据着系统科学的首要地位。系统的整体性从实质上来看，就是系统的构成要素与整体、环境以及各个要素之间相互联系、相互作用，使系统整体呈现出各个组成要素所没有的新的性质，从而具有构成要素所不具有的整体性功能。

二、结构性思维

任何系统无不具有一定的内在结构，系统的结构是保持系统整体性及其功能的内在依据。系统论中的结构主要指的是系统的"内部秩序"，也就是系统内部各要素在空间或时间上的有机联系与相互作用的方式或秩序。系统的结构决定系统的功能。系统的思维是我们减少对于事物判断错误产生的重要方式。

三、动态性思维

无论是自然界还是人类社会，任何一个系统都是始终处在动态变化中的。由于系统自身不断与外界发生相互作用，当前的结构状态是系统中各要素与当前的外界环境相互作用而形成的相对稳定的结构。随着时间的推移和外界环境的变化,当前的系统结构要想在变化了的环境中继续生存和发展,必须要随着环境的改变而改变。因此,当前的系统结构又是未来新形成的系统结构的基础,正如马克思所说,"现在的社会不是坚实的结晶体,而是一个能够变化并且经常处于变化过程中的机体"。用动态的思维看待经济的发展,才能使得我们对于事物的本质判断持续符合经济的实际发展。

第三节 战略性思维方法

所谓战略性思维,就是通过发现事物客观规律,预测未来发展趋势,把握整体变化走向,并以此为根据确立发展目标,规划战略方案,采取超前行动的思维方法。其实质是正确把握过去和未来的关系,在纵向的历史联系和整体的格局关系中判断与定位。俗话说人无远虑,必有近忧,这就是对战略思维价值的揭示。领导者只有自觉树立战略思维,才能保持事业的可持续发展。

一、战略性思维方法的特征

1. 预见性。任何事物的发展都有一个从小到大、从弱到强、从历史到现实再到未来的过程,领导者担当着谋划事业发展思路、规划工作发展战略的"引航员"的职责,是过去、现在与未来的连接点,因此,必须牢固树立战略观念,训练战略思维习惯,不谋一兵一卒之得失,而注重战略布局之大势。凡事预则立,不预则废。领导者要善于发现事物的发展规律,预见事物的发展趋势,并依靠对未来的正确判断作出当下的决策和选择,使领导的活动经得起时间的考验和历史的检验,推动事业可持续发展。不能割裂事物的历史联系,不能只顾眼前,不顾长远。人们常说的高瞻远瞩就是提倡运用长远的眼光,站在全局的高度去观察和处理眼前的问题。

2. 长远性。从时间上来说,投资者的预见要具有长远性,一般要把着眼点放在几个月甚至1年、3年、5年之后甚至更久。当然,对于不同的战略目标,预见的着眼点也有所不同,例如要把握一个国家的经济发展,其着眼点要放在10年左右,要制

定一个单位的事业发展规划,其着眼点要放在至少3年以后。

3. 综合性。战略思维的形成过程具有综合性特点。投资者预见的对象一般都会涉及外汇、大宗商品、黄金、股票、债券、农产品等很多方面。任何一个品种都不是孤立的,而是包含诸多方面的影响的矛盾统一的整体,只有把握金融投资的复杂性,从多角度进行综合分析,才能够使金融投资战略预见更具有科学性。

4. 全局性。战略思维是总揽全局、驾驭全局,旨在赢得全局工作胜利的一种思维方式。战略思维的全局性从广义上说包括系统空间维度和过程时间维度两个方面,相对于战略而言,狭义上的全局性仅指系统空间维度。经济运行是一个诸多要素相互联系、相互作用的过程,纵向包含了一系列相互联结的过程和阶段;横向包括了彼此制约的要素结构和空间格局。金融投资战略思维的全局性要求从大局着眼、从全局出发进行系统分析和总体思考。金融投资者考虑问题的视野要宽、思路要宽、胸怀要宽;要识大体,看大局,抓大事。

二、改善战略性思维的途径

第一,要正确认识过去、现在与未来之间的辩证关系和本质联系,找出三者之间的发展规律。列宁曾指出,外部世界、自然界的规律乃是人的有目的的活动的基础。投资者要想做出准确的预见,就必须认识到在事物的过去、现在和未来之间的诸多联系中,存在着一种本质的、必然的联系,这就是规律。客观事物不仅存在一般的规律,而且存在特殊的规律。一般的规律具有重复性、持续性和相对稳定性,而特殊规律则是在特定的条件或环境下呈现出来的。因此,投资者不仅要准确地掌握事物的一般规律,对于特殊规律也要具备深邃的洞察力和高度的敏感性,既要看到我们生产力发展水平处于市场经济阶段所具备的一般性市场经济规律,也要看到我们是以社会主义性质带来的不同于资本主义经济的特有规律。

第二,要正确处理预见中"出乎预料"的情况,完善预见能力。预见的双重性决定了金融投资者的预见常常会存在不同程度的误差,因为它难免会受到各种主客观条件的影响和制约。首先是客观事物的成熟程度对预见的制约和影响。当事物的发展趋于成熟,各方面情况显露得比较充分时,才有利于正确的预见,反之则容易出现预见上的失误。其次是客观事物的复杂性、多变性和模糊性对预见的制约和影响。一般来说,对比较简单和确切的事物容易作出正确的预见,而对比较复杂和模糊的事物,则较难作出正确的预见。

最后是人的认识能力的有限性对预见的影响和制约。恩格斯曾指出人的认识能力是无限的,同时又是有限的,按它的本性、使命、可能性和历史的终极目的来说是至上的和无限的;按它的个别实现和每次的实现来说又是不至上的和无限的,这就说明人的认识能力的这种有限性,势必会影响预见的准确性,因此,必须通过追踪预测,对预见进行不断的完善和修正,以最大限度地缩小其误差,保证战略思维对事业发展的正确指导,我们进行宏观分析时切不可骄傲自满于看懂和掌握了当前经济发展的状况,经济是一个不断向前发展演进的过程,我们自己停下就会失去对于经济运行的正确判断,宏观经济分析就是一个持续不断地追踪和修正自己判断的过程。

第七章　思维方法

第四节　创造性思维方法

经济活动经常处于非模式化状态,所以我们的思维必须具有开拓性、创造性才能符合经济发展过程的要求,宏观经济分析由于经济本身的特殊性,这就要求宏观分析也是特殊实践活动。经济中的黑天鹅、灰犀牛、明斯基事件,哪一项不是出人意料,哪一项是大家都知道会发生的?大部分事件都在意料之外但又在情理之中。意料之外是指事件的发生往往是大众都没有预想到的,情理之中是指事后我们再去回顾事件发生的过程,我们会发现事情的发生都有其发生的内在逻辑性和事物发生发展的规律性,并没有无厘头地出现所谓的危机,只是我们大众的思维没有对事物发展做出正确的预测罢了,是我们大脑思维局限在过去的经验和常识中,没能做出超前或超出固有历史经验的思考,所以创造性思维在经济周期预测中有着极其重要的作用,没有两次危机是一模一样的,次次都不同,但危机的本质却从未改变,这就是事物的规律和表象。

所谓创造性思维,就是重新组织已有的知识经验,提出新的方案或设想,并创造出新的思维成果的思维方式。创造性思维是一种开拓人类认识的新领域、突破已有的旧思路、产生认识新成果的思维活动,例如科学家的发明创造、工程师的技术革新等。创造性思维是人类思维的高级形式,是在一般思维基础上发展起来的,是人类思维能力高度发展的表现。许多心理学家认为,创造性思维是多种思维形式的综合体,在创造性思维中,既有抽象思维,也有形象思维;既有逻辑思维,也有非逻辑思维;既有发散思维,也有收敛思维。

创造性思维通常具有如下特征:

— 171 —

1. 独特性。独特性亦称独创性、首创性、新颖性。这是创造性思维最重要的特征，反映了思维内容的与众不同。美国心理学家吉尔福特（J.P.Guilford）认为，思维的独特性是具有创造才能的人的最重要的思维品质，是鉴别一个人创造力高低的重要标志。独特性反映了思维的深度及对事物本质特征的把握程度，只有触及事物的本质，才能更好地看清表面事物发展的表面现象。数学家高斯在小学时就表现出了他的数学才能，一次在上课时老师问 1 到 100 自然数之和是多少？老师话音刚落，小高斯就举手回答出"5050"。大家都惊呆了。为什么他能用这样快的速度解题？原来高斯没有用传统的"1+2+3+…+100"的常规模式运算下去，而是用一个独特的方法，由于 1~100 头尾数相加总是 101，如 1+100=101，2+99=101……因此，101×50=5050。这种算法突破了常规，别出心裁，是创造性的。

独特性还包含着首创性。英国唯美主义诗人王尔德（Oscar Wilde）说得好：第一个把女人比作鲜花的是天才，第二个把女人比作鲜花的是庸才，第三个把女人比作鲜花的是蠢才。一般来说，独特的东西都是首创的，首创的东西都带有独特性。

2. 求异性。创造性思维是对已有知识经验的重新组合，目的是获得新的思维成果，因此是一种求异性思维。创造性思维往往是一个破旧立新的过程。"破旧"才能"立新"，"推陈"才能"出新"，这个"新"就是打破传统思维模式、挣脱习惯性思维的产物。伽利略从大小石头同时落地测到质量不同的物体下落的速度是一样的，并通过实验推翻了亚里士多德关于质量不同的物体其自由落体的速度不一样的论断；哥白尼大胆地提出"日心说"，打破了垄断人们思想千百年的"地心说"。由此可见，敢于怀疑权威，不畏强权，坚持对真理的不懈追求，是创造性思维的最大特点，也是我们正确思考和正确把握未来经济运行的关键。

3. 灵活性。灵活性即变通性。创造性思维强调根据不同的

第七章　思维方法

对象和条件，具体情况具体对待，灵活应用，反对一成不变的教条和模式。经济发展从来都不是历史的简单复制，经济有周期但经济周期从来都不是简单的复制而是本质的不变和表象的万变相统一的。

4. 敏捷性。由于创造性思维是以创新为目标，必然要求思维者有敏锐的洞察力，先一步看到别人所没看到的，想到别人所没想到的，这样才能有所发现，有所发明，有所创新。

5. 突发性。创造性思维的突发性，是指一个人的思维长期处于紧张状态，偶然受到某一现象的启发而突然顿悟、产生灵感的状态。当然，这偶然的背后隐藏着必然，突发的基础是积累，是长期思考，偶然得之。

6. 跳跃性。创造性思维常以偶然的机遇为契机，突然产生某种判断和结论，它的起点和终点并不具有明显的逻辑必然性，例如科学家对某一问题经过长期思考而没有结果，却在偶然情况下忽然产生灵感或顿悟而解决了问题，这种思维即具有跳跃性。

7. 综合性。创造性思维是一种综合性思维。法国遗传学家F.雅格布说过，"创造就是重新组合"。知识是创造性思维的基础，丰富的知识使思维主体站得高、看得远，容易产生新的联想和独到的见解。创造本身常常是现有知识综合的结果，它既是各种知识的相互渗透、相互结合，也是多种思维形式和方法的综合，如交叉学科的兴起就是综合思维的结果。

8. 联动性。创造性思维是一种联动性思维，它善于由此及彼产生连贯的思索，从一类事物联想到另一类事物，从一个思路到多个思路，由正向到逆向，从纵向到横向，引起一系列连锁反应，体现出思维的灵活性、变通性、流畅性，并常会产生奇妙的效果。

第五节 运用思维方法

思维方法是有体系结构的，运用思维方法或思考方法，一般具有解证性、系统性、创造性等特征。基本的方法有以下几个方面的内容，即调查研究的方法，按辩证思维的方法，和群众路线的方法。

一切从实际出发，做好调查研究。调查和研究是认识客观事物、寻找客观规律的基本方法和实际过程。所谓调查，就是通过各种手段和途径，了解和掌握客观事物，全面系统地收集有关事物的情况，占有大量的、确实可靠的材料。所谓研究，就是在调查获得丰富材料的基础上，进行去粗取精、去伪存真、由此及彼、由表及里的加工制作，从客观事物的本来面目中找出其规律性。调查是研究的前提和基础，研究是调查的继续和深入。可见，调查研究既是认识客观事物及其规律的学问，又是分析认识事物的本质和规律性并用以指导实践的活动。

掌握调查的方法。按照不同的划分标准，调查可以有多种多样的方法。按调查的空间范围分，主要有个案调查法、抽样调查法、典型调查法、普遍调查法等；按调查的时间范围分，有现状调查法、历史调查法、追踪调查法等；按调查采取的手段及方式分，有观察法、实验法、比较或综合分析法、测验法、询问法、书面调查法、统计调查法、会议调查法等；按调查对象分，更是不胜枚举。

第一，典型调查。典型调查是调查研究中一种普遍运用的重要方法。所谓典型调查，又称定点法，是解剖典型的一种调查方法，它要求领导者根据一定的调查目的，在对调查对象进行科学分析的基础上，从具有某种共性的事物的总体中选择若

第七章 思维方法

干有代表性的个体进行深入细致的调查，亦即毛泽东所说的"解剖麻雀"。典型调查符合唯物辩证法关于矛盾的特殊性和普遍性关系的原理，是一种科学的调查方法。典型调查的优点是被调查的范围小，数量少，有代表性，容易深入，可以使调查者集中力量对典型做深入细致的调查和研究，认识个别典型的本质，也就可以推及一般，而且节省人力、物力和时间，运用起来方便灵活，其缺点就是非定量性。通过典型调查只能认识同类事物的一般规律和特点，不能从量的方面把握事物的整体，因此，要注意把典型调查和全面分析及统计材料结合起来，防止片面性。

运用典型调查法，要注意所选的调查对象真正要有代表性、有典型意义。

第二，抽样调查。抽样调查是在国外比较流行、很有应用价值的一种调查方法。所谓抽样调查，又称选样调查、范例调查、标本调查，是一种用以掌握全面情况的非全面性调查的方法，它要求调查者从调查对象的全体抽取一部分或若干部分进行观察，并以部分的调查结果来推论全体。抽样调查以概率论和数理统计作为科学理论基础，它的优点是按随机原则抽取样本，而不是有意识地进行选择，这使得总体中任何一个单位都有被抽中的可能；以抽取的全部样本单位来代表总体，而不是只以某个"点"来代表；抽样误差和总体各单位之间的差异程度成正比，和抽样数目成反比，而且抽样误差可根据总体中各单位的差异程度和抽取样本单位的数目，事先通过计算控制在一定范围内，从而使调查结果的准确程度比较有保障。由于抽样调查的这些特点，既可以避免主观因素对抽样的过大影响，又从理论上保证了每个部分都有同等的中选机会，因此，比较适合于个体数量不大、个体之间差异较小的对象。抽样调查被公认为非全面调查方法中用来推算全面的最完善、最有科学根据的方法。抽样调查的方式很多，主要有下列几种：一是简单

随机抽样，即从总体中不加任何分组或排队，完全随机地抽取调查样本，因此，也叫纯随机抽样，如人们常用的抽签、掷硬币等；二是类型抽样，也叫分层抽样，即将总体对象按其属性特征分为若干类型或层次，然后在各类型或各层次中进行随机抽样，它比较适合于总体情况复杂、各单位之间差异较大、个体数量较多的情况；三是等距抽样，即把总体对象按一定的标记顺序排列，然后按相等的间距抽取样本，这种方法能提高样本的代表性；四是整群抽样，即当被调查的对象无法确定类型或层次标准时，就从总体中成群成组地抽取样本，对之进行全面调查，如某些工业产品的质量检查，就宜使用整群随机抽样法。运用抽样调查法，必须遵循随机原则，排除人们的主观偏见，保证样本的代表性。另外，抽样调查的适用范围有限，主要适用于实际上不可能进行全面调查，而又需要掌握其全面资料的某些事物。

第三，普遍调查。普遍调查是一种如实了解事物全貌的科学方法。所谓普遍调查，也称全面调查，就是在一定范围内对某类事物的全部个体进行全面的、无遗漏的调查，这种方法要求调查者对被调查对象的各个侧面和各种因素，必须逐一查明，如实反映，不可漏项。普遍调查的优点是调查涉及面广，调查结果周密、详细、全面、完整，有利于比较精确地掌握事物的各方面情况，了解整体的本来面目，为进行系统分析，认识和掌握总体的规律性提供坚实的基础和准确的依据。普遍调查的缺点是需要较长的时间，需要投入大量的人力，难度也很大，这就使得它的适用范围受到一定的限制。一般来说，只有在必须进行全面调查时，才运用此法，如全国人口普查、全国工业普查等。其实我们在对宏观经济进行分析中很少有这样的数据和运用这样的方法。

第七章 思维方法

第六节　掌握研究的方法

所谓研究的方法，就是将调查得来的大量材料进行分析综合、加工，以便认识和掌握事物的本质及其规律性的方法。要做好研究工作，主要从以下几方面着手：

第一，对材料进行处理。可以运用现代科学技术和各种先进的信息处理工具，对材料进行"去粗取精、去伪存真"的一般性处理。经过审查、比较，分清主次、轻重、间接和直接，对材料筛选和取舍。

第二，对材料进行辩证的思考。对经过一般处理的调查材料进行由此及彼、由表及里的联系思考。要很好地完成这项工作，必须运用马克思主义的辩证方法，分析事物的矛盾，具体来说，就是要把分析和综合、抽象和概括、归纳和演绎、历史和逻辑结合起来，连贯地思考和研究，得出关于事物的本质及其规律性的认识。此外，在对材料进行辩证思考时，还应吸收和运用科学发展到现代所形成的一些具体的科学研究方法，不断充实丰富马克思主义辩证方法。

区分主要矛盾和次要矛盾。分清矛盾的主要方面和次要方面，善于看到主流，抓住重点。两点论和重点论是针对主次矛盾和矛盾的主次方面来说的。矛盾的主要方面，即居于支配地位，起主导作用的方面，是两点中的重点；矛盾的非主要方面，即居于被支配地位，起次要作用的方面，是两点中的非重点。二者在一定条件下可以互相转化，与之相适应，事物的性质也会发生变化。按辩证法的全面性要求去办事，要求我们不仅看到矛盾着的两个方面，而且要分清主次、重点和非重点。实际工作中要抓主流、抓重点，以带动全局，但同时也不要忽视支流、非重点，防止一种倾向掩盖另一种倾向，要学会统筹兼顾。

第七节 事物的独特性

具体问题具体分析,正确理解和处理一般与个别的关系。所谓个别,指个别的事物或个别事物的个性、特殊性,即事物的本质。所谓一般,指一般事物或各种事物所具有的共性、普遍性。马克思主义认为,人们认识事物总是先认识个别的事物,再认识一般的事物,然后,再以对一般事物的认识为指导,进一步去认识个别事物,解决具体问题,这就是人们认识发展的一般规律,因此,从个别到一般,再从一般到个别,既是马克思主义的科学的思想方法和工作方法,同时,也是马克思主义认识论在实际工作中的运用和发挥。要实现从个别到一般,即从各种个别事物中抽象出其共性、普遍性的东西,达到对一般事物的普遍规律的认识,主要依靠典型试验、典型调查;要实现从一般到个别,即运用对事物普遍规律的认识,具体地解决实际问题,主要运用试验和逐步推广的办法。总之,个别和一般既互相联系、互相区别,又在一定条件下互相转化,因此,要全面理解个别和一般的辩证关系,并运用它去观察、认识和处理、解决各种问题,要善于把马克思主义的普遍原理同我们面临的新问题新情况很好地结合起来,更好地认识经济运行的本质和规律。

第八章 逻辑思维

一、逻辑思维能力的重要性

逻辑思维能力对一个人来说是一件非常重要的事，不管是写文章还是向别人叙述一件事抑或事件推理都是离不开逻辑思维的。能言善辩需要逻辑，善于抓住事物的本质规律需要逻辑，解决问题需要逻辑，发现问题也需要逻辑。然而逻辑思维能力很弱的人却非常的多，他们不擅长表达，不喜欢交流。其实，提高逻辑思维能力并没有那么难，就像骑单车，只要你反复练习就能做到。逻辑思维本身并不神秘，只要按照特定的原则和方法就可以使自己的逻辑思维得到提升。

人类和动物的最大区别就是思考。人类为什么几千年就获得了这样大的飞跃，根本原因在于学习和思考。我们可以迅速积累前人留下的智慧同时通过思考创造更多的文明成果。作家格拉德威尔在《异类》一书中指出，"人们眼中的天才之所以卓越非凡，并非天资超人一等，而是付出了持续不断的努力。1万小时的锤炼是任何人从平凡变成世界级大师的必要条件"。他将此称为"1万小时定律"。要成为某个领域的专家，需要1万小时，按比例计算就是如果每天工作八个小时，一周工作五天，那么成为一个领域的专家至少需要五年，这就是1万小时定律。这里所说的"1万小时定律"只是时间的必要性，要获得成功还是离不开必要的思考和刻意的训练。思维的进步也是这样的。我们为什么要学习数学，日常生活中，我们所学的大多数数学知识都用不到，但学校却要求我们不断地学习数学，就是因为数学不仅仅是用来应付日常生活中简单的计算，更重要的是通过学习数学让我们养成一种严谨的逻辑思维。至于逻辑思维在投资中的作用就更加重要了，各种数据、各种信息、各种新闻充斥在我们身边，我们很难分辨对错。世界这么大，信息是海量的，数据是变动的，我们觉得难就要放弃吗？当然不会放弃，我们要做的就是抽丝剥茧，在纷繁复杂的信息和事物中不断地思考，发现事物的本质，迎难而上推进人类的认知。即便我们不是怀揣为人类进步的梦想，至少我们也可以通过我们对于经济本质的认知达到我们投资获得收益的目的。没有好的逻辑思维，我们的决策必然是盲目的，投资必然是失败的。投资是对于还没有发生的未来所做出的判断。未来又是未知的，这就需要我们不断地依据过去的已知条件推导未知的结果，这就要求我们的预测具有一定的可靠性，我们的预测越是可靠，我们的投资才能越成功，越不可靠，失败的概率也就越大。没有严谨的逻辑思维能推导出可靠的预测吗？没有可靠的逻辑思维的投资就是盲人摸象。刻意训练的逻辑思维既是必要的也是可能的。

投资是简单的，因为它不需要复杂的运算过程；投资也是困难的，因为它需要一种正确的逻辑。而如何做到正确的大概率，恰恰在这一点上，很多的投资人是可望而不可及的。一百倍的勤奋不如深度的思考，金融投资成功的核心就是深度思考。

逻辑推理是一种运用逻辑思维的智力活动。逻辑推理就是通过一些已知的信息来推导出事物的本来面貌。推理过程就是运用很多逻辑方法。推理是否成立，主要看结论符不符合逻辑与事实。现实生活中有太多太多因为逻辑谬误而引发的混乱现象和错误判断。

逻辑思维具有规范、严谨、精确、可重复等特点。人们对事物的认识可以分为感性认识和理性认识。逻辑思维就是理性思维的一种。逻辑思维超越了感性认识的阶段，将思考上升到

第八章 逻辑思维

了理性认识阶段,它将思维主体对客观事物的感性认知抽象成各种各样的概念,再通过对这些概念进行价值判断,根据某种逻辑关系进行逻辑推理,从而对客观事物产生新的理性认识,所以概念判断推理是逻辑思维最重要的思维工具。如果没有逻辑思维,大家很难全面深入地认识客观规律。缺乏逻辑的思维,往往是不严谨的、不正确的。思维有逻辑,认识才能更清晰。缺乏逻辑的思维往往是不清晰的,道理谁都知道,但每个人的逻辑思维水平是不一样的。普通人在逻辑思维上的欠缺主要表现在概念模糊、以偏概全、错误推理等。

尽管在大多数人眼里符合逻辑的东西都应该是正确的,但这种先入为主的观念可能犯了经验主义错误。真理一定符合逻辑的,但符合逻辑的东西未必是真理,所以客观事实可以通过某种逻辑来解释。虽然客观规律是不会错的,但人对客观规律的认知可能会出现误差。我们认为某种事物符合逻辑,可能只是符合自己的一厢情愿的主观认识,而非隐藏在客观事物中的真正的规律。真逻辑和假逻辑两种情况并不难区别。无论论证过程多么严密,无论结论让人不知该如何反驳,只要背离客观现实,就是假符合逻辑。警察错认罪犯就是一种假符合逻辑的情况,直到查到真凶才是真的符合逻辑。为什么会出现假符合逻辑现象?这主要是因为每个人对客观世界的认识水平参差不齐,虽然大家的逻辑思维水平各不相同,但每个人都有自己的逻辑,并根据这种主观色彩浓厚的逻辑来认识世界,这种逻辑主要来源于每个人的知识背景与生活经验,所以不一定与客观实际的逻辑相符。常识和经验有时候并不可靠,人们根据生活经验推演出的逻辑,可能并不符合事实。当你发现符合逻辑的东西不符合真理与事情的真相时,毫无疑问,那个逻辑可能并不成立。总之,学会不把假符合逻辑与真符合逻辑混为一谈,是提高逻辑思维能力的必由之路。

有些人以为只有研究数理化和警察破案才需要逻辑思维,

而其他方面则不需要逻辑思维,这就是一个很大的误解,逻辑思维并不是只停留在大学讲堂的抽象概念,而是我们每时每刻都会用到的一种思维方式。假如我们完全脱离了逻辑思维的话,人们不光是没法正确思考,连正常的写作和对话都会受到很大的影响。逻辑在生活中无时无刻不在发挥着作用,写论文需要逻辑,谈判需要逻辑,科学研究需要逻辑,司法需要逻辑,社会管理需要逻辑,军事活动需要逻辑,教学活动需要逻辑,交通运行需要逻辑,我们预测未来的经济发展趋势同样需要逻辑。逻辑思维无时无刻不在参与着我们的生活。这么重要的逻辑思维,我们怎样才能运用好呢?正确的逻辑思维对于我们的生活和工作会有巨大的帮助和促进作用,而错误的逻辑思维可能导致的结果就是我们的生活和工作陷入一片混乱甚至是灾难性的后果。

我们在进行思考时,需要借助概念来认识事物,在此基础上,对事物做出某种具有判断性质的结论,并通过推理来论证这种结论。无论是严格地遵守逻辑推理的思维方式思考,还是用其他思维方式思考,都离不开概念、判断、论证这三个方面。提高这三个方面的能力正是提高逻辑思维水平的关键。

第一项是正确地运用概念。不同兴趣爱好或者学科背景不同的陌生人,有时候不太容易沟通。人们常说话不投机半句多,话不投机往往有两种原因,一是双方理念上不和,导致意见冲突;二是由于概念运用上驴唇对不上马嘴,导致无法理解彼此的意思。概念是逻辑思维的细胞,只有正确地使用概念,才能正确地使用逻辑思维,才能获得正确的结果,尤其要注意在日常生活中常常不知不觉偷换概念,如果概念都不正确何来的正确的推理。逻辑思维要求明确概念,这样才能减少思维混乱的现象。

第二项是做出准确的判断。能不能拥有良好的判断力是我们能不能正确认知世界的关键。逻辑思维的一大特征是重视判

第八章　逻辑思维

断陈述。事物的性质、数量、内部结构等因素都是逻辑思维所反映的对象。当一个人的思维能力很差时，很可能是因为他不能准确地运用逻辑上的"判断陈述形式"。如果不能正确使用"判断陈述形式"就无法准确地反应人、事、物的情况，常常会发生把该肯定的事物做出否定的判断，把是说成不是。除了错判性质之外，思维缺乏逻辑的人，也总是搞不清楚事物的特征，比如，把局部情况看作整体情况，把个别现象夸大成普遍现象。另一种不能准确地作出判断的表现是无法正确描述事物之间的联系。

　　第三项是有效推理。逻辑思维的最大作用在于给大家提供了有效的推理论证方式，假如我们严格遵循逻辑推理的规则，就可以从已知前提必然地推出合理的结论。由于许多人缺乏严密的逻辑思维，所以在思考与交流中经常陷入误区。其一，未经论证就盖棺定论。有人在交流中直接给出自己的论断，既不提供有说服力的论据，也不给出论证过程，常常说"我认为就是这样……"这就是典型的缺乏逻辑思维的表现。其二，无视证据，妄加臆测。有的人在思考时不遵循相关的逻辑推理规则，只从片面的信息出发，毫无根据地随意联想，硬把风马牛不相及的东西生搬硬套在一起，这样得出的结论，不仅与研究对象缺乏必然联系，还可能与事实真相恰恰相反。也有很多人喜欢阴谋论，阴谋论是不顾事件的真实性，根据结果展开想象，人为地把不相干的事件不经过逻辑论证地生硬地联系在一起。

　　逻辑思维也有局限性，虽然它是人类的一种高级思维方式，但人类认识世界的方式，不止逻辑思维一种。形象思维是一种与逻辑思维相对立的思维方式。形象思维方式通常与感受、感想、体验、经验等感性认知联系在一起。相对于抽象、严谨、精确、规范的逻辑思维，形象思维具有形象具体、非逻辑、粗略、法无定法等属性。为什么人类掌握逻辑思维这一高级思维工具后，仍然不能放弃处于感性认知阶段的形象思维呢？说到底，世界上没有能解决一切问题的万能公式，尽管逻辑思维是思维的高级形式，但它也存在局限性，这就决定了逻辑思维与形象思维的对立统一的关系。

二、怎样提升逻辑思维能力

（一）分解复杂问题

我们很多时候遇到的问题，往往都不是一个简单的问题，不是回答 Yes 或 No 就能够解决的。我们面临复杂的内部和外部因素，而且有时候多个问题交织在一起，很难理出头绪。每一个问题都是一个复杂的思维过程。

那么是否有一种简单的方法能处理复杂的问题呢？解决这个问题首先是要学会分解问题。所谓分解问题，就是把复杂的问题拆解开来，分成一个一个简单而又独立的问题，然后再针对每个独立的问题逐个寻求解决方案，不要一上来就想着尽快去解决复杂问题，这样往往会因为找不到突破点而无从下手。分解问题的能力就是一个思维逐步深入的过程，遇到一件复杂事情，我们不妨邀请团队成员一起进行头脑风暴，每个人的认知和经验也是不一样的，我们要充分听取大家的意见，先把问题分解得尽量全面，然后再各个击破。

比如，当我们在做一个成本分析的时候，成本的范围其实很大，如果我们不对成本问题进行分解，我们很难对成本做全面而深入的分析。

我们不妨考虑把成本分解为人员成本、设备成本、运维成本、管理成本等，而人员成本还可以进一步分解，例如按照人员的岗位职责进行成本分解，按照这种方法，可以把一个非常复杂的成本问题分解为很多的独立的但却可以执行的简单问题，这样处理起来就简单多了。分解问题其实就是把复杂问题简单化。

（二）学会对复杂问题说出 123

观察发现，一个逻辑清晰的人说事情，在讨论过程中或者在总结的时候都喜欢说第1怎么样,第2怎么样,第3怎么样,哪怕这3件事情之间并无逻辑关联性,他也会按照这种套路去说,这样会显得格外聚焦,目的明确,大家的思路也会不由自主地顺着这种方向走下去了,它往往就成了解决复杂问题的领头羊。

一件复杂事情的讨论,往往伴随着发散、无目的、缺失方向,这时候如果有一个人能把事情按照1、2、3点说出来,无疑会使得事情的方向感和范围得到聚焦,大家可以顺着这个思路继续讨论下去,会更加有利于复杂事情的推动解决,要说中间的激烈讨论重不重要,当然重要,但是如果没有最终总结的3点,是不算成功的。

因为过程只是表面,重要的是结果。如果结果能用1、2、3来表达,是很容易被人记住和吸收的,可以影响人的决策和判断。

(三)理解复杂问题内部的逻辑

如果说上面两点都只是考虑问题之间的独立性的话,那么这个小节重点强调的就是问题之间的关联和逻辑,是在前两点之上的升华。我们分解出来的问题,我们讲的三段论之间其实还是有逻辑关系的,我们不能把它们割裂开,否则我们充其量只做到了由繁至简,由大到小,但是并没有理解问题的本质。要理解问题的本质,我们要梳理问题之间的因果关系、推导过程并判断问题之间遵循的逻辑,进而直击问题本质,比如,我们在写一个方案的时候,我们一般遵循的逻辑是这个方案是什么?这个方案怎么用?这个方案能给我们带来什么价值?这虽然也是三点,但是层层递进,是有逻辑性的,而不是随便组合而成的三点。再比如,当我们希望用一个新方案来替代老方案的时候,如果要把这个事情说清楚,我们可以遵循逻辑的旧方案是什么?旧方案存在什么问题?旧方案引发了什么后果、造成了什么损失?新方案和旧方案对比有什么区别?新方案改进后的效果怎么样？

如果把这些问题依次说清楚了，相信一定可以把这个复杂的问题说明白。

（四）因为……所以……

理清思路，表达自己。当你在发言作报告时，你可以先说结果，再说原因，比如用"因为他平时认真努力，所以考试成绩总是很好"的方式阐述问题。在阐述过程中有结论、有理由，结论和理由相联系。也可以把结论放在前面，理由放在后面。例如，"之所以……是因为……"，比如"之所以他考试成绩总是很好，是因为他平时认真努力"。这样的说话方式会让你的逻辑思维在不知不觉中得到训练。有理有据是逻辑推理的必然要求。

（五）多个理由阐述问题

当你说完结论后，有时别人会迫不及待地想知道理由，为了充分强调，所以我们需要多个理由来支撑结论。比如"现在的小孩缺乏教育（结论），因为爱说脏话，喜欢斗殴，还衣冠不整"这样的方式训练的话，说话时用"寻找多个理由"来支撑结论就会变得很自然。

（六）写好总结

在金融交易中我们也要养成写交易计划的习惯，我们把宏观分析、基本面分析、技术分析支持交易的因素给予充分的论述，写成交易计划，并指导投资实践活动。书面的交易计划可以比较清晰地呈现出逻辑的推导和运用过程，也容易让我们发现其中存在的逻辑错误，从而改善逻辑推理的能力以及结果的正确程度。

（七）深度挖掘原因

为了找出原因需要反复问自己为什么会发生这个问题，原因是什么，并深挖原因。不能发现问题就不能很好地解决问题，只有透彻地研究明白经济运行规律才能把交易做好。在深挖的

第八章　逻辑思维

过程中也要确保没有遗漏和重复。

（八）收集能够说明理由的数据

对于自己阐述的理由，如果没有数据进行证明的话，那就很容易被认为是没有客观依据的，这样就没有很强的说服力。在没有数据的情况下，也要根据经验。

所以，我们在处理复杂问题的时候，一定要养成一种逻辑思维的方法。我们每天都在做选择、做决策，我们每天都在思考，我为什么要这样做？这样做有什么好处？不这样做有什么坏处？把这些道理想清楚了，我们自然就知道怎么去做选择了。一个思路清晰、逻辑缜密的思维方法，对于提升自己的表达能力，以及处理复杂情况的能力是极其重要的。只要你愿意有意识地去训练这方面的能力，并开始尝试用这种思维去解决问题，哪怕从一个小事情开始，你一定会成为解决复杂问题的高手。在经济领域，用数据说话是非常重要的。通过数据或事件关联性，推导未来事物的发展方向。投资离不开正确的逻辑思维，逻辑思维的正确与否直接关系到投资的成败。

第九章 逆向思维

逆向思维是众多思维方式中的一种,是思维体系的重要组成部分。逆向思维是对司空见惯的似乎已成定论的事物或观点反过来思考的一种思维方式。敢于"反其道而思之",从问题的相反面深入地进行探索的思维方式。

李嘉诚说了一句座右铭:好的时候不要看得太好,坏的时候不要看得太坏。这句座右铭是李嘉诚人生修炼最高境界的体现。

人类的思维具有方向性,存在着正向与反向之差异,由此产生了正向思维与反向思维两种形式。正向思维与反向思维只是相对而言的,一般认为,正向思维是指沿着人们的习惯性思维路线去思考,而反向思维则是指背逆人们的习惯性思维路线去思考。

正反向思维起源于事物的方向性,客观世界存在着互为逆向的事物,由于事物的正反向,才产生思维的正反向,两者是密切相关的。人们解决问题时,习惯于按照熟悉的常规的思维路径去思考,即采用正向思维,有时能找到解决问题的方法,收到令人满意的效果。然而,实践中也有很多事例,对某些问题利用正向思维却不易找到正确答案,一旦运用反向思维,常常会取得意想不到的功效,这说明反向思维是摆脱常规思维羁绊的一种具有创造性的思维方式。

成功需要逆向思维,人有好坏,事有黑白,但凡世间万物都具有正反两面的特质。

第九章 逆向思维

通常情况，每个人都有自己的思维习惯，我们思考问题从小会形成一定的思考习惯，人在社会群体中会不自觉地形成同质化的思维习惯，正向思维也是我们日常最常用的思考方式。思维由于经常使用一种方式而形成习惯，但也是可以打破的，而打破思维习惯最好的方式在于清楚自身想要什么，想做什么。

当一个人抱有这样的想法和观念之后，他们看待世界的方式就不同了，有些人想拥有财富，那他们满脑子想的是如何赚到更多的金钱，有些人想拥有权力，那他们满脑子想的是如何获取更多资源。

因为有所期待，所以渴望寻找，因为渴望寻找，所以才会得到，这其实就是一个转变的过程，就像有些人，看到连续下了一个星期的雨，他只会抱怨庄稼被水淹了，却没发现粮食的价格上涨了。

善于逆向思维的人，总能在绝境中寻找机会和出路，而思维习惯固化的人，往往容易被局限起来，只能在一个地方或圈子里打转。思维在于打破，成功在于尝试，想要改变命运，就先学会改变思维方式，在投资的世界里更需要我们适时改变思维，正向思维和逆向思维没有谁优谁劣，只是何时何地用哪种思维能够更好地解决问题。

中国自古就有阴阳转换的道理。阴阳五行是中国古代人民创造的朴素的辩证唯物的哲学思想。凡是运动的、外向的、上升的、温热的、明亮的、无形的、兴奋的、外延的、主动的、刚性的、方的、山南水北都属于"阳"；凡是相对静止的、内向的、下降的、寒冷的、晦暗的、有形的、抑制的、内收的、被动的、柔性的、圆的、山北水南都属于"阴"。阴阳在事物中具有普遍性，同时也不是一成不变的，在一定条件下可相互转化。

当绝大多数人都朝着一个固定的思维方向思考问题时，而你却独自朝相反的方向思索，这样的思维方式就叫逆向思维。人们习惯于沿着事物发展的正方向去思考问题并寻求解决办法。

其实，对于某些问题，尤其是一些特殊问题，从结论往回推，倒过来思考，从求解回到已知条件，反过去想或许会使问题简单化。

逆向思维法三大类型：反转型逆向思维法、转换型逆向思维法、缺点逆向思维法。

1. 反转型逆向思维法。这种方法是指从已知事物的相反方向进行思考，产生发明构思的途径。"事物的相反方向"常常从事物的功能、结构、因果关系等三个方面作反向思维，比如市场上出售的无烟煎鱼锅就是把原有煎鱼锅的热源由锅的下面安装到锅的上面，这是利用逆向思维对结构进行反转型思考的产物。

2. 转换型逆向思维法。这是指在研究一问题时，由于解决该问题的手段受阻而转换成另一种手段，或转换思考角度思考，以使问题顺利解决的思维方法，如历史上被传为佳话的司马光砸缸的故事，实质上就是一个用转换型逆向思维法的例子，由于司马光不能通过爬进缸中救人的手段解决问题，因而他就转换为另一手段，破缸救人，进而顺利地解决了问题。

3. 缺点逆向思维法。这是一种利用事物的缺点，将缺点变为可利用的东西，化被动为主动，化不利为有利的思维发明方法，这种方法并不以克服事物的缺点为目的，相反，它是将缺点化弊为利，找到解决方法，例如金属腐蚀是一种坏事，但人们利用金属腐蚀原理进行金属粉末的生产，或进行电镀等其他用途，无疑是缺点逆用思维法的一种应用。

逆向思维的几大优势：

优势一：在日常生活中，常规思维难以解决的问题，通过逆向思维却可能轻松破解。

优势二：逆向思维会使你独辟蹊径，在别人没有注意到的地方有所发现，有所建树，从而出人意料地取胜。

优势三：逆向思维会使你在多种解决问题的方法中获得最

第九章 逆向思维

佳方法和途径。

优势四：生活中自觉运用逆向思维，会将复杂问题简单化，从而使办事效率和效果成倍提高。

优势五：逆向思维适合运用在各个投资领域包括房地产、股票、期货等。

我们在一个时刻，思维习惯朝一个方向思考，最简单常用的思维方向是线性方向的，并且分为正向思维和逆向思维两种。人们最常用的思维是垂线思维，也就是正向思维，却容易忽视逆向思维，它应该和正向思维处于同等地位。复杂思维方式有发散思维和辐合思维，发散的方向是向外，辐合思维的方向是向内。要说明的是它们不是线性思维，发散思维就是由一个起点或多个起点向外发散，辐合思维只能由多个起点向里聚合为一点。人们常用的是发散思维，这种思维在解答各种算术题、应用题、方程题中极其普遍，是解答开放性试题的思维。

芒格曾经说过，"要是知道我会死在哪里就好啦，我将永远不去那个地方"。此话虽然听起来很荒唐，但却蕴含着一个深刻的道理。对于复杂适应系统以及人类的大脑而言，如果采用逆向思考，问题往往会变得更容易解决。

逆向思维理论认为，在证券期货市场上，心理群体的思维模式呈现一种循环模式，即在牛市期间高度兴奋，而在熊市期间极度压抑，这种情绪交替变化与市场形态交替变化相一致，周而复始，循坏往复，这种情绪变化的循环起始于人性弱点中的不同成分在不同阶段分别占据主导地位所致。这些人性弱点的激发因素是人性弱点中的"相互模仿"和"相互感染"，也就是说，"相互模仿"和"相互感染"是在市场"牛市"阶段和"熊市"阶段都起关键作用的两个人性弱点。要打破人性弱点在市场的不同阶段的循环模式，只有采取逆向思维的模式，在投资大众"贪"的时候"怕"，在投资大众"怕"的时候"贪"，从而使自己摆脱心理群体的思维模式，因此在投资界中有人利用这两种极端的心理现象运用到投资决策中，并取得了非常好的效果，是投资心理学和思维方式运用的完美结合。

需要特别指出的是心理分析流派的投资战略属于时机抉择型的投资战略，其在选择投资时机时有着非常突出的长处，也有着不容忽视的缺陷，其长处在于心理分析流派对战略性投资时机的判断从性质上而言有较为准确的把握。在市场战略性阶段转换过程的初始阶段，比如从牛市转换为熊市的初始阶段，市场会表现出越来越强烈的群体心理特征，也就是越来越强烈的投机狂热的心理特征。遵循心理分析流派的投资理论，投资者便可能以冷静的心态观察到市场性质的变化过程，从而制定出相应的防范措施与投资策略。

心理分析流派在对战略性投资时机的判断上的主要缺陷是对进出场时机的把握精度较差，有时会发生较大的时间偏差，这种时间偏差有可能对投资者造成很严重的伤害。投资者如果以心理分析流派的投资战略为基础进行投资决策，则必须具有坚强的心理承受能力，同时配以精湛的技术操作，否则即使做出了历史性的判断仍然会因为时间节点的偏差而造成交易亏损。为了避免这样的情况出现，首先要在心理上做好准备，知道通过群体性心理判断得出的论断必然会早于事实发生，这样的提前性，坏处就是需要等待，好处就是由于事情还没有发生，我们可以慢慢地深入地观察研究，提前进行布局，可以从容地打一场有了充分准备的仗。

金融交易的根本目的都是盈利，要做到盈利我们就要做对的交易，这就要求我们在做交易时把握行情的转折点，在转折点入场，行情结束时出场。怎样才能发现这样的转折性行情呢？那就要求我们具有很好的预测能力，这就是说我们的宏观基本面分析必须是客观的，符合实际事物发展规律，并且能提前预知未来在具体哪个品种上有机会。当然，笔者不是说我们什么都能预测，什么机会都能发现，这既不现实也不可能，但通过

第九章 逆向思维

自身的努力，我们还是可以预测出某些经济周期的变化，某些行业的转折点，某些品种的转折点。逆向思维心理分析流派对于投资中的战略转折分析具有极大的优势。虽然时间节点不可能太过具体，但大体时间段还是可以做到的，这就为我们排除了很多技术上无法辨别的虚假信号，大幅度降低了盲目出手的次数，提高出手的成功率，这对于我们减少试错次数提高收益具有决定性的作用。很多人不是分析不出来基本面，而是无法耐心等待机会的到来，注意力飘忽不定，市场上品种众多，每天都在不停地涨跌但并不是什么样的机会我们都去参与，什么样的机会我们都去把握，就像一只猎狗想同时追逐100只兔子，自己都乱了方寸不知追逐哪一只好，最后反而一只都没有得到。努力学习尽量完善自己，提高自己的宏观基本面分析能力，为交易做好方向指导，耐心等待那些我们能够把握得住的确定性机会，这样的机会才是我们需要去抓住的。

虽然马克思生活的年代离我们很久远了，但这位政治经济学家当年做出的判断仍然适用于现在，经济危机是市场经济无法克服的问题，并且必然会不断地出现，事实也确实验证了这个判断。我们不太好去判断繁荣的起点，但繁荣的尾声进入泡沫期时，这样的特征就比较明显，我们可以通过经济危机的必然性来解构经济问题，推断出危机发生的国家、领域和传导途径方式，例如2003年后世界经济不断地走向繁荣，我们如果用心去分析就会发现世界经济的发动机是美国，美国经济的发动机是消费，消费的动力来源于房价上涨及人们的财富增值，这本身好像并没有什么问题，但这真的没有问题吗？既然我们都知道危机是必然要来的，那么我们就要知道危机的源头来自哪里？既然房地产的价格上涨是这次经济繁荣的主要推动力，那么只要它出问题，危机就不可避免，世界上确实没有只涨不跌的商品，房价也是。2007年美国房价开始下跌，随着房价下跌，美国房地产的负效应开始显现，随着财富的缩水，消费开始大幅下滑，坏账开始大幅增长，银行倒闭股市大跌、商品大跌，全球经济一片萧条。我们作为投资者真的不能提前判断这些问题的发生吗？当然可以，而且确实有一些人通过客观的分析，很好地预测出来了，比如索罗斯，比如末日博士鲁比尼的金融危机预言。如果你没预测到是因为你自身的原因没能看到，并不是说别人就看不到，通过自己努力学习做到这些还是有可能的。危机的发生有其必然性，预测这些必然会发生的事情，剩下的事情就是要耐心地等待危机的到来，通过期货市场做空商品、股市、汇市，取得收益。通过技术分析找到合适的入场时机也并不是一件太难的事。在投资领域看到群体性的疯狂状态时就像看到了确定性的投资机会，利用人们的盲目情绪寻找投资机会是逆向思维在投资实践中具体的运用。

我们有时正向思考问题可能会比较迷茫，就像我们走迷宫一样，如果我们进行逻辑逆推也许就会豁然开朗，答案显而易见。我们面前摆放一个迷宫图，如果我们从入口出发就会遇到很多歧路，我们往往陷入迷局；如果我们从出口一端进行逆推那就简单多了，路径就会有必然性和唯一性，经济运行也是这样，不仅仅 2008 年金融危机是可预测的，2008 年中国的股市危机也是可预测的，2013 的黄金暴跌也是可以预测的，2014 年开始的美元上涨也是可以预测的，他们都有其发生的必然性。如果我们预测到这些，做空一些商品价格，获利就是很容易的了。如果你是从商品的角度去分析，就会陷入迷局之中，即便掌握了很多产出库存等信息也无法看清整个事物的全貌，很难准确判断价格总的趋势性方向。

在股票市场和期货市场交易过程中，我们会发现当市场亢奋时大多数研究员和普通投资者研究基本面和技术面做出的分析结论都会趋同，绝大多数人投资者的投资取向几乎完全一致，但事实却是无比的残酷，每当人们处于癫狂状态时，泡沫破裂却总是悄然到来。在市场中投资者无法摆脱"二八魔咒"。市场

第九章 逆向思维

大方向总是和疯狂的投资者开着玩笑,这已经是屡试不爽的市场规律了。逆向思维,是可以帮助我们在群体性疯狂情绪出现时保持冷静并把握投资机会的最好、最有效的思考方式,我们要成为市场中的少数人,投资也是一个只有少数人才可能获得巨大成功的地方,只有成为"二八魔咒"中的"二"才能使我们投资获得成功。逆向思维是我们投资成功必备的基本能力。逆向思维不是说时时、事事都用逆向思维,在大多数情况下投资都是需要运用正向思维和发散思维来做事情的,只有在市场情绪出现极度疯狂状态时,出现严重的泡沫情况下适当运用逆向思维才会起到神奇的效果。正常情况下大家判断事情和方向并不会出现问题,只是所谓物极必反,这也说明只有大众情绪达到疯狂的极致时才可能向相反的方向转换,并不是随意转换的,这种方法常常使问题获得创造性的解决。逆向思维既是思维方式也应该属于投资心理学范围,把它说成是心理学分析更合适。在逆向思维方法中,我们是根据各个市场的投资者们的看多或者看空程度来预测市场的走势。一般来说,我们在选择交易时,应当顺应趋势方向进行交易,直到它达到极限为止。沿着趋势操作就要警惕它的趋势可能发生变化的信号,通过技术信号和群体性情绪来确认市场的转折,同时还应当结合宏观分析在基本面层次进行分析来对趋势作出判断。我们在基本面分析过程中有一个不成文的法则,就是利空出尽是最大的利多,利多出尽是最大的利空。我们也应当密切关注市场对基本面的反应。如果价格无力对有利的消息作出反应,那么这就是个清晰的警讯,表明市场可能要反转。

　　笔者要提醒投资者正确使用自己所掌握的技术指标和技术分析,在不同时间和位置所传达的含义不同,结合反向思维理论,把握趋势出现翻转前的一些信号,这样做,能够提醒自己警惕市场的极端状态,及早地发觉即将降临的趋势变化。在市场中我们要清醒地认识到,交易的过程是一种交易心态的较量,我们要有一个基本思想，世界上没有哪种工具或者方法能够万无一失，为交易成功打保票。在预测市场这个难题中，逆向思维理论在其中也发挥着关键性作用。实际上，逆向思维理论在市场参与者中已经很受重视。逆向投资的特点是独立思考，不跟风操作，结合深入的基本面研究带来的对股票本身价值的正确判断，发掘潜在投资机会，而不是简单的反向操作。在这里应该重点强调逆向思维而不是逆向操作，这是完全不同的两个概念。

做价值投资要有逆向思维。逆向投资，逆的是市场价格波动趋势，从价值的角度来说，却不是逆向的，之所以敢逆着价格趋势买进，是因为投资者不是一味追求价格波动的收益，而是以绝对价值或绝对收益率为准绳，价格越是下跌，对应的预期收益率就越高，既然如此，为什么不逆势买入呢？

逆向投资，逆的是价格，顺的是价值。下跌趋势为逆向投资创造了条件，下跌创造出相对于内在价值大幅低估的证券，或者说随着价格下跌而预期收益率上升的证券。价格趋势投资者顺着价格杀跌，而逆向投资者的资金却流向了下跌创造的价值洼地。熊市造就的价值洼地是系统性的机会，而个股或行业的黑天鹅事件则是局部性机会。

逆向投资要做好打持久战的准备。逆向投资者要想成功，除了要有逆着价格、逆着大众行动的勇气，还需要选择合适的公司股票。如果公司盈利不佳，那么时间侵蚀价值；如果公司基本面出现重大问题，那么逆向投资的基础也就垮塌。选股在逆势投资中显得尤为重要：

1. 高成长。
2. 强周期。
3. 盈利持续良好但分红不多。
4. 盈利良好且分红收益率较高。

投资大师巴菲特就是逆向思维的最佳实践者，是价值投资

第九章 逆向思维

和逆向思维结合和运用最好的投资者,每一次市场的疯狂上行都不会出现他的身影,每一次股市的危机都是巴菲特大量买入优秀公司股份的最佳时机。逆向思维不仅仅是出现危机时的抄底,同时也是市场疯狂时的冷静和回避。

1957年,巴菲特成立非约束性的巴菲特投资俱乐部,掌管的资金达到30万美元,但年末即升至50万美元。1962年,巴菲特合伙人公司的资本达到了720万美元,其中有100万是属于巴菲特个人的。当时他将几个合伙人企业合并成一个巴菲特合伙人有限公司,最小投资额扩大到10万美元,情况有点像中国的私募基金或私人投资公司。1964年,巴菲特的个人财富达到400万美元,而此时他掌管的资金已高达2200万美元。1966年春,美国股市牛气冲天,但巴菲特却坐立不安,尽管他的股票都在飞涨,但他却发现很难再找到符合自己投资标准的廉价股票了。1967年10月,巴菲特掌管的资金达到6500万美元。1968年,巴菲特公司的股票取得了它历史上最好的成绩,增长了46%,而道琼斯指数才增长了9%,巴菲特掌管的资金上升至1.04亿美元,其中属于巴菲特的有2500万美元。1968年5月,当股市一路凯歌的时候,巴菲特却通知合伙人他要隐退了。随后,他逐渐清算了巴菲特合伙人公司的几乎所有的股票。1969年6月,股市直下,渐渐演变成了股灾,到1970年5月,每种股票都要比上年初下降50%,甚至更多。1970年—1974年间,美国股市就像个泄了气的皮球,没有一丝生气,持续的通货膨胀和低增长使美国经济进入了"滞胀"时期。然而,一度失落的巴菲特却暗自欣喜异常,因为他看到了财源即将滚滚而来,他发现了太多的便宜股票。1972年,巴菲特又盯上了报刊业,因为他发现拥有一家名牌报刊,就好似拥有一座收费桥梁,任何过客都必须留下买路钱。1973年开始,他偷偷地在股市上蚕食《波士顿环球》和《华盛顿邮报》,他的介入使《华盛顿邮报》利润大增,每年平均增长35%。10年之后,巴菲特投入的1000

万美元升值为两个亿。1980年，他用1.2亿美元，以每股10.96美元的单价，买进可口可乐7%的股份。到1985年，可口可乐改变了经营策略，开始抽回资金，投入饮料生产，其股票单价已涨至51.5美元，翻了5倍。至于赚了他多少，其数目可以让全世界的投资家咋舌。1992年巴菲特以74美元一股购下435万股美国高技术国防工业公司——通用动力公司的股票，到年底股价上升到113美元。巴菲特在半年前拥有的3.22亿美元的股票已值4.19亿美元了。从1965年到1998年，巴菲特的股票平均每年增值20.2%，高出道琼斯指数10.1个百分点。如果谁在1965年投资巴菲特的公司1万美元的话，到1998年，他就可得到433万美元的回报。

2007年3月1日晚间，"股神"巴菲特麾下的投资旗舰公司——伯克希尔·哈撒维公司（Berkshire Hathaway）公布了其2006财政年度的业绩，数据显示，得益于飓风"爽约"，公司主营的保险业务获利颇丰，伯克希尔公司2006年利润增长了29.2%，盈利达110.2亿美元（高于2005年同期的85.3亿美元），每股盈利7144美元（2005年为5338美元）。

1965年-2006年的41年间，伯克希尔公司净资产的年均增长率达21.46%，累计增长361156%；同期标准普尔500指数成分公司的年均增长率为10.4%，累计增长6479%。

从巴菲特的投资中我们不难看出，逆向思维在投资中的重要作用。在股市一片低迷的时候大胆买入股票，在疯狂时不参与疯狂，不是他故意和别人做相反的事，而是积极运用逆向思维在股价低迷时买进，这样的投资才是真正的价值投资，也是逆向思维在投资中的实践。

约翰·邓普顿（1912—2008）是20世纪最著名的逆向投资者之一，逆向投资1万美元最终升值到220亿美元，创立了曾是全球最大最成功的邓普顿共同基金集团，被认为是100年来最成功且最负盛名的职业投资者之一。他曾经说过：行情总在

第九章 逆向思维

绝望中诞生,在半信半疑中成长,在憧憬中成熟,在希望中毁灭。《福布斯》杂志盛赞他为"全球投资的鼻祖",认可了他在其他人不敢为时在全球寻找投资机会的努力。

邓普顿也是逆向思维在投资领域最好的实践者之一。1937年,也就是大萧条最低迷的时候,邓普顿成立了自己的公司。1939年,36岁的邓普顿依靠1万美元的借款购买了104家公司的各100股股票,几年后,其中100家公司的成功为邓普顿掘得了第一桶金,公司后来取得了相当大的成功,资产规模也迅速增长到了亿,旗下拥有8支共同基金。刚开始设立基金时,他管理的资产是200万美元,而到1967年出售该公司时,已经管理4亿美元,在之后的25年中,邓普顿创立了全球最大最成功的邓普顿共同基金集团,而且,他的基金公司从不雇用销售人员,完全依靠投资表现来吸引顾客。1992年他又将邓普顿基金再次以4.4亿美元卖给富兰克林集团,此时管理的资产已经高达220亿美元。

20世纪60年代到70年代,邓普顿是第一批到日本投资的美国基金经理之一,他以较低的价格买进日本股票,抢在其他投资者之前抓住了机会,在他买进后,日本股市一路蹿升,后来,他发觉日本的股市被高估了,而又在美国发现了新的投资机会。实际上,邓普顿在1988年就对股东们说日本的股市将会缩水50%,甚至更多。几年后,日本的股票指数——东京证券交易所指数下跌了60%。在长达70载的职业生涯中,邓普顿创立并领导了那个时代最成功的共同基金公司,每年盈利高达7000万美元,其运作手法令华尔街叹为观止,他也成为与乔治·索罗斯、彼得·林奇齐名的著名投资家。

在"最大悲观点"时进行投资,作为20世纪最著名的逆向投资者,邓普顿的投资方法被总结为"在大萧条的低点买入,在疯狂非理性的高点抛出,并在这两者间游刃有余"。他在全球范围内梳理、寻求已经触底但又具有优秀远景的国家以及行业,

— 199 —

投资标的都是被大众忽略的企业，他经常把低进高出发挥到极致，在"最大悲观点"时进行投资。作为逆向价值投资者，邓普顿相信，完全被忽视的股票是最让人心动的便宜货，尤其是那些投资者们都尚未研究的股票。

什么时候卖出股票？这是一个投资者都想知道的问题，邓普顿表示只有当我们已经找到了一只比原来股票好50%的股票时，才可以替换掉原来的股票，换句话说，如果我们正持有一只股票，这只股票一直表现出色，它现在的交易价格是100美元，而且我们认为它的价值也就是100美元，那么这时我们就需要买一只价值被低估50%的新股票了，例如，我们可能已经找到了交易价格是25美元的股票，但是我们认为它们的价值是37.5美元，在这种情况下，就应该用交易价格25美元的新股票去替换交易价格100美元的原有股票。邓普顿的做法来源于他的投资思想，他的主要目标就是以远远低于其真正价值的价格买东西，这其中有两点应该注意，如果意味着买的东西增长潜力有限，没有关系；如果意味着未来10年以两位数的速度增长，那就更好，关键在于公司的发展。如果能够在发展中的公司里找到理想的低价股，那么它们就可以持续数年为我们带来丰厚的回报。因此，应该注意的是股票价格和价值之间极端错位的情况，而不是纠缠于一些琐碎细节。

逆向投资才是真正的价值投资，巴菲特有一句著名的投资名言，"当别人贪婪之际我恐惧，别人恐惧时我贪婪"，这句话的内在思想在于人们贪婪时，大量投资者会集中涌向市场，羊群到达之处"市场先生"就会激动地给出高昂的价格，而当羊群离开时，"市场先生"则会失落地给予超低的价格，用低于企业价值的价格贪婪地买入企业股票，这便是巴菲特成功的关键，也就是人们常说的逆向投资，但在很多投资者的投资字典里是没有逆向投资思维的，他们是羊群中跟随者的一员，他们研究K线、打探内部消息，为的是知晓羊群下一步要去哪里，这种

第九章 逆向思维

从众的投资哲学有一个致命的缺陷就在于他们永远无法准确地预知羊群下一次会出现在哪里，而"市场先生"的脾气又是如此难以预测，群体性的无意识一致行动导致股市里向来有着"七亏两平一赚"的说法。

逆向投资是如此的流行，我们常常听到投资者说要高抛低吸，高买低卖，但事实上这只是一句有用的废话，在股市下行满屏飘绿的时候，害怕和无助会在投资者心中蔓延，多数人都无法抵过对下跌的恐惧而抛售股票，而在牛市来临之时又抵不过对财富的贪婪而疯狂投机。人的本性是造成大众不能投资成功的根源。逆向思维，逆的不是时代走向，逆的不是企业价值，而是与股市里羊群背道而驰。

富国银行是巴菲特经典投资案例之一。1990年富国银行遭受房地产泡沫破灭危机，股价出现大幅下跌，在市场一片看空声中巴菲特却逆势大举介入，1992年—1993年富国银行因坏账业绩差点陷入亏损，巴菲特不为所动继续增持，此后的事实证明巴菲特的判断多么具有前瞻性，2004年巴菲特持有的富国银行市值35.08亿美元，而其投资成本仅为4.63亿美元，十余年投资收益率高达658%。

逆向投资的成功让很多人蠢蠢欲动，但很多人对于逆向投资的理解仅仅停留在跟别人不一样，为了逆向而逆向。我们要买的是被低估的价值股，而不是原本就没有价值的垃圾股，我们逆向投资是为了获得企业发展而赚取的利润，而不是接住下跌的飞刀。

马克斯在《投资最重要的事》有过这样的论述：仅仅做到与大众相反的投资是不够的……你必须在推理和分析的基础上，辨别如何脱离群体思维才能获利。你必须保证在进行逆向投资的时候，不仅知道它们的做法与大众相反，还知道大众错在哪里，只有这样你才能坚持自己的观点，在立场貌似错误或损失远高于收益的时候，才有买进更多的可能。因此，要做到逆向投资，在消除认识误区的基础上，还要做到两点：独立、理性。

理性则是对逆向投资的更高要求。理性的投资者往往会避开人性的弱点，比一般投资者思考得更深入，尽量客观、科学、深入地研究投资标的、市场等诸多投资因素，发现被低估的好企业，警惕被高估的平庸公司，在股市波动时分析原因，找出买入或卖出的好时机。

在独立精神、理性思维的带领下，我们再来分析一个股票是否具有逆向投资的价值时就有了明确的方向。

首先，看下跌的企业是否具有投资价值。逆向投资的本质是价值投资，无论在什么坏消息之下，一个企业本身的价值才是投资的出发点。投资考验的是两方面的技能，选股是投资的根本，选股时间是投资判断。逆向投资提供的是投资时机，如果把时机凌驾在价值之上就容易走偏。

其次，看估值是否足够低、是否已经过度反映了可能的坏消息。在估值过高的时候，股票本身就有下调的空间，因此在投资时，我们需要清晰地知道企业的估值是否已经足够低，这种"戴维斯双杀"导致的下跌一般持续时间长而且幅度大，刚开始暴跌时不宜逆向投资。对于公司本身和行业的深入研究是价值投资和逆向投资的根本，没有研究的买入往往都是逆市抄底的不明智行为。

第三，看所遭遇的问题是否是短期问题、是否是可解决的问题。阿里巴巴所创建的网购模式冲击了传统零售业的发展，在商圈优势丧失，租金、劳动力都上涨的情况下，利润已经压缩得非常厉害，这不是零售商短期可以解决的问题，因而零售股的持续下跌也就顺理成章了。尽管可能有阶段性的反弹，但趋势仍是长期往下的，这时就不适合逆向投资。

第四，看股价暴跌本身是否会导致公司的基本面进一步恶化。贝尔斯登和雷曼的股价下跌，直接引发债券评级的下降和股票抵押物被银行要求追加保证金的要求，这种负反馈带来的

第九章 逆向思维

连锁反应就不适合逆向投资,等经济环境和外部形势相对稳定时或看透企业本身问题后的投资才是好的价值投资。

逆势思维在投资中有着极其重要的作用,是投资获得收益和规避风险的关键所在,没有逆向思维也就没有拒绝恐惧和贪婪的可能,大师和普通投资者的区别就在于思维的不同,逆向思维就是其中之一。

第十章　批判性思维

　　批判性思维是一种以理性、清晰的方式进行思考，并且能够理解观点之间逻辑联系的能力。批判性思维可以被描述为一种深刻、独立的思维模式，从本质上来讲，它需要你用你自己的能力来说理，这表明你需要成为一个积极的学习者而不是一个被动的信息接收者。具有批判性思维的人往往能够对观点或者假设提出严格的质疑而不是一味接受它们的表层价值，他们总会寻求某种观点、论点，来确定是否呈现了整个事物的大框架，并对那些并不满足的人抱以包容的态度。

　　批判性思维是以理性、清晰的方式进行思考，它能帮助我们鉴别所获得的信息，我们要学会用批判性思维来评估所有断言和看法，才能保证自己不会变得自欺欺人和人云亦云，这正是我们金融投资领域需要的基本素质——客观独立。古今中外的成功者大多具有一般人所没有的独立思考能力。独立思考能力来自知识。知识是由两个层面组成的，"知"和"识"。"知"是指学习到的理论、信息和资料等；"识"是指对所知的东西进行分析、研究、批判、再创造，即理性思维产生思想的过程。有知无识是书呆子，见识少，思想旧，被人一质疑就跳脚骂娘，进行人身攻击，那只能被时代淘汰了，做人和做事都不可能成功，所以我们历来崇尚"有识之士"，而不是"有知之士"。成功者不一定是"有知之士"，但一定是"有识之士"。应该说，批判性思维是一切创造活动的前提条件，是衡量一个人思想认识成熟与否的主要标志。由此可见，质疑确实是万分可贵的。

第十章 批判性思维

不断追求进步是一件很累心的事，会反思、会痛、会质疑自我，但这又是一件不得不做的事，逆水行舟不进则退，坚持过去，就能看到另一个风景，当然，另一个级别的自省也同样在等你，但同时也需要我们对自己的优势、弱势和目标进行深刻的分析，了解自己并且把批判性思维运用在生活上，才能在关键时刻发挥它的最大功效。金融数据无数，哪些有用哪些无用应该怎么用都需要客观独立的思考和判别，我们也会经常接触到很多权威部门发布的数据和政策解读，或是投资大师公开发表的观点，我们就需要运用批判的视角来看待这些数据和观点，进一步深刻地理解事物本质规律，得出尽可能符合实际的判断和结论，来指导我们的投资实践活动。

在进行批判性思考之前，先要分清两个概念。思维方式与思考方法是两个截然不同的概念。思维方式是人在思考过程中，思维的工作界面、意识、无意识之间不同的配置。思考方法是人在思考过程中，意识所使用的思考原则、步骤，这是工具性的。

批判性思考，是现代文明引以为傲的思考方法，而不是思维方式。虽然在运用批判性思考的时候，要求思考者必须理性、公正、客观，追求真实，但是，一个人如何才能做到理性、公正、客观、追求真实呢？站在批判性思考的角度来看，那是你人品的事，与批判性思考本身没有任何关系。客观地说，批判性思考是人类认识方法的发展过程中，比较管用的一种思考方法，但是，绝不是人类认识方法的终极，所以我们要学习它，但不要迷信它。批判性思考真正发挥作用，是需要思维方式支持的，就像淘宝卖家需要淘宝平台是一样的。

具有批判性思维的人能够系统地鉴别、分析并解决问题，而不是被自己的直觉所左右。具有批判性思维的人往往能够理解观点之间的联系，确定观点的重要性和关联，识别、构建、评估观点，鉴别说理时的不一致和错误，用一致、系统的方法来处理问题，能够审查自己的推理、信仰和价值中的逻辑。

批判性思维是以理性、清晰的方式来看待事物，以在正常的情况下寻找最佳可能的解决方案的思考方式。批判性思考是一种需要长期关注的思维模式，只有这样才能得出最佳方案。批判性思维需要掌握很多技能，这些技能包括观察、分析、诠释、反思、评价、推断、阐述、解决问题和做出决定，具体来说我们需要做到以一种客观、辩证的方式来思考问题，鉴别不同观点之间是否都对某个事件有联系，评价一个观点来确定它的依据，指认任何证据或观点中任何弱势或者负面信息，关注任何隐藏在观点背后的暗示，提供有条理的说理和对观点的支持。

运用批判性思维的过程中，必须意识到没有任何一个人能够在任何时候都能做到批判地思考，比如当你被愤怒、悲伤或者狂喜所影响。从另一方面来说，即使你的思考能力随着不同的心态而改变，大多数时候我们能够通过一些日常的活动以及批判性思维的运用来增进我们的批判性思维能力。然而，现实生活中依然会有事情掺杂在潜意识的决策中。我们每个人都有喜欢的、不喜欢的东西，有从外界学习到的行为和个人的偏好，这些是我们作为人类特有的。不论它是处于没有思考的阶段，还是因为某些未预料到的阻碍而导致重新思考的阶段，保证我们能进行批判性思考很关键的一点是我们越能清晰意识到自己的长处和短处，我们的批判性思维就越有效。批判性思维最重要的元素之一就是对自己的客观认知。

批判性思维的目标是在通常情况下达成最佳判断的可能结果，为了达成这个目标，它必须包括从多种源头收集和评估信息。批判性思维可以使得我们做到先见之明。执行从批判性思考中得到的结论必须考虑到对于可能的结果的评估、避免潜在的负面结果，或者至少减轻它们的影响。批判性思维包括重新思考、决策、运用、变化而导致的结果。

保持思维的开放性和客观性，是交易市场进步的关键。人的世界观、生活环境和知识背景，都会影响到人们对事对物的

第十章　批判性思维

态度和思维方式，不过最重要的影响因素还是过去的经验认知。生活中有很多的经验，它在潜意识里决定着生活中方方面面的处理方式，习以为常的经验会时刻影响我们的思维，到了金融投资领域后仍然会延续以往的思维模式，而在金融投资领域里，我们一开始面临的最大的敌人恰恰是习惯性思维。当不能从交易中盈利的时候，是否考虑过要清空头脑中固有的思维呢？用不带成见的真诚去观察市场现象，去客观地审视评价自己的能力，这容易做到吗？其实很难！我们的过去造就了我们的思维模式，人的意识是被幻象的世界控制着的，是与事实和真相割裂的。人也不只是活在当下，而是活在自己过去的头脑中形成的既定的经验、信念和习惯中，人的基本观念出发点经常是"我的看法是真相，想法是对的"，即使是遇挫，也很少有自我否定的动力和勇气，这也是人特别容易草率地否定自己不能理解的东西的原因所在。人脑思维模式的短板是阻碍我们进步的潜在因素，支配人的是潜意识的思维惯性，这基本上也是不被人们所觉察到的，我们甚至还以为是在思考。

由于潜意识，人太容易迷失在幻象的世界中却不能自我觉察，同样，那些限制性的信念也阻碍了我们去了解事实的真相。有时候你以为自己已经展开了新的一页，实际上却可能只是重复以前的步伐。能够把人限制住的，只有自己。只有当我们直面并修正了自己思维的瓶颈，才有可能真正开始一段旅程。所有的成长，都是因为找对了方向。这里所指的是内在思维的框架模式。交易进行阶段最重要的就是敢于改变自己，改变自己过去的思维习惯和成见，否则你永远无法获得进步，而改变自己行为的前提就是要改变固有的思维模式，保持思维的开放性来接纳我们看到的事物，发现事实，尊重存在。没有人的愿望是不美好的，而只有当人面对现实，才能超越现实。不是每个人都有主动认错的勇气。承认自己的错误，是需要勇气的。当你有足够的勇气去主动承认错误时，却发现你已经获得了巨大的进步。错误是我们经常遇到的问题，反思是解决问题的开始。

　　人无完人，每个人都有灰暗的一面，谁都有犯错的时候，谁会是完美的呢！但是犯错后，更多的人选择掩饰事实真相，把责任推脱给他人或是其他原因，总是在找借口自圆其说，仿佛所有的不公平、不合理他全赶上了，生不逢时，命运不济，终日里怨天尤人，因为不愿自我检讨，看不到自己的不足，不知道自己的能力边界，不懂得珍惜原本拥有的，不懂得感恩，伪善的人不能以真实的面目面对社会和自己。不承认错误就不可能改正错误，不改正下次还会重复犯同样的错误，这样的投资人怎能有所进步呢？敢于主动认错的人，他们能深刻自省、冷静剖析、心无旁骛、直面人生。正所谓"君子坦荡荡，小人长戚戚"，直面错误是改正错误的前提。只有首先解决了人本能的自我保护，才能够改变自己、提高自己。

　　掩饰自己错误又不愿认错的人，很难成就一番事业。发自内心自省、主动认错、自我忏悔的人，很多都成就了一番事业，因为，不是谁都有主动认错的勇气，不承认错误怎能改进和提高自我，不改进和提高自己怎能获得成功？作为参与金融交易者的我们，如果停下认知的脚步，而面对的却是变化的世界，那我们怎能获得成功。金融行业出现错误判断是常态，本身金融行业运行就很复杂，表象性的东西非常多，很容易被表面的事情影响而失去对于事物本质的判断。同时，我们作为个体，知识和能力有限也很容易出现判断和逻辑性错误，时时刻刻的自我批判是常态，否则用错误的结论和判断去指导我们的投资行为就是极其危险的。

　　批判性思考除了要对自己的想法进行客观辩证的思考，也要对于信息来源进行辩证的思考，这包括接受信息的来源，信息的准确性，信息的完整性，信息的及时性，信息的权威性。即便这些都具备，但我们也知道哲学中所说的人对事物的认知总是会有局限的，这也就要求我们对于信息进行批判性的思考

第十章 批判性思维

是必不可少的,不论是投资大师还是政府的高级官员抑或是著名的投资机构,都不能保证信息和判断与客观事实一定是完全一致的,从来没有人也不可能有人做到,所以我们有必要对信息和观点进行合理的批判性的思考,做出审慎的合理判断。我们尊重投资大师和学习大师不是照本宣科地照搬大师的判断结果,而是学习大师的分析和逻辑推理的过程和方法,《穷查理宝典》中提到独立思考的重要性,提出了做独立思考的少数派一词。芒格表现出了跟索罗斯类似的特立独行的特质,质疑主流经济学、高等院校,专业的金融机构也不例外,他一律不信任。如果非要相信一个人的话,那么只能是他自己。他只信任自己通过艰苦的跨学科学习、思考后形成的原创思想和普世智慧,这种智慧影响了巴菲特,也给伯克希尔·哈撒韦公司带来了惊人的业绩。

约翰·保尔森,哈佛商学院 MBA 学位,美国投资家,因在 2008 年美国次贷危机中大肆做空而获利,被人称为"华尔街空神""对冲基金第一人"。1994 年,他看准了对冲基金的势头,和其他几家小对冲基金公司合租了一间办公室,创立了保尔森对冲基金(Paulson &Co),专做并购套利(风险套利的一种)和事件驱动投资。

2001 年互联网泡沫破灭,给了保尔森绝佳的机会,他当时的判断是很多在虚高股价支撑下的并购案会"黄"掉,因此他大量卖空,在互联网股票狂跌的 2001 年和 2002 年,他的基金都分别增长了 5%,逆市飘红,投资人便闻风而来,到 2003 年,他的基金规模达到了 6 亿美元,两年后,他管理的总资产更达到了 40 亿美元,但因为为人非常低调,在对冲基金行业之外,他的名声并不大。

2006 年 7 月,保尔森筹集了 1.5 亿美元,为第一只用于做空 CDO 的基金建仓。他设计了一个复杂的基金操作模式:一边做空危险的 CDO,一边收购廉价的 CDS。随后的几个月,美国房产市场却依然繁荣，丝毫看不到萎靡的迹象，保尔森的基金在不断地赔钱。

2006年年底，次贷危机已经初见端倪，保尔森的基金已经扭亏为盈，升值20%，他的信心越来越足，紧接着又建立了第二只同类基金。

2007年2月，保尔森管理的两只基金在华尔街的冬天异军突起，截至2007年年底，第一只基金升值590%，第二只基金也升值350%，基金总规模已达到280亿美元，仅2007年一年，就有60亿美元的资金涌入保尔森的基金，保尔森一举登顶2007年度最赚钱基金经理榜，力压金融大鳄索罗斯和詹姆斯·西蒙斯，一时间，约翰·保尔森在华尔街名声大噪，"对冲基金第一人""华尔街最灵的猎豹"等称号纷纷被冠在了他头上。

这样一位华尔街的传奇人物是多么地不可一世，成就斐然。但就像波普尔的哲学中所说的人对事物的认知总是具有局限性的，再传奇的人物也有犯错的时候。

著名黄金多头、亿万富翁约翰·保尔森旗下的对冲基金2014年却亏损很多，而这些全都要归咎于黄金价格的下跌。

有证据显示，保尔森2013年时大量持有黄金，但2013年由于对于美国政府收紧货币政策的担忧，黄金遭遇了历史罕见的抛售，从2011年的最高1923美元每盎司一路下行，截止到2015年12月份，黄金最低跌至1045美元每盎司，保尔森损失惨重。但进入2015年12月份，保尔森开始抛售手中的大量黄金，但行情再一次和他开了个大玩笑，黄金从低点1045美元上涨，短短几个月的时间反弹到1379美元，反弹幅度高达32%，这一段时间保尔森几乎成了黄金市场的反向指标。

当然我们不能否认保尔森的能力，但即便是这样的传奇人物也一样可能做出错误的判断。投资大师索罗斯同样遇到过这样的挫折，在投资日元时损失惨重，再有名的大师也有出错的时候，巴菲特同样也是错误不断，每年的伯克希尔·哈撒韦股

第十章 批判性思维

东大会都是巴菲特向股东们承认错误的时刻,错误总是伴随着这些金融投资者,如影随形不曾离去,这就要求我们这些投资者审慎对待别人的判断和收集的信息,同样也要审慎地做出自己的判断。批判性思维就是最好的思维工具,对我们减少错误、提高成功概率、减少不必要的损失很有帮助。当然,一种思维不能解决我们遇到的所有问题,但至少为我们减少错误提供了一种可能。

应对自身的非理性是批判性思维在投资中极为重要的应用,非理性也是投资大忌,失去理性的投资几乎都注定了失败的结局。那么,我们就有必要深入地分析非理性的原因。模仿与从众是人性的基因,是我们人类演化过程中形成的群居性特征,这样的特性使得我们对于判断群体行为是否理性变得非常困难。人们潜意识里更加容易相信群体性行为是合理的。回顾历史,我们不难发现历史上发生过太多让人现在看来都难以理解的疯狂行为,但在当时人们却趋之若鹜、前仆后继地参与到泡沫之中。美洲的密西西比泡沫、英国的南海公司泡沫、荷兰的郁金香泡沫,这是历史比较久远的,但也有很多近期的,比如日本的房地产泡沫、东亚四小龙经济泡沫、美国的网络科技泡沫、美国的房地产泡沫并引发了史上最大的金融危机。中国人的投机史同样丰富多彩,所谓的"蒜你狠""豆你玩""姜你军",还炒过花、炒过树苗、炒过普洱茶,只要能带来钱的东西国人无不参与,这么多盲目的投资行为,不断地推陈出新,这难道不应该认真研究吗?这样的行为除了作为普通百姓自身的风险意识欠缺外,群体性的行为对于个体行为的带动和影响起到了决定性的作用。心理学中的群体性心理研究在这方面有更加深入的研究和论述。

人类经常陷入非理性行为之中,打斗、发动战争、杀戮、自残、目光短浅……我们会因为欲望没有得到满足而采取行动,我们会虐待我们的配偶,还会忽视我们的孩子。我们有时情绪化、大肆发泄，时而又回归刻板。我们言行不一，忽视证据，妄下结论，相信无稽之谈，自欺欺人。我们自己才是我们最大的敌人，这些非理性的思想和行为在金融投资上表现得更加突出，失去理性的疯狂，义无反顾地加入到泡沫制造者的大军当中不能自拔。

在人类非理性的行为背后隐藏着两个既存在交互关系又有内在联系的动力因素，即人类的自我中心和社会中心。人类自我中心有两个基本倾向——倾向于自我服务，追求个人的良好感觉，却总是自私地以牺牲他人的利益和需求为代价，倾向于坚持自我信念。自我中心是思想上的僵化，常常把非理性的信念视为理性而社会中心的思想是自我中心的延伸。人类是群居动物，很大程度受群体影响，并在群体中长大。大多数人都是以自我为中心的，所以最终形成的群体也是以自我为中心的。以自我为中心造成的结果是大多数人都是自私的、僵化的、服从群体意识的，并认为自己的信念和所属群体的思想是正确的，这就导致了两种基本思想的倾向——寻求满足自身或者自身所在群体的欲望，而不去考虑其他人的权利和需求，使群体的信念和行为合理化。

总之，人融入社会，并在这个过程中发展出社会中心。社会中心的人很少提出异议，很少考虑自身，也很少注意到自己的盲从与非理性。在我们的意识中，我们根本觉察不到两种倾向的非理性，除非我们能完全意识到这两种倾向并克服它们，否则我们的理性是不能得到充分发展的，这也是为什么投资想要获得成功那么难，因为我们没有察觉或不能克服群体给我们带来的影响。回顾一下 2007 年和 2015 年的 A 股市场，就会发现当时的市场气氛是多么的高亢，人们的行为是多么的荒诞。有人说自己下一次就不会犯同样的错误了，但如果你没有深刻的反思还是不能避免再次犯同样的错误，只有有意识地规避内心的无意识倾向才有可能减少被群体的不理性行为所左右。批

第十章 批判性思维

判性思维是最好的工具，只有学习这样的学科，通过思考我们的思维模式，才能够减少我们思考和行动的错误。

批判性思维让你学会真正的思考，如果你留心，生活中大部分人看书看新闻，都是填鸭式的，对于信息大多不经思考地囫囵吞枣，全盘接受，很容易遗忘，得到的益处少之又少，所以大多人觉得读书无用，对自己没有帮助，而拥有批判性思维的人，对于信息，则为沙中淘金，他们通过分析、推理、提问、思考的方式去筛选和消化信息，能增长更结构化、更纯粹、更可靠的知识。

养成批判性思维的习惯有赖于大量的练习，但大量的练习又是建立在一定的价值观上，如果想提升自己的批判性思维，你需要掌握阅读自主性，从无限广阔的可能性中进行选择；有好奇心，兼听博观，拒绝偏听偏信；摆正态度，谦恭有礼，记住苏格拉底的一句话，"我唯一知道的就是我一无所知"。

提高自身的批判性思维，首先要承认自己的不足。没有基础理论见什么批判什么，走上批判一切的道路，也是要不得的，胡搅蛮缠式的批判没有意义。正确地使用批判性思维思考问题，才会让你在批判中提升自己、拥有智慧、心胸豁达。

持有批判性思维的实质是承认自己能力的有限性，批判性思维是我们提升自己分析问题、解决问题能力的必要途径，只有学好、用好批判性思维才能发挥出知识的威力，才能够正确地运用知识，实现金融交易的成功。

第十一章　投资心理学

　　心理是指生物对于客观物质世界的主观反映，而心理现象则包括心理过程和人的人格。人的心理活动都有一个发生、发展和消失的过程。人们通过各种感官认识外部世界的事物，通过头脑的活动思考着事物的因果关系，并产生喜怒哀乐。心理是人脑对客观现实的主观反映，而意识是心理发展的最高层次，只有人才有意识，复杂的意识活动正是人类和动物的本质区别。人的心理决定了人的行为，人的行为决定了人的一生。

　　投资心理学是一门新兴学问，它是投资学与心理学的有机结合。在现代经济社会，可投资的领域很广，如股票市场、债券市场、期货市场、黄金市场、外汇市场、房地产市场等，在这些投资领域，心理学的运用有着很好的效果。市场上亏钱的投资者，绝不单单只输在运气、技术概率和理性分析，还输在投资者嗜赌成瘾的弱点，输在投资者贪婪的心理，不服输的心理，以及侥幸心理。投资者不仅要学习投资知识，也要有良好的投资心态，并且把心理学知识熟练掌握并运用到投资实践活动当中去。

　　投资心理学就是投资和心理学两个学科的交叉学科，其中有三部分是我们应该重点研究的方面，首先是投资者个体自身的心理研究，其次是投资者作为一个整体的心理研究，再有就是意识和潜意识的研究。

第十一章 投资心理学

第一节 投资个体心理学

心理是指生物对于客观物质世界的主观反映，而心理现象则包括心理过程和人的人格。人们通过各种感官认识外部世界的事物，通过头脑的活动思考着事物的因果关系，并产生喜怒哀乐和具体行动。人的心理决定了人的行为，人的行为决定了人的一生。投资是人参与的市场，既然是人参与的，这就必然离不开人的各种心理活动，恐惧与贪婪、兴奋与刺激、平和与安详等。心理状态直接关系到能不能保持头脑的理性，直接关系到交易决策的制定，直接关系到交易计划的执行，直接关系到交易的成败。想要成为市场的赢家，交易心理至关重要。投资靠的不仅仅是技术和资金实力，更多的是心理素质。一定意义上说，一个人心理素质的好坏决定了投资的成败。胜在心理，不是说谁的心理素质好谁就能胜出。

其实，在投资中表现出的人与人之间心理素质的差距远远没有我们想象的那么大。人都是有优点和缺点的，而且往往是优点各不相同，缺点却有很多相同之处。

在投资中常常暴露出来的弱点有胆怯、贪婪、浮躁、自负、缺乏耐心等，问题的关键不是谁的心理素质好和心理素质差的问题，而是如何在股市操作中克服弱点回避弱点的问题。每个人心理的弱点都不一样，应根据个人实际情况来采取积极有效的方法使种种弱点尽量不在我们的盘面中暴露出来，比如没勇气砍仓的人进场的同时必设止损，做单紧张的人尽量以小仓位做单，如果经过长时间的锻炼仍然这样紧张，那说明你可能并不适合这个市场。

在交易中出现亏损是常态，这让人不愉快但却长期伴随着我们的整个投资生涯，让事情更艰难的是，亏损往往是注定的。交易者必须直面自己的误判，如果选择避而不见，一笔亏损终将令无数笔盈利付之一炬。怎样应对浮亏的坚守和判断错误时的坚决离场，这是我们作为投资者需要处理好的关键性问题。良好的投资心态是我们做好交易的基本保障。巨亏，我们将其列为交易者的头号错误，而这样的错误需要的仅仅是不恰当的心态，以及不遵守提前制定的交易策略。

在生活的很多方面，我们都会回顾我们做对了的次数和我们做错的次数，以评鉴功过，而五五开往往就是毁誉参半的基准线，那么为什么是五五开呢？这是最简单的数学，成功多过五成，也就是成功多过失败，但在交易中，却不能这么想，66%的正确率，应该稳赚不赔了吧，毕竟远远高于50%了，此言差矣。这是因为他们"错"的时候"错"得是那么厉害，而"对"的时候，却没有那么"对"，所以我们要想盈利就必须截断亏损让利润奔跑，让亏损有限利润尽量扩大。价格已经证明你的判断是对的，为何要截断盈利，草草平仓？在别人贪婪的时候恐惧，在别人恐惧的时候贪婪。我们要控制好自己的心理，盈亏都要理性对待，保持平常心，理性冷静地分析经济，冷酷坚决地执行交易策略。

作为投资者你所进行的每一笔交易，亏损的风险时刻存在，因为地球人是没有办法完全预知未来的，一旦意识到这一点，你就可以开始学习真正的交易了。认识到这一点同样能给你优势心态，去直面市场的起伏。错了一笔交易为何就一蹶不振？如果亏损一单就心灰意冷，未来如何交易？同样的道理，糟糕的事情往往只会变得更糟，如果未来的亏损持续放大，最终交易还有什么乐趣？我们又为什么要放任亏损？别害怕，谁都会遇到这个问题，这是交易生涯中的一个瓶颈，它让适者生存，并继续从交易中获取盈利，而让心灰意懒的人另谋出路。

金融交易中分析和预测不是交易的全部，在实践中我们不

第十一章 投资心理学

得不承认自己不是神，无法预知未来，交易也是概率问题。我们总是在对与错中度过，我们并不是总能做对的，而是我们错的时候要尽量把损失控制在最小，我们对的时候尽量让盈利最大化，这样我们的盈利就可以覆盖之前交易出现的亏损，然后通过比例去看问题，正视每笔交易都存在的亏损风险，将这一逻辑演绎下去，交易就是一个数字的游戏，与生活中许多其他的冒险一样，成败由概率决定。既然我们明白交易本身也是一种概率事件，我们就应该放平心态，做到出现亏损时不惊慌，认真坚决地执行交易计划，不到预设止损位不出场，超出止损位坚决执行交易计划，这样的事情本身就是交易的一部分。

每次交易前，先假设你将亏损，这听起来很可笑，甚至是愚蠢、无厘头，但在实际交易中有了丰富的经历，就会认清为最坏可能做准备的意义，因为没有这样的准备，当情况真的变糟时，你会被负面情绪所左右，而你已经看到了最坏的可能，大多数时候实际情况就会变得好于预期，而你也将因此欣喜。在积极情绪下，你对账户的管理会更到位，即便情况真的与预期相符，变得糟糕，你的预期也能让你的亏损最小化。如果把每单交易都看作是为了创造财富而支出的风险成本，你的成本管理将更为保守。每当下单时，把暴露在风险中的资金看作是为了机会已经支付的成本，机会可能会转化为利润，也可能不会，但为了交换机会，成本必须支付出去，这就是交易，交易就是概率。

怎样才能为交易做好心理准备，我们从两方面来说，一是入市前的心理先胜；二是入市后操作中的心理平衡。

入市前要建立必胜的心理，但又要做好初期受挫的准备。

第一，就是入市前对金融市场有一个宏观到微观的全面认识，让你有充足的理由相信市场是可以战胜的，充分的自信来源于对市场的充分了解。

第二，对自己也要有一个全面的审视。在市场中自己的优势在哪里？怎样发挥出来？缺点在哪里？怎样尽量回避或少让它表现出来？所谓知己知彼才能百战不殆。

第三，应该低调应战。所谓低调应战就是不要急于求成，要沉住气，在战略上要重视市场，知道市场不是那么容易战胜的，做好受挫的心理准备，因为我们对经济的认知总是会有局限性，判断失误也是正常。

第四，要有明确的优势意识。必须明确我们虽是为暴利而来，却只冒极小的风险，与市场做的不是公平交易，做的是自己握有命运主动权的居高临下、以小博大、以灵活对机械性、以主动对被动的交易，并且有一整套操作方案和应变措施。

通过这些，在开始交易计划之前，心理上自然已经提前做好了准备。

入市后操作中的心理控制是交易成功的关键，交易出问题往往发生在交易过程中，因为交易计划能不能坚决执行往往只是一念之差，关键就在于恐惧和内心的压力，交易者能不能承受，以及之前交易成功后再次进行交易时内心对于骄傲浮躁的心理能不能控制，这些都是交易计划能不能得到执行的关键。

如果已经胜出不少的资金，问题也接踵而至，你会骄傲浮躁吗？如果别人是亏而你独赢，你能保持股市中最需要的平和心态吗？胜出后怎样保持平和心态是每个投资者随时都可能面对的问题。怎么样不为目前暂时的胜利而自满、陶醉呢？比如你可以设定一个大的盈利目标，把资金翻一番，这样，在目标未完成之前一切的成绩只是暂时的、不足以自夸的，而目标实现后，鸣金收兵，告一段落，调整好心态再进场。

止损平仓后如何心理平衡。平仓后有人如火焚心、抑郁不平，有人镇定如常、应对自如。止损平仓只是我们交易计划的一部分，后续关注行情的发展，继续执行原有的交易计划。宏观分析和基本面分析不变，交易计划不变，只要技术指标符合要求就要继续执行原有计划。平常心态是一整套交易计划执行

第十一章 投资心理学

到位的关键。

平仓亏损后平和的心态从何而来呢？

（1）斩仓时按原定计划坚决地执行，按计划行事是心态平稳的源泉之一。

（2）控制好仓位和浮亏的数量使之符合交易计划在这样的范围内应该坦然面对。

（3）如果运气不好，连连失误而失败率过高，可暂停交易或降低仓位调整心态。

冷静客观地认知交易成果，明白人对于事物认知的不完整性，告诉自己下一次交易是另一个交易的全新开始，同样面临新的不确定性，再次成功并非必然，交易依然是概率。

在交易中遵循100%坚持止损贯穿生命、职业生涯的始终；100%坚持有计划必执行、无计划不进场，贯穿生命和职业生涯的始终，这些原则是无比重要的，提高到等同于生命的高度，这是我们成败的关键，要使之成为铁的纪律，深入我们骨髓的东西，务必坚持。

有句话说得好，幸福的家庭总是相似的，而不幸的家庭各有各的不幸，但是在投资中，成功的投资者个性鲜明各有不同，而失败者，无一例外地都有相同的故事，就是全部输给了自己。

成功者有自己的策略，坚守自己的策略，比如价值投资、趋势跟踪投资、套利等；失败者是自我交易、情绪交易、消息炒股、贪嗔痴疑慢主导了操作，无计划、无纪律是必然。

金融交易品种繁多，流派无数。不同的交易模式有着不同的局限，面临着不同的问题，也有着各自的优势，这也就决定了不同模式面临不同的心理难题。每一种交易方法，其背后都有相应的心理障碍。

趋势交易者的心理，对趋势交易者来说，必须有心理准备，盈利回吐是常有的事情。盈利奔跑是趋势交易者的座右铭，而盈利回吐也无可避免。新手在经历几次盈利回吐之后，往往会盲目去预测高点或者低点，在大的趋势中丢了头寸，从而失去难得一遇的获利机会。

无法忍受连续的小亏损。耐心和坚持是趋势交易者最重要的品质，连续的亏损后你必须有耐心等待趋势的来临，并坚持自己的原则去交易，否则，等到错过大行情时懊悔不已。

趋势交易者的胜率有时低于50%，因为趋势不常有，市场大多数时间是无趋势的，95%的利润来自5%的交易，我们应该做好应对准备，心理准备是关键核心。

均值交易者的心理。均值交易包含套利交易、对冲交易、利用KDJ和RSI等摆动指标交易的交易者，他们都是利用市场波动出现极值或者偏离均值时候下单，在市场回到均值附近平仓。

愿意忍受一次大的亏损，抵消数次盈利，比如在市场超买时候做空，但可能会在极端的情况下，出现大幅跳空上涨而带来的大亏损，或者如套利，价格差、逼仓等原因，造成价差超过历史波动最大范围。均值交易者具有较高的胜率，但却面临少数几笔亏损导致损失超过承受范围。设定超过承受范围的止损很是重要。

日内交易的心理，为市场提供了足够的流动性。

日内方法众多，有定式交易、动量交易、程序交易、高频交易、日内套利、日内对冲等。果断是日内交易者最重要的品质，一个犹豫不决的交易者，往往会将一笔亏损的日内交易变成隔夜交易，继而死扛，导致重大损失。投资者必须明白一笔好的交易无法成就你，一笔坏的交易也许可以毁掉你的账户或人生。日内交易品种的选择尤为重要，其必须有足够的流动性和波动性，不是所有的品种都可以做日内交易，就如同不是所有的池塘里都有鱼一样。

日内交易不要过度频繁，这句话显然带有主观性，如果机会很多，为什么不多交易呢？当然，要在符合交易原则和遵守

第十一章 投资心理学

纪律的前提下。纪律是日内交易者成功的保障。日内交易是个体力活，劳逸结合最重要。高明的日内交易者纵观全局，小处着手。

新手往往会在当天亏损了几笔后，为了回本而违背自己的交易原则去频繁交易，或者在盈利了一笔后为保住胜利果实而裹足不前，放弃了当天更大的盈利机会。

高明的日内交易者，从不在交易时候查看自己的客户权益，他们不会让盈亏左右自己的心态和原则，也许他们根本就不在乎盈亏，他们只在乎是否遵守了纪律。

形态交易的心理。形态交易依靠自己的判断和经验来交易，与程序化交易把买卖信号交给计算机截然相反，这需要大量的盘后分析，甚至借鉴基本面，需要有耐心等待的品质。形态交易员可能错过行情，需要坚强的自我修复心理。

交易的灵活性容许他们使用宽松的资金管理办法，从而可能获得巨大的收益。形态交易员可能会在某种特定条件下，如收缩日、盈利加仓等时候重仓搏击。

基本面的交易心理。以判断金融市场未来走势为目标，对经济和某某数据的透彻分析。数据在这里充当了最大的分析依据，但又不能以数据来做最终的投资决策，如果数据可以解决问题，那计算机早就代替人脑完成基本面分析，事实上除了数据本身，我们还需要对数据进行加工和比较，以数据为基础，以逻辑推理为手段对数据进行加工，以历史为参考，根据经济规律性变化达到预测经济变化的目的。

股票价值投资很大程度上是依靠基本面分析，而传统的价值投资是完全依靠基本面分析，主张买入后长期持有。基本面分析者大多以买入为主，因为价格不会到零，但上不封顶。基本面分析者以长线投资为主。

要知道并养成正确的交易理念，首先要拥有一套适合自己并行之有效的交易系统，这套技术交易系统不单单是在符合技术条件下能赚到钱,并且要在不符合交易阶段尽量保持较少的资金回撤幅度,做到进可攻退可守。其次,纪律是成功的前提。再次,没有完美的交易方法,每一种方法都有致命的心理障碍,困难期市场是动态的,交易系统有其时效性。要熟悉你所使用的技术交易系统的优点和缺点,结合这些特点,提前做好心理准备。交易与投资是理性与情感的混合体,人们总是克制不了行事的冲动,即使他们已经在这上面吃过大亏,赚钱的投资者会由于自满而错失卖出信号。一个在市场上屡次失败的交易者可能会变得风声鹤唳,只要他持有的股票稍一下跌,他马上会无视自己制定的交易规则而将其卖出;而一旦股票开始上涨,超出他初始盈利目标的时候,他就再也忍受不了可能会错过行情的煎熬,从而在远超其设定的买点处入场;股价徘徊不前时,他会保持观望,先是满怀希望,然后随着股价的暴跌而万分恐惧,最后,他再也忍受不了这种压力,割肉离场,而股价此时已接近底部,这一过程中哪有什么理性可言呢?他的初始购入计划可能是理性的,而实施这一计划的过程则完全是情绪化的。情绪化的交易者追求的不是长期利益最大化,他们被肾上腺素刺激的情绪所控制,或是处于在心惊肉跳的恐惧感中迫不及待地想摆脱困境。价格涨跌影响了投资者的心理也改变了交易者的行为,但同时也反映了大众的集体癫狂,市场行情越极端,交易者也就越发情绪化,所以建立和拥有自己的交易系统并不是成功投资的充分条件,只有拥有交易系统的同时又能克服投资心理的弱点来坚决执行交易计划,才能获得交易成功。

第十一章 投资心理学

第二节 群体投资心理学

投资心理学是投资和心理学两个学科的交叉学科。每个人作为社会群体的组成部分都具有很强的群体性特征，这是由人的社会属性所决定的。投资很显然是一种由很多人参与的群体性活动。既然是群体性活动就必然带有群体性特征的心理表现。个人在群体中会丧失理性，没有推理能力，思想情感易受旁人的暗示及传染，变得极端、狂热，不能容忍对立意见，因人多势众产生的力量感会让他失去自控，甚至变得肆无忌惮，这些群体性特征在投资过程中也会体现出来，就是因为在投资过程中我们经常会发现这些典型的群体性特征展现在我们眼前，并且这些群体性行动影响巨大，使得我们更应该深入地了解群体性心理的产生原因，了解其表现，了解造成的后果，通过对群体性心理的研究帮助，我们实现更好的投资和规避风险的目的。

投资心理主要是探求人类心理有哪些共性的规律性特征，并且用这些人类基础的客观心理特征来分析解释市场的现象。通过总结过去的交易实践活动，通过试验、总结、发现、统计、归纳人类有哪些心理特征，并用于解释市场的现象，也告诫投资人有些心理特征是不利于投资的，总体来说统计归纳心理特征，然后用其解释资本市场的现象，它发现了人的心理特征是市场短期变化的决定性原因，也发现了一系列人类共有的具体心理特征，并且把这种具体心理特征对投资成败的影响也加以归纳。发现、提出、总结了人类有"羊群效应"和从众等心理特征，并且也认识到其危害严重。通过研究投资心理对于我们认清市场和对应措施及把握机会都有非常大的帮助。

很难想象金融投资者与乌合之众有啥关联，可当我们把书里的"群体"前加上"股市"二字时,你会发现,这两个概念还真能紧密地联系在一起。

股市群体不仅冲动而且多变,就像野蛮人一样,它不承认在自己的愿望和这种愿望的实现之间会出现任何障碍,它没有能力理解这种中间障碍,因为数量上的强大使它感到自己势不可挡。对于股市群体中的个人来说,"不可能"的概念消失了……股市群体永远漫游在无意识的领地,会随时听命于一切暗示,表现出毫无理性的、动物所特有的激情,无视风险的冲动,它们失去了一切批判能力,除了极端轻信外再无别的可能。股市群体推理的特点是把彼此不同,只在表面上相似的事物搅在一起,并且立刻把具体的事物普遍化。知道如何操纵群体的人,给他们提供的也正是这种论证。股市群体没有推理能力,因此它也无法表现出任何批判精神,也就是说,它不能辨别真伪或对任何事物形成正确的判断。股市群体所接受的判断,仅仅是强加给它们的判断,而绝不是经过讨论后得到采纳的判断,看上去个体的决定都是经过深思熟虑的决定,但在群体中看个体,个体的行为又是群体统一的决定,一致的行动。

股市群体情绪的简单和夸张所造成的结果是它全然不知怀疑和不确定性为何物……个人一旦成为股市群体的一员,他的智力立刻会大大下降。股市群体只知道简单而极端的感情,提供给他们的各种意见、想法和信念,他们或者全盘接受,或者一概拒绝,很难出现批判性的讨论和研究。正如《乌合之众》所写的,"个人一旦成为(股市)群体的一员,他的智力立刻会大大下降"。"炒地图"和"高送配"这样的笑话,任何一个理性的、超脱的(未纳入群体的)个人都对之嗤之以鼻、敬而远之;而一旦身临其境,作为群体一员的你就会对如此荒诞不经的理念趋之若鹜。并且,股市群体以其独特的方式进一步强化这样的荒谬——"炒地图""高送配"看起来好像是对的,股价短期变化也似乎验证了群体选择的正确性,反倒是自恃清高、

第十一章 投资心理学

不为所动的逆群体选择者，不得不面对踏空行情的尴尬。问题在于概念如风掠过之后，缺乏实质支撑的公司股价大多大幅回调，股市群体中的多数此时则深陷其中，为其轻信和愚昧付出惨重代价，而懂得投资心理学的庄家，则深谙并善于利用股市群体之愚昧，不断制造能为群体之低智商所理解和深信的荒谬概念，提前布局，大幅炒作。作为普通投资者可以通过学习和了解投资心理学，掌握群体性心理特征，就可以很好地利用庄家制造的概念加以利用，来获得收获或回避风险。

万事万物都是周期性循环往复的，有其始，有其终，群体心理也具有往复循环的特性。对群体心理特征的不变性和群体行为的重复性，该如何理解？对于个体而言，其个体心性和行为习惯会随着时间的延续而有所改变，但对于群体而言，其群体心理特征却总是惊人地保持不变，其群体行为特征更是不定期地重复性出现，这些群体行为特征往往构成很好的交易机会。把观察对象从个体过渡到群体，就是进行市场行为分析的开始，把群体进行分类并找出其各自群体行为特征，就是把别人的金钱装进自己口袋的开始。

行情都是由从众心理所激发的。很多时候，当基本面不靠谱时，分析师就会说跟随市场情绪进行交易，但是，市场情绪这么缥缈的东西，到底要如何判断呢？传奇投资者伯纳德·巴鲁克曾经说过，所有的经济活动，从本质上讲，是出于从众心理。我们的经济学理论还有许多待改进之处，毕竟这些无形的推动力很难具体量化。

美联储前主席格林斯潘在其任内，曾在国会做证时表示市场是由"人类心理学"和一波又一波的乐观和悲观情绪所带动的。最终，格林斯潘将其总结为社会情绪以及推动市场走势的情绪。美国证券分析师、波浪理论的发明者拉尔夫·纳尔逊·艾略特在 1940 年 10 月 1 日曾发表过一篇论文表示文明是建立在变化中的，并认为市场走势不断重复一种模式，当一个周期已经完成，便是另一个周期的开始，新周期的节奏将与之前相同。尽管程度和持续时间可能会有所不同，但周期运动的进展按照自然法则。这就是著名的波浪理论，每一周期由 5 个上升浪和 3 个下跌浪组成，一系列有节奏的极端变化构成一个循环。

那我们应该如何追踪市场情绪呢？在判断一项资产的价格走势时，当大多数人都是正确的时候，那么接下来推动力的来源是什么呢？谁来推动呢？打个比方，当底部反转要发生的时候，大家都正确了，那么接下来谁买入？没有人买入，上涨如何持续？所以笔者认为当大多数投资者都即将正确的时候，预期就会因为没有了推动力而不会发生。当行情低迷而且基本面确实很悲观时，利空消息还在不断出现，这时绝大多数投资者都很悲观，想卖的基本都出手了，不想卖的都持有不买了，这时行情由于没有人再次卖出而使得行情无法继续下跌，只要这时稍有利好，行情由于卖者很少而买者多就使得行情上涨。如果是在期货市场，在极度乐观时绝大多数的投资者看多而导致多头过于集中，这时由于绝大部分人都已经站在多方并持有多头，反而因为没有场外新资金的进入和空头的卖出而失去上涨的动力，并且由于头寸过于集中，群体性一致性预期使得投资者撤退变成一件困难的事情，多头相互踩踏使得行情快速逆转，空头市场也是这样的情况，这也就是人们所说的行情总是从绝望中开始，在激情澎湃时结束。群体性行为的表现就是行情陷入极度疯狂看多或极度悲观，比如 2000 年网络泡沫、2007 年美国次贷危机的房地产泡沫、2011 年的黄金飙涨等，这样的事例举不胜举。

人们在单独的时候会更理性，而加入群体之后则变得更加容易冲动。当一个交易者紧张地关注品种的价格时，他的行为很容易与那些交易这种品种的人产生共鸣。随着价格的起起落落，全世界交易者的眼睛、脑袋乃至身躯都不由自主地随之共振，市场就像会催眠的魔术师一样，被催眠师所控制，而交易

第十一章 投资心理学

者像被催眠的蛇一样陷入恍惚之中。价格变化越快,交易者也就越发情绪化。整个市场的情绪化越强,其理性成分也就越低。对于那些冷静、自律的交易者来说,无效率的市场会创造出大把的赚钱机会。

理性的交易者只有保持冷静,严格遵守交易规则才能赚钱。欲壑难填的绝大多数投资者热衷于追涨杀跌,又因损失及恐惧感而捶胸顿足,而理性的投资者会一以贯之地遵守其交易规则,他可能会使用一套机械的交易系统,也可能像一个自由裁量的交易者那样对市场进行研判,然后做出交易决策,不管采用哪种方法,他按交易规则行事,而不是跟着感觉走。成熟理性的交易者会利用市场群体性疯狂行为的巨大错误来赚钱,但赚到钱的前提是投资者自己是理性冷静的,是按照技术交易系统参与市场交易行为的,这样既可以避免自己被市场情绪所左右,又可以避免由于群体性的不冷静而使行情远超我们想象的疯狂时,造成我们入场过早而遭受巨大损失。技术交易系统是我们参与交易并获得成功的基本保障。

一、意识与潜意识

意识是生物体基于对外界的感知,从而通过各个接收器官形成脑电流传送给大脑的一个电流交换的表现,这样的表现被储存在大脑分管记忆的区域,反复接触同一个事物,会重复刺激产生相同的脑电流,从而刺激大脑中记忆部分中的以往意识,这也就形成了记忆,因此意识也是形成记忆的基本组成部分。意识是人对环境及自我认知能力以及认知的清晰程度,研究者们还不能给予它一个确切的定义。目前在意识本质的问题上还存有诸多疑问与不解,例如在自我意识方面,现在对意识这一概念的研究已经成为多个学科的研究对象。意识问题涉及的学科有认知科学、神经科学、心理学、计算机科学、社会学、哲学等,这些领域从不同的角度对意识进行的研究对于澄清意识问题是非常有帮助的，同时，意识的研究成果也可以帮助人们更好地认知自我，更好地理解人的思考与行为。

市场就像一面镜子，它反映出赤裸裸的你，尤其完全真实地反映出你内在的一切，你所有的外包装和面具都毫无用处。从长期看，交易成绩是投资者的整体投入到市场中运作的结果。交易者投入的不仅是资金、精力和时间、交易者的知识水平和分析能力，而且更为微妙的是交易者的品性趣向、哲学价值观、艺术素养以及宗教信仰都会对最终的交易结果产生决定性的影响。一个投机者短期的盈亏有一定的偶然性，但长期而言，一个交易者的盈亏一定源于某种内在机制的推动。商品价格有走势图，每个人的资金曲线也是一个走势图，从就这个角度看，我们实际做的是自己的走势图。

我们常说我无法控制住自己，这里的"我"就是有意识的头脑，这个"自己"则是内在无意识的冲动。内在有意识和无意识两个部分，我们既是控制者，同时又是被控制者。人的意识部分只占10%，无意识却占90%。无意识就像冰山隐藏在水下的那部分。

意识是人智力和理性的那部分，这个意识不太稳定，经常处于摇晃、犹豫不决的状态。人的意识来自后天的培养，如社会规范、礼仪、观念以及学校的教育。人有意识的部分不是先天就具有的，也不是内在的自然成长，而是人在长大过程中家庭、学校和社会不断地灌输和学习形成的。

无意识是盲目的冲动，它是与生俱来的习气，所以它有着强大的力量。我们内在的贪婪、恐惧、愤怒、嫉妒、欲望等这些都属于无意识，这些无意识被我们压抑在内在的暗处，但它们仍然在内部沸腾，随时跃跃欲试要挣扎出来。我们行动的力量往往来自我们的无意识，而不是出自有意识的决定，这和我们通常所认为的恰好相反。当我们内在意识和无意识发生冲突的时候，最后占上风的往往是无意识。意识可以做出一个决定，但这个决定的背后却没有力量的支持,有一个伊索寓言非常能够说明这一点,一天一只乌龟来到河边准备过河,这时一只蝎子上来搭话说我也要到对岸去,你能不能把我放到你的背上载我一起过去。乌龟笑着说你以为我是傻瓜吗?一旦你在我的背上的时候咬我怎么办?我可不想冒这个险。蝎子不屑地说我看你白活了这么多年,你连基本的逻辑都不懂,如果过河的时候我咬了你,你死了,我不也跟着淹死了吗?于是乌龟就同意背蝎子过河,刚过了河中央,蝎子还是咬了乌龟。乌龟临死前问蝎子你的逻辑哪里去了?蝎子说我也后悔,我自己也活不成了。我是承诺过不咬你,但这不是逻辑的问题,我可以那样说,但实际上我做不到,这是我的本性,理智上我知道不应该咬你,但我没有办法不这样做。这就和我们A股市场的散户投资者极其相似,单独坐下来讲讲道理看上去每个人说得都头头是道,并不是什么都不懂,但一到实战中就完全是两回事了,说的和做的严重脱节,严重的知行不合一。做出投资决定为什么和大脑里的知识完全不一致呢?这就是因为潜意识代替了意识替我们做出了决定。

  意识和无意识经常处于冲突中,意识像是狱吏,无意识如同囚犯,这是人类大部分紧张和焦虑的根源。任何压抑都创造出焦虑和内在的混乱。认识力与意欲的关系,德国哲学家叔本华在他的哲学里对智力和意欲的关系有过非常详尽而透彻的探讨,他认为智力是意欲的工具,人有限的认识力为欲望效劳,为生存意志服务。当人的意欲完全平息冷却,智力才能完美工作,才能清晰客观。"海纳百川,有容乃大。壁立千仞,无欲则刚",这是林则徐的对联。无欲则刚正是说明欲望对于我们做事影响重大。潜意识虽然在我们做事决策中起到了决定性作用,但也并不是说我们就坐以待毙任由潜意识为所欲为。

  每个人身上的智力和意欲的比例不同,所以人类外表看起来很相似,但内在个性差异甚大,而动物只有种属的特性,没有明显的个性。当智力脱离意欲的摆布就成为纯粹的认识力，纯粹的认识力能够看到和领悟真理，在诸多事物中看到整体、普遍性和理念。科学、艺术、音乐、哲学的产生就是来自某些人的认知力对于意欲的超越，但还无法超越生存的层面，时时被意欲所驱使。被意欲驱使的认识力必然是主观的，为狭隘的个人目的服务，纯粹而客观的智力对我们普通人来说并不是轻易就可以获得的，这需要有意识的参与和控制，需要人的认知力提高，需要人对于内在欲望的控制，当然这很难但也不是不可以做到，只是很少有人刻意去做。被意欲驱使的智力只能看到局部、个体和现象，不可避免造成扭曲和片面。

　　水面平静时相当于镜子，这就是心如止水的意思。水在加热沸腾的情况下就会失去镜子的功能，无法清晰映照事物的真实面貌，这时的镜子便如同哈哈镜，一切反映在里面的事物都被扭曲。意欲是热是火，智力相当于水。因为智力是意欲的工具，在意欲的骚动中，智力必然失去清晰和客观。在少数情况下，认识力可以作为意欲的冷却剂，用水熄灭欲望之火，这样就产生了无欲无求的圣人、修行人，但无欲无求的达成不是通过压抑而是了解和领悟，领悟到欲望带来的痛苦和欲望最终的无用，不过人本身就是欲望的化身，众多欲望的集合体。无欲做不到，只能争取达到老子所说的"少私寡欲"。印度神秘家奥修的进化观认为整个宇宙进化的过程就是从无意识进化到有意识的过程。他的进化论比达尔文的进化论更广延和深刻。按照他的观点，无机物的石头是完全的无意识，植物已经有了一点意识，动物里面的意识更多一点，所以更活跃。到了人的阶段意识变得更多一些，但人内在是分裂的，意识和无意识之间、认识力和意欲之间有很大的冲突，所以人是最痛苦的。意识和无意识可以互相转化，智力和意欲可以互相转化。一个人意识的成分越多，那么他内在无意识的成分就越少。一个人的智慧越高，意欲的成分就越降低。无意识是内在的黑暗和混乱，无

第十一章 投资心理学

意识的状态就是痛苦。意识是一种光和照明，是一种内在的清晰与和谐，意识是本能地充满喜悦的，所以我们应该致力于通过各种途径提升意识就等于提高智慧。人性是有缺陷的，大多数投机者在金融交易市场上的失败其最重要的原因是对自己人性上的盲点毫无察觉，他们多次掉进同一个陷阱中。

1. 主观、扭曲的智力。大部分情况下，智力受意欲的操纵，尤其是在涉及你的情感和愿望的情况下，相信这样的智力就等于相信一个盲人给你指点道路。

2. 就我们目前的内在而言，我们的内在是由很多不同甚至相反的部分拼凑而成，有很多不同的声音同时发表见解，我们的内在是一个乌合之众。我们常常做出一个决定，但很快又后悔了，因为没有一个中心能够做出真正的决定。一个人无法承诺，因为他的内在有很多相互矛盾的东西各自为政。

3. 头脑会制造幻觉蒙蔽你、安慰你。如果你过分渴望一个东西，头脑就会制造幻觉欺骗你，给你一个虚假的满足。我们晚上做的很多梦就是头脑给你的一个安慰，你白天不能满足的，头脑就创造梦境来满足你，以缓解你的紧张和焦虑。我们就是带着一个经常扭曲的智力，一个会制造幻觉的头脑贸然闯进金融交易市场，难免不被强有力的市场冲击得头昏眼花、七零八落。在进入市场之前，就内在而言，我们首先要在整合自己的心态上下很大的功夫，外在的方面则需要有一个完整和相对固定的交易策略和方案。在交易过程中智力与意欲的运作建立头寸之前，一般人能够保持相对客观，但不可能绝对客观。人就是过去所有经验积累的产物，每个人受过去的经验、积累制约，有人偏乐观，或偏悲观。乐观的人擅长做多，悲观的人则热衷于做空，但建立头寸后我们甚至无法保持相对的客观，大多数人绝对主观。智力被意欲所控制，这时的智力无法思考，头脑无法进行理性的思维，无法公正客观的分析市场，无法理性严密地进行逻辑推理。金融市场交易者做到自律是很困难的，就

- 231 -

是因为自律本身也是一种行为,既然潜意识能够控制人的行为决定,自然事前制定的自律行为也能被潜意识推翻而不执行。欲望决定潜意识,潜意识决定行动,行动影响结果,结果影响人生。其实我们本身也不是这样完全被动的,之所以我们是人就是因为我们有理性意识的存在,理性意识可以通过学习和练习或修行或顿悟来达到改变欲望和潜意识的目的,使我们在做出决定时能够更多地做出利于我们的决定,同时,也要强调一下潜意识并不都是坏的,否则我们就没有什么决定是对的,但其实生活中我们大部分决定都是正确的,即便是潜意识起决定影响的决定,其也是正确的,只是其中一部分决定出现了问题,尤其是在投资中,这样的问题可能会更多和更严重,造成的负面结果也更痛苦。

意欲操纵了思维,意欲寻求头脑思维对自己的错误决定给予支持,寻求合理化,这时的头脑思维在这样一个前提下展开工作,它排斥任何相反的观点,对任何不利于自己头寸的盘面迹象和信号视而不见,这时的思维有倾向性,因为染上意欲的色彩。正是因为这样,交易前的计划、策略至关重要。一旦进入市场,头脑思维就变得不可靠,完全无法信任,所以建立一个适合自己的交易系统非常有必要,例如止损,我们常常无法执行事先计划好的止损,而且还会为自己不止损寻找理由,为自己的行为找借口,放纵自己,放大止损,有第一步就有第二步,最后造成重大亏损。人的头脑还有这样一个倾向,你应该去做,而你却不想做的事情你会去推迟,这是欲望的一个诡计,这就是止损被一再推迟的原因。无意识的冲动对投机交易活动具有巨大杀伤力,投资过程中常有这样的现象,我们事先对这次交易进行了详细的分析推理,制定了周密可行的策略,但真正落实到交易活动过程中却变得面目全非,因为我们对于无意识的冲动给交易活动带来的冲击还没有充分的认识。

理论、分析、策略这些理性的部分只属于有意识的头脑,

第十一章 投资心理学

但这部分很脆弱。而非理性的部分，意欲的部分却是非常强有力的，它有它自己的愿意和不愿意、喜欢和不喜欢。理性的头脑只能建议，决策权和行动的能力属于非理性的部分，这就好像专家没有决策权，而掌握决策权的人又什么都不懂。

大多数情况下，人非理性的部分，冲动的部分无法约束自己，它常常不是根据理智上的对错、事实上的对错来行动，而是按照自己的本性和喜好来行动，就像伊索寓言里的蝎子，我们明明知道重仓是不好的，频繁交易是不好的，与市场赌气是不对的，但是我们还是没有办法不这样做，所以无意识的冲动对交易活动的最终结果有着非常大的破坏力。有意识和无意识，谁占据主导地位将决定我们整个投资生涯的成败。如何去了解和超越自己内在的无意识几乎是每个人都要面对的问题。如果我们采取回避的态度，这些东西就会不知不觉地进入我们的意识中，进而在暗中操纵着我们，这样事情就变得更加糟糕，因为我们如果对它们没有察觉的话，就没有办法预防。人的无意识冲动是一种习惯或习气。习惯的力量非常强大，它一旦形成就不再需要你的帮助能够自己运作，通常我们只是它的奴隶，那就是为什么我们总是犯同样的错误而不能自拔。回避是无法超越的，只有和它们面对面地接触，有了彻底的了解，才有超越。一个人必须要花很大的功夫去穿透自己的无意识，经常性的捶打和练习是需要的，仅仅理智的了解不会有太大的帮助。

自我是所有发生在自己身上事情的原因，但自我总是向外找借口，一旦什么事情出错，我们通常首先要保护的就是自我。自我会去怀疑一切，唯独不去怀疑他自己，其实我们的自我才是最可疑的，所以一个人首先要变得真实，这是在期货市场上能够成功的首要条件。一个虚假的人很难在市场上生存，因为他不习惯面对事实，他会自我欺骗。

在我们的成长过程中，出于生存竞争的需要，我们形成了一个很坚硬的自我。也许在其他行业，没有什么能够像自我那

- 233 -

么成功，但是在期货市场，再也没有什么能够像自我那么失败。

1. 抗争的心理。我们从小所受的教育都是建立在抗争和竞争的基础上，如征服自然、战胜各种艰难障碍、与困难斗争，这种意识已经深深地扎根于我们的内在，我们进入期货市场时还是带着这样的心理意识。我们常常看到一些各行各业的精英、成功人士来到期货市场，但他们失败了，而且遭到了比一般人更彻底的失败，这是因为这些其他行业的成功人士都有一个很强烈的自我，他们不相信自己会失败，也非常不愿意接受自己的失败，他们的成功使他们的个性变得很坚硬，所以当市场变得对他们不利的时候，他们不懂得屈服和退让，而是采用抗争的态度，直到被摧毁。

在期货市场生存下去往往需要一些反人性的品质，柔软而有弹性的交易者更适合投机市场，坚硬的人很快就会被淘汰。老子非常赞赏柔软的品质，他说柔软的东西更有生命力。当飓风来临，柔软的小草能够安然无恙，坚硬的大树却被连根拔起。在人性中有这样一个几乎是最顽固的倾向，那就是捍卫自己的观点和不情愿承认自己在判断上出现的失误，所以一个人不管自己是对是错，都会把自己的态度坚持到底，因为那个观点是自己的观点，所以他捍卫的不是真理，而是他的自我。

人性为什么喜欢抗争？因为通过抗争、摩擦、否定，对别人说不，一个人的自我就会被增强。通过抗争他会觉得自己是强有力的，觉得自己是个人物。顺从、屈服，说是却很伤一个人的自我，那就是为什么有那么多的人喜欢跟别人抬杠。人性中这种抗争的天性、这种不愿意屈服、不愿意放弃自己的错误的态度是期货交易的最大障碍。

2. 追求完美的心理。追求完美是一种非常贪婪的心理，是一种极端的心理，因为追求完美，你就不允许有一点瑕疵，就不能承担哪怕小小的损失，该止损时就难以下手执行；因为追求完美，一个人就试图抓住所有的波动，不希望漏过任何行情。

第十一章　投资心理学

每个人都有自己的局限性，都有自己不擅长的领域，追求完美的心理很容易导致重仓交易和频繁交易。

3. 毕其功于一役的心理。把单次交易的结果看得过重，图谋在一次交易中暴富，或者拒绝在明显看错市场的情况下止损离场，坚守亏损的头寸。

期货交易是长期的过程，没有必要为一次交易的结果弄得要死要活，死去活来的。有时候接受一些小的损失是非常必要的，这样就能够预防大的亏损，这就像适当的感冒对一个人的整体健康有益无害。

4. 数钱的心理是一种患得患失的心理，我们一旦建立头寸，就会时时惦记账面资金的起伏变化，并被这种变化左右了情绪，忽略真实的行情本身，这对我们正常的思维判断有非常大的干扰。

我们更应该注重过程的正确，而结果就会随之而来。如果提前去考虑结果，就会扰乱整个交易过程，从而导致操作混乱。人的头脑总是提前跳到远处，想着虚幻的结果而忽略当下真实发生的事情，这是我们生命中最大的荒谬和颠倒。转换时间框架本来是短线交易的单子被迫转换为中长线，还有把本来中线的单子做短线处理，整个交易混乱无序。

很多预测都是主观的，不是客观的，甚至许多著名的咨询机构的预测都是错误百出。你预测了行情或者相信某个市场评论的观点，你就很可能无法看到市场的真实面貌，因为你会把自己的主观看法投射到市场，市场变成一块屏幕，不论市场怎样波动，你都会有自己的解释，你会形成一个看多或看空的情结，这个情结就像一块乌云一样笼罩在投机者的脑海里，最后这个情结就变成了死结，就会带着扭曲的观点看待市场长达数月甚至数年之久，从而导致整个投机活动陷于瘫痪，这就要求做投资要有一套好的技术交易系统，这套技术交易系统可以使我们在不符合技术条件时身处场外，避免造成巨大的损失，这时我们可以认为技术交易系统是用来弥补我们无意识的错误决定，避免灾难性的结果出现，可以说技术交易系统是用来保命的。

你不愿意设置止损位，因为你相信任何对你不利的波动都是短暂的，市场最终会回到你预测的方向上，许多投机者在试图抓住市场底部或顶部的时候损失惨重，不要被盘面短暂的迹象所吸引，除非市场发出明确的入场信号，有时候盘面的短暂波动非常诱人，我们不顾一切冲进去，但我们没有认真考察这一小段波动在整个大趋势中的地位，这种交易只有很低的胜算，常常让我们狼狈不堪，最糟糕的交易方式是重仓甚至满仓频繁地杀进去，杀出来，这是完全失去自制力的行为，几乎是一个疯子。一贯坚持在那些最有可能成功的交易上下赌注，这是一个胜算和概率的问题。有些市场情况或价格形态你可能非常有感觉，而且以前同样的情形曾经获利过几次，那么不要错过这种出手的机会。根据胜算的大小调整你的入市头寸，放弃那些不合自己的交易机会，因为在这种机会面前你会缺乏自信，迟疑不决。

有意识的准备才充分，才不会匆忙，才会把事情做得恰到好处。频繁交易必然导致整体交易质量的下降，因为脑子里有太多的头绪，整个思维必然处于混乱之中。糟糕的交易不仅带来损失，而且还会妨碍在真正的机会出现时及时入市。

我们常常因为耐不住寂寞而不能保持空仓，其实保持空仓是非常健康的，你可以保持中立的态度，客观冷静地观察市场，一旦真正的机会出现，可以坦然地进入市场。平时我们做了大量不应该做的交易，当真正的获利机会，真正属于你的机会来临时，你却正深陷不良交易的泥潭当中，根本无暇顾及，这是期货交易中最遗憾的事情之一。提升自己的意识状态，达到一个更高的立足点，有些问题无法在同样的层面被解决，因为在解决这个问题的过程中会产生其他新的问题，所以问题只能被

第十一章 投资心理学

超越,而不能在问题的层面上被解决,同样,金融交易中有些问题无法在交易的层面上被解决,这需要一个交易者把自己提升到远远超出市场之外的高度,这样原来的问题将会被超越。这方面无法依靠理论学习、知识积累达成,因为理论知识是外在的、死的东西,智慧是活的,是悟性、洞察力、敏感度、大局观,这些微妙的和无法量化的层面,这些内在综合素质的提升需要借助哲学和宗教。

哲学的任务是认识你自己、认识主观世界和客观世界的关系。哲学素质的培养有助于提高我们的理性意识、大局观、整体感。一个交易者不仅要有能力观察市场盘面的动向,同时还要洞察自己在交易过程中的心理动态,因为交易是一个双向互动的过程,当主体和客体的动态都能够反映在你的意识中时,这种洞察力才是真正的智慧。

宗教直接在我们的欲望上下功夫,当一个人有了宗教意识,他的欲望自然就会淡化。当我们的内心不再那么狂乱焦虑,当我们不再那么急功近利,我们的智力就会更加清晰,我们将会更加客观冷静,从而少犯错误。

内在的提升是长期渐进的过程,主动地、有意识地控制我们的内心,我们将会有一个全体的视角,就会以一种超然的心态看待整个事情。

二、投资心理在投资实践中的运用和体会

一次成功的投资过程其实是很多综合因素同时完美地运用而形成的最后结果,其中包括基本面分析、技术分析、资金管理和投资心理等因素。基本面分析和技术分析由于有很多专业著作论述过,这里就不论述了,我们主要是简单地谈谈投资心理在投资实践中的运用和体会。投资心理在我们的投资过程中占有很重要的地位,其实我们每一次的投资过程都包含着对投资心理的运用。投资心理其实也包括很多方面,由于人们在投

资过程中往往会被某一种商品或投资领域的价格上涨而进入一种癫狂状态，从而使价格在不断上涨时给我们带来很好的投资机会。

其实在笔者读过的书籍中有两本书对笔者产生了比较深的影响，一本是马克思的《资本论》，其中一个重要的观点就是任何商品的价格都是围绕着商品本身的价值上下波动，也就是说只要是商品，价格就会有涨有落，没有只涨不跌的商品。还有一本书是《非同寻常的大众幻想和群体性癫狂》，书中列举了英国著名的南海公司事件和荷兰的郁金香事件。通过这两个事件，我们作为局外人可以很清晰地看到当时人们是何其的疯狂和不理性。也许有人会说那是过去的人在一个不是信息化的社会发生的事件，现在这种信息发达的时代是不可能出现的。其实不然，当代社会其实人们在不停地重复过去人类犯下的同样的错误。

下面谈谈在投资实践过程的操作过程和想法。黄金作为投资品种中重要的一种商品，我们就来谈谈它。首先我们应该认识到黄金是作为一种商品出现的，既然它是一种商品，不论它的避险功能多么的重要，它终归是商品，那么它的价格就会围绕价值上下波动，这就是我们需要深信不疑的观念。自从2000年开始黄金的价格就进入了一个超级牛市的上升通道中，价格在将近十年的上涨过程中，价格由原来的每盎司250美元一路攀升到2011年9月创下的每盎司1922美元的高点，价格上涨高达8倍，这个涨幅真可谓大得吓人。此时可以看到媒体对黄金是一片看好，有人甚至把价格预测到了每盎司10000美元，这时我们看到人们的疯狂情绪已经被点燃，从一千美元开始上涨时人们的理由是美国推出了量化宽松，量化宽松加速了美元贬值，同时人们开始担心美元贬值会带来通胀，这就是人们买入黄金来抵御通胀，随着时间的推移，当美联储开始进行第三轮量化宽松政策时，美元也达到了每盎司1922美元，在这之

第十一章 投资心理学

后量化宽松政策还在继续实施，但是黄金价格却开始停滞不前了，在这之后的近两年的时间里，黄金开始在高位盘整，虽然专家还在不停地看高黄金价格，但是黄金价格却再也没有超过每盎司 1922 美元，这时笔者注意到黄金在普通百姓的心目中已经被神话，如果笔者提出黄金价格会大幅下跌，别人都会投以不信的目光！时间来到了 2013 年 2 月，笔者在生活中已经感受到人们对黄金的疯狂情绪，这时的媒体、百姓、专家、投资者都深信黄金价格将来还会涨，但是黄金的价格这时已经下跌到了 1600 点附近。这时笔者发现一个很有趣的现象，价格在下跌但是市场情绪还处在一个坚定看涨的状态，这就说明普通投资者已经被此前黄金价格的大幅度上涨带入了一种情绪癫狂状态。其实这时我们再结合基本面来看，黄金的基本面有没有发生任何改变。这时的美国经济已经比较明显地复苏，失业率已经降到 7.4% 左右，有专家开始建议结束量化宽松政策。失业率距离美联储设定的结束量化宽松政策的前提已经很接近了。虽然宽松政策还在，但是我们已经能知道，在未来的一定时期内，宽松政策必然会结束。价格为什么会在普通的投资者一致看高的情况下还在下跌呢？就是因为这时有一部分有远见的投资者开始减少黄金的持有，因为黄金的价格已经很高，股票等风险资产的高收益已经远比持有黄金带来的收益高很多，而且经济向好，这时风险资产的风险并不突出，同时还能带来高收益。持有黄金在某些投资者心中开始变得不再划算。接下来我们再看看技术方面，经过两年的高位盘整，很明显这很可能是一个典型的双头，这时价格已经来到了头部的颈线附近，我们如果在这时总结一下，会看到各种方面的情况，首先，马克思已经告诉我们没有只涨不跌的商品。其次，人的情绪已经不再相信价格会大幅下跌，通过各种媒体和身边的人们已经能强烈地感觉到对黄金的强烈的心理追逐（后来出现的中国大妈们的疯狂可以很好地证明这一点）。再次，黄金基本面上涨的理由量化宽松已经可以预见在未来将会有可能结束,通胀也没有在世界范围内出现。所以基本面也开始不再支持黄金的持续长时间上涨。还有技术图形开始明显出现双头图形。再结合长达十年的上涨周期,都已经表明黄金的价格难以持续上涨了。综上各种因素,黄金下跌已经成为大概率事件。笔者在 2016 年 3 月 25 日黄金的价格跌到 1600 点时开始全力做空,后来的大跌速度之快其实超出了笔者的想象,后来笔者在 1387 点时止盈出局,随后就出现了闻名世界中国大妈疯狂购买黄金的现象。由于笔者实在不知道黄金会反弹到哪里,所以反弹也就没参与。当黄金价格再次进入反弹后的盘整期后笔者就再次重仓进入,支持笔者这样做的理由其实很简单,普通的中国大妈哪里有实力长期维持很高的购买量,随着时间的延长,购买量回归正常是必然,同时这也再次验证了群体性行为过后的悲惨局面,中国大妈们不可能通过自己的盲目来战胜市场。群体性的非理性结局只有一个,那就是会一地鸡毛。

你的情绪来源于你对事物的看法,而非事物本身。心理学中,情绪是对一系列主观认知经验的统称,是多种感觉、思想、行为综合产生的心理和生理状态,所以,你如果能从根本上改变对事物的看法,那么情绪也会得到很大的改善。

是不是学了心理学就能很容易地驾驭情绪呢?答案是否定的,可能大家都会有种主观臆断,医生能够救死扶伤,药到病除,那么他们一定是身体健康没有疾病困扰的,其实从白求恩的事迹中就能获知,医生也是凡人,也有生老病死,同样,心理医生也一样,并不完全能够驾驭本身的情绪,也就是说,看得懂不一定能做得到,但只有先看得懂,才有可能做得到。

掌控情绪才能掌控未来。痛苦能让我们看清现实,理性能让我们反思自我,悲伤能让我们更懂得珍惜,焦虑能让我们提前做好准备,恐惧则会赋予我们的行动去勇敢面对一切,我们应该积极控制情绪,学习知识,面对消极情绪给我们的行为带

第十一章　投资心理学

来的干扰，有人站在山顶，有人站在山脚下，高低不同，在不同的人眼中看到同样的事物但是给人的印象却是不相同的。别让情绪驾驭了你，你要学会驾驭情绪。

没有人会在看了一本简易外科手术的书籍后就去开一个诊所；没有人会在看了一本烹调书后，就去开一个餐馆，但是更多的人在看了一本投资书籍后，在没有任何时间和金钱上准备的情况下就杀入这个残酷的金融市场。全面掌握金融知识是我们做好金融交易的前提，多学习是我们取得进步的源泉。心理学知识是我们做好金融投资的必备技能。

第十二章　交易心态

投资是件非常复杂的事情，除了宏观、政策、市场和技术层面，投资者自身的心态也至关重要。

心态为什么重要？无论做任何事情都要具备一个正确的心态，而决定我们成功与失败的关键，心态占80%，其他占20%。世界上没有不好的人，只有不好的观念。做事取决于自己的心态，人生的辉煌始于观念的转变。成功的起点是自信，始点是坚持。

人生中你认为什么对你有价值，有许多事看起来很难，但只要你有决心，就没有办不到的事。别人能够办到的，那么就要相信自己一定能够办到。很多人无法面对胜利的前夕，然而只有一步之差，而又不敢进取，最后走向失败，庄子曾告诉人们，一个人的心态能决定他的生活态度，一个人的见识和阅历，决定他的能力和胆识。在生活中，我们也会发现，决定成败胜负的关键，有时不一定是一个人的技术水平，而是一个人的心态。所谓狭路相逢勇者胜就是说明心态在关键时刻的作用，当一个人患得患失、心有所虑的时候，你所有的经验和技术水平都不能得到很好的发挥。

有人做过这样一个实验，一个科学家和十个实验者参加实验，在一个黑咕隆咚的屋子里，铺了一座独木桥，科学家对实验者说："这屋子很黑，前面是一座独木桥，现在我领你们过桥，你们跟着我走就行了。"十个人跟着教授，如履平地，稳稳当当走过了独木桥，来到屋子的那一端，教授打开了一盏灯，实验

第十二章 交易心态

者定睛一看，顿时吓得趴了下来，原来他们走的不仅是一座独木桥，在独木桥下面，是一个巨大的水池，水池里还有十几只鳄鱼在来回游动。这时，教授说："这就是刚才你们走过的独木桥，现在我往回走，你们还有几个愿意跟我走？"结果是一个人都没有，全都趴在那不动了。教授说："我要求你们，一定要站起来，勇敢地跟我走。"最后终于站出了三个人，结果一个人走到一半就哆嗦了，蹲着、蹭着好歹过去了，还有一个人刚走几步就趴下了，最后爬了过去，只有一个人总算勉强过去了。教授再动员那七个人，他们说什么也不走了。这时，教授又打开了几盏灯，大家看到在桥和鳄鱼之间其实有一道防护网。教授说："现在有谁愿意和我一起走过去？"这回有五个人走过了独木桥。

投资心态很重要。人生是一场盛大的旅行，在路上你会遇到很多人，见很多事，或为某个人某件事停留，但心仍是向往着诗和远方。投资是一场没有尽头的修行，在路上你会收获喜悦、悲伤、感动，甚至愤怒。很多投资者都是抱着一夜暴富的心态走入这个市场之中，但很多人没有考虑到投资市场有可能给他们迅速翻番暴富的机会，但是也存在着迅速爆仓血本无归的可能，这就是所谓的攻上不足攻下有余，诱惑即陷阱，欲望即杀机，轻则捶胸顿足，重则万劫不复，不要奢望空中掉馅饼，说不准落下的，就是致命的砖块。摆脱诱惑不难，需要我们在浮躁中淡定，在利益前从容，抛弃世俗的羁绊，坚守精神的阵地。假如你输了，不是输给了外在的诱惑，而是倒在自己的欲壑中。

当然，人有欲望并不是错，人生下来就有欲望，而在这个处处充满诱惑的市场，你都不知道自己何时就会开始改变，欲望变成了贪婪。理智的人知道如何利用贪婪获得成功，而意志薄弱的人则在贪婪的泥潭中无法自拔，清楚地看见自己深陷其中而不知道自救之道，心态从焦虑到最后的心如死灰，那么心态该如何调节？

一位哲人说过"你的心态就是你的主人",在投资的这条道路上,心态也决定着你的盈亏!一个人有什么样的精神状态就会有什么样的生活现状,这是毋庸置疑的,就像做生意,你投入的本钱越大,将来获得的利润也就越多。生活中,一个好的心态,可以使你乐观豁达;一个好的心态,可以使你战胜面临的苦难;一个好的心态,可以使你淡泊名利,过上真正快乐的生活。因此,在投资这条道路上心态也是成功的要素之一。

金融投资中的赢家心态非常重要。我们在股市里为什么会亏钱?除了自身能力问题之外,心态也尤为重要。即便我们有正确的分析和良好的交易系统,但如果我们缺失赢家的心态,我们一样会失败的。

而先赚钱还是先有好心态,这就好比是先有鸡还是先有蛋,说不明白,道不清楚。赚钱了,自然心态好,亏钱了自然心态差。不以涨喜,不以跌悲,是鞭策,是警语。那究竟怎样才能有个好的心态?说来也简单,你得先评估一下自己的能力,你每次交易的时候有多大的把握?也就是我们上面所讲到的,你得做在自己能力范围之内的交易才可以,甚至没有90%以上的把握你都不要交易,赚的次数多了,亏的次数少了,自然就有好的心态,而这一切得从基础做起,连分辨好坏的能力都不具备,最终吃亏的一定还是自己。

期货市场是一个以保证金为杠杆、双向交易加上T+0交易的投机市场,在获取高收益的同时也存在着高风险。建立期货市场的初衷是出于现货商套期保值的需要,然而在这个市场中90%的参与者却是投机交易者,因此他们有可能迅速翻番暴富,也可能迅速爆仓血本无归。一个高风险高收益的行业,恐惧和贪婪必然不可或缺,这个行业是最能暴露人性弱点的行业。交易者使用相同的交易方法,结果却可能大相径庭。工欲善其事必先利其器,但是要想成功光有工具还是不够的,正如克劳斯所言,交易者在交易中不断重蹈覆辙,屡教不改,真是令人

第十二章 交易心态

百思不得其解！面对这种行为，交易体系构思再精巧、再久经考验，也无济于事。为什么呢？人都是感情动物，一个情绪处于高度亢奋或极度恐惧状态之下的人怎么可能还有理性的存在，理性都不存在了，所谓的交易系统怎么还能正常运转呢？所以良好的交易心态是交易成功的必要条件之一。

良好的交易心态不是说有就有的，既然恐惧和贪婪是必然存在的，我们时不时就会被这些干扰，那么我们真的就没有办法了吗？答案当然不是，我们要承认人和人的心理承受能力是不同的，所以我们参与交易的持仓数量就要因人而异各有不同，有很多人模拟交易时胜率极高，但是一旦进入实战就判若两人，为什么？就是因为持仓后心态发生了变化，好似指挥官的心理一般未战先乱，那又怎么可能胜出？只有把仓位降低到自己的心理承受范围之内，使决策不再产生困扰。

在实际交易过程中有很多人总是把自己的失败归罪于心态不好，这是不对的。在交易中，我们经常不严格执行计划，或者失去理智，或者冲动性交易，或者有计划，但是在行情中变得无纪律，或者愤怒、厌恶、心态恶化等，这些都导致我们交易亏损或失败，我们通常也都喜欢将交易的失败归结到心态方面，而且理由看似很充足，能站得住脚，为什么大部分人都很自信地把交易的失败归罪于心态呢？因为期货交易是多空交战，大概就是 50% 的成功率，无论你采用什么交易方法，总会有一些盈利的，因为行情不是涨就是跌，总会有些交易让你赚钱，哪怕你水平是零，也肯定有许多盈利的机会，就因为如此，新人们才觉得自己是有能力挣钱的，要不然怎么会有一些盈利的例子呢？有的时候还能连续盈利，还盈利不菲，而且成功率还不低，这是导致他们相信自己是有能力盈利的原因，如果失败了，那自然就是心态问题。而我们知道，大部分人，尤其是新手们，没有完整的体系，就别说什么理念了，他们主要是胡乱交易、胡乱预测，当行情出现与自己预期不符的情况时就硬抗，导致大出血，埋怨自己当时心不狠，不坚决砍，执行力不强，是心态不好，而他们如果砍了，结果行情又回去了，他们又会抱怨自己太恐惧了，没有耐心持仓等待利润，心态真不好等。你们发现没有，这两种心态是相反的观念、是矛盾的，但是都落在同一个人身上。无论他们怎么亏损，无论亏损的方法是什么，他们总能找到对应的心态与之对应，所以当他们亏了，就很容易找到匹配的心态症结，然后抱怨自己心态不好。当行情蒙对时又不自信，生怕行情反转到手的利润没了，就跑得快，他们又会抱怨自己太小心眼、太小气，本来是可以多赚一些的，还是心态不好所导致，自己不够贪婪所致，而当坚持行情，出现不少利润时，他们想赚更大利润，结果行情回调，利润回吐，他们又会抱怨，怪自己太贪婪，还是心态不好所致。总之，只要他们没有把全部的利润都装到腰包，总能找到对应的心态与之对应，所以当他们少赚了，很容易找到对应的心态症状，然后归结到自己的心态不好所致。不仅新手们，其实做了许多年的交易者，也容易把失败轻易推给心态，他们为什么不把失败推给自己能力不行呢？岂不知，他们的盈利，很可能只是蒙对了行情，而不是自己能力的原因，不属于自己的能力范畴，但他们意识不到这个问题，或者意识到了但又不愿意承认自己的能力问题。

　　如果脱离了基本功去谈心态，完全是空谈，例如，我们经常听到交易最需要的是耐心，的确，交易确实需要耐心，但是，你要等待，你等待什么呢？你知道你要等待的行情何时到来，幅度又是多少？没有基本功，你根本就不知道自己要等什么。如果你有了基本功作为基础，在什么点位应该进，什么点位应该出，心中有数，耐心地等待，你自然就知道自己需要等什么了。如果自己都不知道在哪进、在哪出，谈何耐心？谈何等待？如果你对行情的各种演变都做好了各种对策，就会处变不惊、心无挂碍，所以要想心态好，就必须先扎实基本功，做到计划交易，

第十二章 交易心态

交易计划。对于很多人来讲，还没达到高手阶段之前，主要还是基本功问题，切勿轻易将自己的失败归结于心态，否则永远走不出交易心理怪圈，无法突破交易的那个瓶颈，我们只有找到自己问题的所在才能解决问题。

那么，我们又该如何提升自己的基本功呢？笔者认为理论必不可少，但只有理论不行。接触一个交易理论，我们要把这套理论拿到盘面上，复盘、验证，找到契合度和极端的情况所在，然后在自己的实盘中加以应用，反复尝试、总结的同时，不断完善自己的交易体系，才是提升自己个人交易水平最好的方法。没达到高手阶段之前，主要是基本功问题，像少林武僧一样，把马步扎实了，再修炼招式和内功，才能成就卓越的投资行为。交易如何才能有个好心态，涨了开心，跌了难过，这本就是无可厚非的事情，人无完人，况且我们也不是什么了不起的人物，更加无法做到心如止水，处世不惊，但控制情绪的确应当是生活中非常重要的一种能力。

反思自己的能力，这是散户应当有的一种觉悟。无论是专业知识，还是临盘交易经历、经验都无法与专业的团队比拟。而对消息面的解读或者对政策的敏感度就更加不能相提并论，如果你不拥有足够的管理、财务上的专业能力，谈基本面也就只能骗骗自己，当你一直以来所坚持的盈利模式无法使你轻松获利时就应当反思，你的坚持究竟还有没有存在的价值。简单来讲，你不赚钱的原因是你在做着你能力之外的交易。

排除一切外在因素，市场中每天杂乱无章的财经信息使人眼花缭乱、应接不暇，要从这些海量的资讯中筛选出有用的信息，显然不是一件容易事。我们无法在专业能力或者消息来源上对抗专业团队，就只能从公开的宏观经济研究入手，抓住事物的主要矛盾。研究经济的周期通过周期判断交易机会出现在哪些品种上，结合易学易懂的技术分析、技术指标建立和完善自己的交易操作系统，把基本面周期分析和技术操作系统相结合，这样我们就会发现我们能找到机会，当机会到来时我们又能抓住机会。能力的提升带来的是机会，机会的发现带来的是良好的心态，当机会有很多，我们就会不急不躁，而不急不躁的心态能够使我们看待事物更加心态平和更加客观，使我们做出符合事物客观发展的决策。心态不是万能药，好的心态是建立在能力之上的，不是空中楼阁，不是好心态成就了好交易，而是胜任交易的能力促进了好的心态的形成，好的心态的培养促进了能力的发挥，相互促进相互作用。

要培养良好的心态。得之淡然，失之泰然。获得利润要有一颗淡然的心，戒骄戒躁，从容应对。出现亏损更要泰然处之，失败是成功之母，经历风雨才能见彩虹。面对得失，投资者应该善于总结经验教训，不断摸索前进。

开阔视野，不局限于蝇头小利。面对机会，投资者的时间、精力、资金都是有限的，鱼与熊掌不可兼得，要有所取舍，做好权衡，规划好轻重缓急，选择概率大的，放大视野，着眼于大利益，不要只盯住眼前的一点小利益。

坚持策略，坚定信念。投资前要有计划有策略，制订好策略就要坚定信念，按照策略进行投资，不能做墙头草，随波逐流，出现突发情况就乱了阵脚。如果做错了方向，就应该坚决清仓，不能存在侥幸心理。

积极乐观，健康向上。当今，抑郁症司空见惯，而过劳死也不少见。身体是革命的本钱，投资者除了关注盈利外，更应该关注自己的身心健康。一个心理健康的人判断行情更游刃有余，头脑清晰的人获利会更多。

纠正偏执，勿使人生败走麦城。偏执是不可小觑的缺陷，偏执性格的人，往往是高度的敏感，对别人小小的伤害和嘲讽常怀恨于心，而且思想行为极其固执、孤僻，对别人的成功常抱怀疑和猜忌的态度，总之，偏执是一种可怕的病态心理，所以我们一定要结束这种固执的心态，改变能改变的一切，容纳

第十二章 交易心态

不能改变的一切,摆正心态,从容生活。

偏执诞生狂妄,一个人有主见,有头脑,不随声附和,不人云亦云,我们说这是值得称道的好品质,但是固执己见,自以为是就不被人认可了,而且长期的偏执,还会产生刚愎自用的性格,项羽英勇善战,堪称英雄,但他为人刚愎自用,一意孤行,以致鸿门宴上失去机会,关键时刻失掉谋臣,最终一败涂地。

不要死钻牛角尖,从小我们就懂得滴水穿石、绳锯木断的道理,他们无一不在说明坚持不懈带来的成功,那些半途而废的行为让人惋惜,然而生活中就有一些事情需要半途而废的精神,它带给我们的是变通,不钻牛角尖,不一条路走到黑,不一眼打井,就是不让我们固守一成不变的东西,这也是人生应该掌握的改变固执的智慧。

偏执者坚持自己的看法,缺乏变通的智慧,因而常常正邪不分,忠奸不辨,没有见识,就不能观其人,听其言,因此不能知己知彼,不能客观、公正地判断一切人和事,这样势必后患无穷。

偏执心理是一种病症,患上这种病的人,往往走极端,死不回头,还自以为是,分明是自己做错了,却总觉得是别人不对,当自己不能和别人的意见一致的时候,从来不反思自己的对错,而总是觉得是别人做错了,所以,生活中我们一定要学会变通,不要一味地坚持自己认为正确的,有时换一种方式,天地会更开阔。

不论你的资金有多大,如果没有一个成熟的性格和良好的心态,照样让你有去无回、血本无归,这是血的教训,铁的真理。性格决定命运,心态决定成败。

任何一个立志于证券市场的投资者,要想取得成功,必须培养和锻炼自己的性格,使其不断完善和成熟,从而达到无招胜有招的卓越境界。成熟的投资理念和心态不是学出来的,而是磨炼出来的,只有磨炼出来的东西才最真实、最可靠,经得起市场的检验。投资者在操作时一定要有良好的心态,而没有良好的心态是无法在这个市场立足的。

正确的理念、完善的交易系统和良好心态是交易取胜的法宝,那么如何修炼交易心态做交易呢?归根结底就是要按照资金管理方案,执行好交易系统,所以交易系统、资金管理和心态,就成为交易最核心的三大问题。本文主要讨论其中最复杂、最难的心态问题。说心态问题难,主要是因为它不仅仅是一个技术问题,更是一个心理问题,因此,在讨论它的时候,不仅要考虑交易者与市场的互动,更要考虑交易者与自身的互动,需要在自己身上挖掘解决问题的根本性方案。

心态问题的重要性毋庸置疑,每位交易者都深有体会,那么如何解决心态问题呢?

交易系统是解决心态问题的重要环节,其实,所有的心态问题,归根结底都是交易无法盈利,要么是单笔亏损,要么是长时间处于亏损周期。亏损让投资者对未来产生悲观情绪,怀疑自己的交易决策,进而导致坏心态。当坏心态导致操作不当,由此而来的亏损也会进一步恶化投资者的情绪,这就是进入了所谓的恶性循环之中。若想摆脱恶性循环,根本点是能够盈利。如何做到盈利呢?就是要有一个可盈利的优良的交易系统。投资大师罗杰斯曾经说过"投资就是去捡墙角里的钱",而交易系统,就是帮助投资者确定墙角里是有钱的。如果有一套优秀的交易系统,那么,投资者就可以解决执行的问题了。世界上不存在百战百胜的交易系统,所以,使用交易系统做交易,首先要建立一个可靠的交易系统,同时熟悉这个交易系统的特性。交易系统没有完美的,适合任何时间段的,所以要根据实际情况做出调整。

做交易时,难免要面对长期的亏损,比如,股民在熊市中怎么做都亏;趋势跟踪的交易者在震荡行情中,无论如何都不

第十二章 交易心态

能盈利。此时，如果无法在系统中删除这些交易，就必须承受长时间的亏损。一旦出现这种情况，我们可以做一些技术上的处理，比如，规定好单周、单月最大亏损额，以免一段时间内亏损过大，但重要的还是要调整心态，坚定地执行交易系统。此时，我们应该考虑好究竟是要做一时的交易，还是做一世的交易。对投资者来说，如果不是以赌博的心态进入市场，如果不是想捞一把就跑，那么，我们就应该接受这种亏损期。如同行业有兴衰，人生有起伏，不仅单笔交易出现亏损是正常的，我们在一定时间内出现连续的资金回撤，也是正常的。不能一有低潮就怀疑自己，怀疑系统，以一世的思维，而非一时的思维考虑交易，会让我们在面对交易问题时获得一种释然的心态，不再锱铢必较，而是从长远着手，从交易生涯的角度着手，真正守护好自己的交易系统，谋求稳定的收益。

　　心态问题的出现，是亏损导致的，而亏损的出现，是因为我们没有一个好的交易系统，因为一时的盈亏，我们无法执行好交易系统。所以，解决心态问题，要做到两点，一是踏踏实实地设计一个好的交易系统；二是避免近期效应的影响，不过度关注一两笔的亏损，而是从交易生涯的角度思考问题，接受正常的亏损，如此便能收获一种轻松自由的交易状态，正如同卢梭所言"人生而自由，却又无往不在枷锁之中"。

　　既然我们注定要在枷锁之中，那么，我们就造一个"交易系统"的枷锁，并在其中悠游自在，否则，市场就会把我们困住，让我们受困于亏损与恶劣心态的恶性循环之中。遵守交易纪律，坚持交易原则是做好交易的基本要求。

　　即便我们有了适合自己的交易系统也不代表我们就一定会获得成功。丰富的知识，正确的世界观、人生观以及熟练的思维体系都是交易获得成功的必要条件。金融投资要求的是综合素质，全面的素质提升对我们获得一个良好的心态大有益处。

第十三章　交易观念

　　金融投资交易没有什么复杂的技巧，最重要的是观念，观念正确就会赢，成功者只不过是养成了一般人不喜欢且无法做到的习惯而已。芒格表现出了跟索罗斯类似的特立独行的特质，质疑主流经济学、高等院校及专业金融机构，对于这些他一律不信任。唯恐被坑的质疑精神，就是我们所说的批判性思维。如果非要相信一个人的话，那么只能是他自己。他只信任自己通过艰苦的跨学科学习思考后形成的原创思想、普世智慧。这种智慧影响了巴菲特，也给伯克希尔哈撒韦带来了惊人的业绩。芒格所说的普世智慧就是人类经过长时间总结的规律和道理，也就是人们所说的常识。正如胡雪岩所说，"人性是进化得最慢的东西，今天的人性和100年前的人性没有太多的变化"。对于每一位普通投资者来说，自身的人性弱点都是自己最大的敌人。常识在现实世界不是刻板认知，因为现实社会是不断地向前演进和发展的，我们遇到的情况和问题是不断以新的外在形式出现的。改头换面的变化会让人们迷惑于事物的外在变化。中国有句老话叫作"万变不离其宗"。很多常识认知还是适合这些新生事物的，只是在外在和事物发展的程度上有所变化，但未必就是本质的不同。常识性的认知也就是我们所说的观念才是投资者能否投资成功的关键。

　　你是否曾经历过这样一幕？在开仓进行一笔交易后，发现交易的进展比你想象中的更好。你胸有成竹，感觉利润已经是手到擒来、志在必得了，剩下的只是等着几时获利的问题，但

第十三章　交易观念

当你走开一会，哼着小曲，回来打开交易平台，脑中还在算着这笔交易赢多少钱的时候，你突然发现，价格走势不知道在什么时候突然转向，甚至已经击穿了你的止损，无疑是晴天霹雳，你甚至都不想去看你的账户总资金承担了多少损失，可能几分钟前心情还非常好，现在却非常糟糕，这可以说是交易中最令人沮丧的经历之一。煮熟的鸭子飞了，失落感久久挥之不去。而且，这还有可能形成一个心理误区，令交易者在之后的交易中犯下交易中的头号错误——在之后的交易中，交易者可能会患得患失，从而在有盈利的时候过早平仓，但这样是否是正确的选择？你认为那些泰山北斗，比如保罗·都铎·琼斯或者巴菲特，也会这样子，一有盈利，由于害怕转为损失，马上就平仓了吗？当然不会，巴菲特对于这种现象，甚至还有一句名言"当别人贪婪的时候恐惧，当别人恐惧的时候贪婪"。为什么急于获利了结往往使交易者反受其害？交易中的头号错误是风险回报不成比例，简单地说，就是交易者在输的时候亏损得多，而在赢的时候获利却很少，这种情况下，即便交易者交易胜率在60%甚至70%，他们仍然避免不了资金总账户的缩水，尤其对于那些在开仓之前没有一个完整计划的交易者来说，这种现象更为普遍。交易者在开仓时，可能基于很多因素的判断，比如基本面、技术面或者市场情绪等，而由于没有一个完整的计划，一旦这笔交易产生了一丁点利润，他们便迫不及待地要落袋为安，害怕到手的利润飞走，正如巴菲特所言，在该贪婪的时候，交易者选择了恐惧。另一方面，当价格走势不尽如人意时，有些交易者却往往紧紧持有，该恐惧的时候，他们却选择了贪婪。有些交易者，会反复对自己说"价格走势总是震荡的，我只需要耐心等待价格回到某点位"。过早落袋为安，以及迟迟不止损，结果一样都是灾难性的。

何时该贪婪？何时又该恐惧？交易者应当在进场之前，先计算好该笔交易所愿承受的最大损失，设置好止损。并且，控制好仓位规模，确保任何一笔单笔交易的损失都不会令账户承受灭顶之灾。在计划好止损后，交易者应当转为关注盈利方面。切记，根据风险回报比，止盈的最小距离应当至少几倍于止损的距离。换言之，当一个仓位开始展现出利润的时候就是时候贪婪了。

一切成功者，都是以众多的失败者为铺垫的，金融投机市场更是如此，这是市场循环的基础；市场众多的是失败者，有人说金融市场是埋葬精英的坟墓，究其原因，即使是精英在投资市场中也很难超越人性中的恐惧和贪婪。金融市场折射人生，映照人性。

在金融市场做正确的事情都是违背人性的，要转变固有的观念，以精确的思维对繁杂的事物进行判断。在交易中根深蒂固的旧思维难免会和新的思想产生激烈的冲突。我们要学会抛开杂念，抛开脑子里旧有的思想，彻底地改变自己。从学习方法、生活习性、思维方式、饮食习惯到为人处世都要改变，达到领悟事物内在规律的境界。

如果一个投资者不能超越自己的本能、改变自己的观念、改变自己的行为方式，就不可能在投资市场获得真正的成功。如果不改变内心，外表的改变是徒劳的，著名心理学家马洛斯说过，心若改变，你的态度会跟着改变，态度改变，你的习惯会跟着改变，习惯改变，你的性格会跟着改变，性格改变，你的人生会跟着改变。舍去执念才能峰回路转，只有彻底转变才能抓住事物的主要矛盾，从纷繁复杂中寻求事物的关键。有人终其一生不断探索市场，却从未花时间去了解自己。我们只有改变自己的一些观念才有可能在金融投资中走向成功。

客观立场是我们在金融市场思考问题的基本要求，这是我们能否正确思考问题的关键，怎么强调都不为过。立场就像是建筑的地基，立场的偏差就意味着大厦的倾斜。我们都生活在现实中，我们受过的教育或我们平时的喜好都能左右我们的思考。

第十三章 交易观念

第一节 正确评估自己的能力

我们每个人都有自己的优点和缺点，这是客观存在的，不会因为我们自己承认或不承认而改变。人类有意识的支配活动只占5%，无意识的思维活动占绝大多数，同时人类天生就有规避意识这个应该属于天生的自我保护的无意识活动，凡是对于不利于自己的任何情况都会无意识地回避或反击。身体上表现得更为明显，但思维上这样的情况也是如此，只是我们平时很少想这些罢了，人的自我批评和自我客观的评价是最难的，原因就在于深入剖析自己本身就是对于自己的伤害，就好比自己拿刀给自己做手术，即便我们知道手术不大，自己完全有能力完成，但又有几人能下得去手，思维也是一样。医生自己无法给自己看病也基本是这个道理。潜意识会规避不利于自己的评价，所以认识自己是最难的，但这也是金融交易中最重要的，有太多的人终其一生都在不断地探索市场，但最终也无法走向成功。

自我的认知和评价是金融交易的基础。每个人都有自己的能力边界，谁都不是万能的，我们需要了解我们的优点和缺点，不干超出自己能力之外的交易，通过努力完善自己能力较弱的方面。优秀投资者也是普通投资者最缺乏的，就是对自己诚实，这个"诚实"不是简单地不说谎那么简单，而是完全认识到自己的不足、有限和无知，不夸大自己的能力，不伪装自己可以预测未来的市场，更不盲目地以为自己可以分析一家企业准确的价值。然而，实际情况却是绝大多数的投资者和财经媒体，每天都在做着这些预测市场、预测价值的事情，也就是每天都在做着"对自己不诚实"的事情。对自己不诚实的结果，就是投资时往往做超出自己能力范围的事情，成功了以为自己无所不能、失败了则责怪市场或他人，而实际上都是对自己不诚实造成的。诚实的另一个重要因素，是敢于承认自己的错误，并且迅速地改正，但人们太难承认自己错误了，所以，当投资发生错误造成亏损的时候，非常难以接受亏损，这样就造成了亏损的持续放大，越亏越多直到被套牢。优秀投资者与普通投资者的一个最大性格区别点就是敢于认错，做到了对自己诚实，当发生投资判断错误时，能够迅速地转变过来，所以，他们很少发生大的亏损，遇到判断错误发生小亏损时，能够迅速认错减少损失，能够立即改正错误将亏损扭转为盈利。自视甚高，恃才傲物者必亡。

一、行业成就经理人

如果身处顺风顺水的行业，经理人很容易看起来像天才一样，但如果身处困难的行业，经理人大多数时候看起来就像笨蛋，因此可以说，很多时候是行业成就了经理人，正是意识到了这一点，笔者在挣扎了差不多二十多年后，终于离开了纺织业。

笔者认为，积累财富的秘密在于坚持做自己能力范围内的事，几乎99%的经理人都认为，如果自己在某一领域表现非常出色，在其他领域一定也能同样表现出色。实际上，他们就像是池塘里的鸭子，下雨时，随着池塘水面的上涨，鸭子也浮起来，但鸭子居然认为是自己而不是上苍让它上浮，于是，它们来到不下雨的地方，一屁股坐在地上，试图使身体浮起来，结果是可想而知的。

美国的经理人在面临这种窘境时，通常会雇佣副手或者聘请专家从而获得咨询。然而，他们根本没有意识到，超出自己的能力范围行事才是失败的根源。

笔者所在公司曾经聘请95岁高龄的布拉姆吉夫人帮助管

第十三章 交易观念

理公司的某项业务，96岁高龄的她离开了公司，建立了新的企业并开始和我们竞争。她非常顽强，每天她都开着车经营业务，简直太出色了。布拉姆吉夫人有自己独特的优势，她年轻时从俄罗斯移民美国，刚到西雅图时，她几乎不会说英语，脖子上还挂着写有自己信息的标签。现在她已经在美国生活了77年，可还是不能讲流利的英语，但她总是到处做广告，游说大家来她这里买便宜货，由于她讲不好英语，交易时常常需要通过纸和笔来交谈，但这并没有影响她的成功，真是不可思议！52年前，布拉姆吉夫人以500美元起家，开办了内布拉斯家具超市，现在这家超市每年的税前利润已达1700万美元。她认识数字，但是不会读，也写不出来。她也不知道什么是权责发生制，因为她根本没有任何会计知识，但是，如果你告诉她房间的结构大小，即使你的房子不是中规中矩的正方形或矩形，她也能准确判断你应该买多大的地毯。很明显，布拉姆吉夫人非常聪明，但更重要的是，她一直在做自己最擅长的事情。她非常善于交易，而且非常强硬。她可以一直与你讨价还价，直到你不得不马上动身去赶飞机，而最终让步的往往是你。

她非常清楚自己能做什么、在做什么、什么价格是可以接受的，所以她不会犯错，至少她不会在房地产交易上犯错，也不会在客户信用审查上犯错，但是，如果一项业务超出了她的能力范围，哪怕只是超出那么一点点，她也不会从事这项业务，举例来说，假如你试图跟她讨论股票，她无论如何也不会投钱到股市中，连10美分也不会投，她知道自己不懂这些，而且她非常清楚自己的能力范围。

二、工作中的彼得法则：每位员工都或将被升迁至不能胜任为止

实际上，知道自己的能力范围不是一件容易的事情。美国大公司的CEO们大部分都不知道自己的能力范围，这也是他

们进行了众多愚蠢的企业并购的原因之一,他们之所以能爬到企业的高层,可能是因为他们是成功的推销员,或者是出色的制造工人,或者在其他职位上做出了成绩,然后就非常突然地被安排到企业的最高层,负责运作上百亿美元的业务,从此之后他们的工作变成了如何配置资源、如何并购企业。可笑的是,在此之前,他们从来没有从事过任何并购业务,甚至不知道并购究竟是什么。

我们不会去做那些自己不了解的事情,也许这样做我们会错过一些机会,但我们不会做自己不熟悉的事情,即使麦肯锡咨询公司告诉我们这是一个前景美好的项目并为我们进行了详尽的分析,但由于我们对项目不完全了解,因此无法做出决定,我们绝不会参与这样的项目。我们因为无法评估而完全自愿地放弃了90%的项目,但是这又怎么样呢?我们的能力范围并没有随时间的推移而大幅扩展,因此我们只有等待,等待好的项目、等待机会,一年甚至五年都不是问题。

确定并严格限定自己的能力范围。如果我们不了解一项业务,就不会投资,例如,我不了解个人电脑是什么,根本不能判断哪家公司的个人电脑做得最好。即使这些我都了解,我也不清楚三年后哪家公司的个人电脑业务最好,但我知道三年后哪家巧克力店的生意会最好。你也许知道三年后哪家公司的个人电脑业务最好,但无论你怎样试图告诉我你的预测,我对个人电脑的了解都不会达到对巧克力的了解程度,也就没有信心做出决策。

投资的关键是确定自己的能力范围并注意保留一定的误差范围,只在能力范围内行事,而且必须承认,有些事情我们是无法准确预测的,你不可能玩任何游戏都赢,因为很多事情是你无法确定的,在这种情况下,我宁可等待那些有把握的机会出现。

在商学院,我告诉那些学生,如果他们毕业时有人给他们

第十三章 交易观念

一张打了 20 个孔的卡，代表他们一生中只有 20 次投资机会，每当他们做出一项投资决策，孔就会少一个，这样他们会更加珍惜每一个投资机会，并努力做出正确的投资决策，他们也会因此而更加富裕。但是，现实是投资者可以买卖上市的任何一只股票，你可以随意地作出投资决定，然后赌它能挣钱，但是，我们不会这样去做。

我们在等待那些明显能赚钱的机会，但华尔街的机制却不断怂恿人们买入卖出。如果交易所能定期关闭，人们的境况将会比现在好很多。

第二节　正确评估政府在经济发展中的作用

不否认不夸大是我们正确预测经济发展趋势的前提，如果我们人为地夸大政府对经济的影响力，那么我们预测出问题也就不可避免。忽视政府对经济的推动作用也是预测失准的常见问题。抛开闭关锁国政策对经济的影响，经济发展过程中都有其自身的规律，政府对于经济只能起到加速或减缓经济发展的作用。政策适当就起加速助推作用，政策失当就会起到减缓作用。我们预测未来经济，都必须要客观地评估政府的各项政策。我们每个人都有政治立场，但我们不能因为持有政治立场就从政治立场出发去解读政策的作用。一个失去客观的分析也就没有了正确可言。我们既不可以低估政府对于经济短期刺激政策，又不可高估这样的刺激政策的持续效果，客观地看待和分析政策的作用是我们宏观分析的核心。

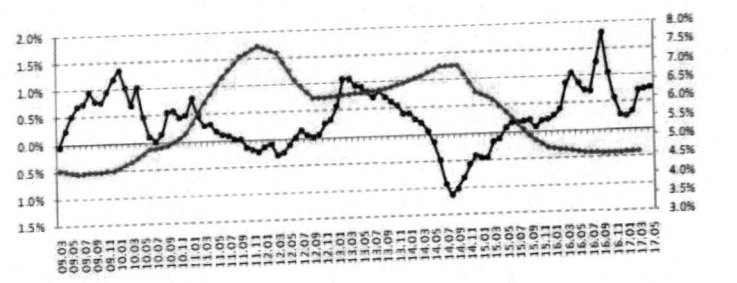

利率和房地产价格走势图

上图是利率和房地产价格走势图，从中可以很清晰地看到房价和利率的负相关性。

第十三章 交易观念

逻辑上也很好理解，利率降低也就相当于购房成本降低，这必然促进住房消费，消费的增加必然导致价格上行，价格的上涨必然促进房地产投资的增加，原材料需求必然也会增加，原材料价格上涨也就是必然结果。同样，利率上升必然导致购房成本的增加，购房数量的减少，必然导致销量的下降，也必然导致投资的减少，建筑量减少的结果必然是建筑材料价格的下降。

从中我们可以看出，政策在经济活动中的作用是显而易见的。经济的长期增长依靠的是人口，中期看政策，房地产投资在中国经济中具有举足轻重的作用。没有人口红利的支撑的房地产必然沦为投机炒作的金融工具，炒而不住的需求都是伪需求。因为炒作的目的是赚取差价，出售又是实现投机行为的必要途径，所以这样刺激楼市是不可取的，会导致大量空置产生。楼市的萎缩也就是必然，所以我们可以看到2015年大量的三四线城市的房地产库存在不断地累积，之后的2016年的刺激政策大幅推升房地产价格，但房地产已经基本满足了住房需要，人口对于房地产的拉动作用随着人口红利的减少而逐步衰竭，建筑量下降就是必然，这样的必然也会传导到经济增速，使得经济处于低增长状态，这也是为什么国家要时不时地刺激经济，因为自身的经济内在动力确实不足且不可持续。经济长期看人口是基本规律。

第三节 客观地面对交易品种的多空

在芒格眼里,有两个倾向会引起可怕后果,一是动机引起的偏见;二是带锤子的人式的倾向。"对于一个只有一把锤子的人来说,任何问题看起来都很像钉子",投资人最怕的就是这种由动机和自恋导致的错误,尤其是后者,严重的常常会对明显的问题用自我催眠的方式予以回避和自我说服,这样的问题在股市里表现非常突出。格雷厄姆和巴菲特的投资实践中,除了将股份当作整个生意的一部分之外,最为重要的观点就是安全边际了,而安全边际的基础就是价格,永远不要以乐观的未来收益评估现在的价格,但股市中市场处于乐观时人们乐观情绪会被进一步激发出来,乐观之后更乐观,从而忘却了风险。

第四节 市场永远是对的与市场永远是错的

市场永远是对的抑或市场永远是错的？到底是对还是错？我们来看看认为市场是对的这一派的观点，《市场永远是对的》一书的作者是托马斯 A. 麦卡弗蒂，他认为市场永远是对的，错的一定是投资者，持有这种认识的投资者很多。大部分投资者的观点是他们顺其自然、时刻尊重市场，他们经常说投资应该顺势而为，这种观点依据来源于市场有效性理论。如果市场是无效的，那么市场就不会在经济生活中发挥主导作用，并且我们会经常发现我们很难预测经济的发展，最后会发现事物的发展是合理的正确的，因此有人认为市场永远是正确的，同时我们也会发现在交易层面，这里面也包含着一些无奈，即无法预测趋势变化后的无奈之举。在交易层面表现为根据技术进行金融交易，排除其他因素包括宏观研究和基本面研究，只根据技术指标和技术形态等技术标准参与交易。

显然市场永远是对的这个说法是不准确的。从市场的有效性角度看，如果市场永远是对的，那又怎么会发生经济危机呢？而且经济危机还具有必然性，危机的发生不就是市场资源错配的累积结果吗？那么所谓的市场永远正确是不成立的。正确具有相对性不具有绝对性，这就像哲学里的运动和静止是一样的关系，运动是绝对的，静止是相对的。

我们再来看看市场永远是错的，这种说法以索罗斯最具代表性。此说法来源于波普尔的哲学理论，就是人对于事物的认知具有不完整性（也有说是不确定性）。人既然对于事物的认知有不完整性，那么同样的道理，金融市场也是人参与的市场，人都做不到对于事物的全面了解，人也就不可能做到对于市场价格的有效性，事实也确实如此。如果市场是有效的，已经全面地反映了市场的所有正确信息，那么我们也就不存在任何交易机会了。因为市场价格日内不会再波动，长期投资也不会存在，因为大家都知道未来的价格谁还会给别人机会，但实际情况却远不是这样。现实是日内交易价格无时无刻不在波动，长线机会不断出现，人们对于未来的预测并没有做到准确无误，甚至可以说市场的大起大落正是市场无效性的反应，而不是有效性的反应。

我们其实看看市场可以发现，我们看过去的行情，我们可以认为市场是有效的，因为价格的涨跌和最后经济的好坏总是相符的，我们看未来时我们又会发现市场对于未来是无效的，因为市场当下的观点往往是和未来的实际情况出现巨大的落差。人们当前的看法总是错的。如果市场永远是对的，那么又怎么解释其出现的不一致呢？比如，2017年2月份该合约价格最高在22000元附近，但到了2017年9月份，该合约价格在13000元附近，这样巨大的落差为什么会出现？难道这是有效性的表现吗？显然2月份的市场并没有有效反映9月份的市场，只是反应2月份的市场，所以我们基本上可以得出结论，市场的有效性只是在于市场对于当前价格和供需的反映，但不是市场对于未来价格的有效性反映，甚至说市场价格对于未来供需的预期往往会出现巨大的误差，这也是金融市场能够存在的基础。

所以说认为市场永远是对的和市场永远是错的都是不准确的，就像运动和静止是一样的辩证存在的，有效性和无效性都是相对存在的，我们不能绝对化两者的存在，也不能否认两者的存在。

第十三章 交易观念

第五节 交易的本质——试错

交易的本质是试错，也就是我们所说的概率问题。交易的本质是一个试错的过程，盈利来源靠的就是相应交易周期内为数不多的大波动大行情。如果因为害怕亏损而不去交易，畏首畏尾，最后导致错过了那波可以实现巨大盈利的行情，那盈利预期将大幅度降低。相反，我们不停地试错，控制每一次试错的成本，将其控制在风控范围之内，直到我们所等待的大行情出现即可，也就是说，这句话的核心点在于承认决定最终盈亏结果的不是胜率，而是胜率乘以盈亏比，认可这句话的人，基本上放弃了盲目地提高胜率，专注于获取稳定的胜率乘以盈亏比，这才是持续盈利的关键。

人类对于事物认知的不完整性就决定了交易中错误是不可避免发生的，我们理解这一点就要明白我们为什么要在交易中设置止损，以及我们不能因为失败而减少对于自己的信心。没有设置止损的交易是必然要失败的，没有信心的交易也必然无法继续。

第十四章 想象力

爱因斯坦曾经说过,想象力比知识更重要,因为知识是有限的,而想象力概括着世界的一切,推动着进步,并且是知识进化的源泉。严格地说,想象力是科学研究中的实在因素。一个优秀的投资者应该期许自己既有哲学的洞察力,也有美学的想象力,理性及感性兼具。想象力比知识更重要。因为知识是昨天的积累,而想象力则代表未来。想象力不是妄想症,妄想是无根据不可实现的空想。想象力是人能在过去认识的基础上,去构成没有经过的事物和形象的能力,一种特殊形式的思维,它是以感性材料为基础,把表象的东西重新加工而产生的新形象,因此任何想象都会有其根源。想象力是遵循基本经济规律并且在现有事实证据下进行高度逻辑性的推演后的一种大胆的假设和前瞻性判断。

从哲学的视角看待创造性思维方法在金融投资中的运用也具有恰当性。

金融宏观分析预测是开拓性、创造性要求非常高的特殊实践活动。掌握和运用创造性思维方法对宏观经济研究思路、提高投资能力水平具有重要意义。

所谓创造性思维,就是重新组织已有的知识经验,提出新的方案或想法,并创造出新的思维成果的思维方式。创造性思维是一种开拓大类认识的新领域、突破已有的旧思路、产生认识新成果的思维活动,例如科学家的发明创造、工程师的技术革新等。创造性思维是人类思维的高级形式,是在一般思维基

第十四章 想象力

础上发展起来的，是人类思维能力高度发展的表现。许多心理学家认为，创造性思维是多种思维形式的综合体，在创造性思维中，既有抽象思维，也有形象思维；既有逻辑思维，也有非逻辑思维；既有发散思维，也有收敛思维。创造性思维具有以下几个特征。

1. 独特性。独特性亦称独创性、首创性、新颖性。这是创造性思维最重要的特征，反映了思维内容的与众不同。美国心理学家吉尔福特（J.P.Guilford）认为，思维的独特性是具有创造才能的人的最重要的思维品质，是鉴别一个人创造力高低的主要标志。独特性反映了思维的深度及对事物本质特征的把握程度，只有触及事物的本质，才能棋胜一筹。牛顿的经典力学无法对光在真空中以每秒30万公里的速度传播做出解释，爱因斯坦的狭义相对论却独辟蹊径，系统地发展并突破了经典力学的原理。独特性还包含着首创性。

2. 求异性。创造性思维是对已有知识经验的重新组合，目的是获得新的思维成果，因此是一种求异性思维。创造性思维往往是一个破旧立新的过程。"破旧"才能"立新"，"推陈"才能"出新"，这个"新"就是打破传统思维模式、挣脱习惯性思维的产物。伽利略从大小石头同时落地测到质量不同的物体下落的速度是一样的，并通过实验推翻了亚里士多德关于质量不同的物体其自由落体的速度是不一样的论断；哥白尼大胆地提出"日心说"，打破了垄断人们思想几百年的"地心说"，由此可见，敢于怀疑权威，不畏强权，坚持对真理的不懈追求，是创造性思维的最大特点，也是其求异性的必备条件，值得学习和借鉴。

3. 灵活性。灵活性即变通性。创造性思维强调根据不同的对象和条件、具体情况具体对待，灵活应用，反对一成不变的教条和模式。

4. 敏捷性。由于创造性思维是以创新为目标，必然要求思维者有敏锐的洞察力，先一步看到别人所没看到的，想到别人所没想到的，这样才能比别人有所发现，有所发明，有所创新。牛顿从苹果落地发现了万有引力定律，阿基米德通过洗澡发现了浮力定律，瓦特通过观察沸腾的水蒸气冲击壶盖改良了蒸汽机等，这些都是创造性思维敏捷性特点的具体体现。

5. 突发性。创造性思维的突发性，是指一个人的思维长期处于紧张状态时，偶然受到某一现象的启发而获得顿悟、产生灵感的状态。当然，这种偶然的背后隐藏着必然，突发的基础是积累，是"长期思考，偶然得之"，如美国工程师杜里埃发现为提高内燃机功效，必须使汽油与空气均匀混合后再进行燃烧，但考虑多时，一直无法解决应用问题，后受到妻子在头上喷香水的启发，发明了喷雾化油器。德国化学家凯库勒在研究有机化合物苯分子的结构时，长期思考未能解决，一天，他坐在火炉边沉思，渐渐进入睡眠状态，忽得一梦，梦见好多条蛇在眼前晃动，每条蛇都咬住了前面一条蛇的尾巴，组成了一个环，这些蛇组成的六角形的"环"使他茅塞顿开，解开了苯分子的结构之谜，由六个碳原子各带一个氢原子组成的六角形结构，这些都是思维的非逻辑性的表现。

6. 跳跃性。创造性思维常以偶然的机遇为契机，突然产生某种判断和结论，它的起点和终点并不具有明显的逻辑必然性，例如科学家对某一问题长期思考而没有结果，却在偶然情况下忽然产生灵感或顿悟，解决了问题，这种思维即具有跳跃性。

7. 综合性。创造性思维是一种综合性思维。法国遗传学家F. 雅格布（F.Jacob）说过，"创造就是重新组合"，知识是创造性思维的基础，丰富的知识使思维主体站得高、看得远，容易产生新的联想和独到的见解。创造本身常常是"智力杂交"的结果，它既是各种知识的相互渗透、相互结合，也是多种思维形式和方法的综合，如交叉学科的兴起就是综合思维的结果。

8. 联动性。创造性思维是一种联动性思维。它善于由此及

第十四章　想象力

彼产生连贯的思索,从一类事物联想到另一类事物,从一个思路到多个思路,由正向到逆向,从纵向到横向,引起一系列连锁反应,体现出思维的灵活性、变通性、流畅性,常常会产生奇妙的效果。伽利略认为科学是在不断改变思维角度的探索中前进的,从葡萄球菌培养过程中的偶然现象产生联想,亚历山大·弗莱明(Alexander Fleming)发现了青霉素。

在投资过程中,合理的想象力往往是推动投资决策的关键性因素之一。

投资中如何发挥合理的想象力?首先要具备对客观事实的理性判断和分析,即能够认清客观现实,保持观察宏观经济发展趋势和事物发展规律的敏锐性,对宏观经济和行业发展变化的总体进行观察。想象力思考的方向主要在于历史发展趋势的变化、世界经济和国内经济主动力的转换,以及企业在行业中的竞争地位和未来的升值空间。

其次,需要对自我清晰地认识和把握,在个人能力范围内选择熟悉的金融交易品种或行业和公司,在合理的空间内发挥想象空间。投资人只有在熟悉的领域能获得较高的成功概率,并做出正确投资决策。

此外,投资者还需要有看清未来的长远眼光,跳开市场短期震荡,放长眼光,拉长时间在可预见的范围内适时抓住机会。

如果说资本市场是一场投资艺术的盛宴,那么想象力在其中扮演的角色就是盛宴中的调味剂,影响味蕾自始至终的判断。面对市场,投资者不妨在正确认知能力的范畴内,合理发挥投资想象,寻找符合经济未来周期性变化的投资品种或长期持有的优质标的。

这些品种无论是上涨还是下跌幅度都是惊人的,如果我们没有大胆的想象,我们怎能把握好机会的到来?我们又怎样能够坚持到最后收获大的行情?当然,想象力不是空想,而是要有根据的有逻辑推理支持的想象。行情的大小要根据经济周期、成本、汇率、供需、政策、气候等因素的综合因素做出的判断。怎么做到符合客观事实的想象力呢？还是要回归到宏观基本面的深入研究，正如我们前面所说想象力不是无根据的空想，是根据现实事物的基本规律运用合理逻辑推理出来的，这样的结论可能会超出大多数人的预期但不会超越客观事物的基本规律。想象力不是空洞的乱想，不是没有根基的美梦，而是基于事实基础的合理的推测，是符合现实和逻辑的大胆思考。

想象力不是空想，是符合逻辑和事物发展规律的大胆设想，这样的设想具有实现的可能性，只是幅度上超出大多数人的预料罢了。我们不能说超出大多数人想象的就是不合理和不可实现的，就像我们现在的房价这么高是超出大家多年前的想象的，不能说超出大家预期的就不会发生，恰恰相反，很多事情远远超出大家的想象，但确实发生了，但这不是说发生了就是合理的或长期存在的。荷兰的郁金香、英国的南海公司、1929年的股市大崩盘、1987年的股市崩盘、2007年的次贷危机、2015年的中国A股下跌等，这样的事例举不胜举非常之多。自然科学的例子就更多了，数学猜想有世界三大数学猜想即费马猜想、四色猜想、哥德巴赫猜想。物理学上的爱因斯坦关于引力波的提出、能量守恒公式的提出，这些设想在当时由于科学技术条件限制都无法验证，但随着科技的进步，很多前人的想象被后人证实是正确的。在前无古人和科技条件限制的情况下，这样的想象是多么的难能可贵，像能量等于质量乘以光速的平方这样的公式，在当时科技条件下验证和实验是很困难的，但爱因斯坦依然给出来答案，事后被验证是正确的，如果不是发挥了想象力怎么可能做到？

想象力是在你头脑中创造的一个念头或思想画面的能力。想象力是人在已有形象的基础上，在头脑中创造出新形象的能力。想象力首先就是要突破原有思维的束缚。其次，想象力必须依据现有的客观物质世界为基础。再次，想象力具有逻辑性

第十四章 想象力

的科学的前瞻性，在人的判断认识方面起着不容忽视的重要作用。科学研究离不开想象力，艺术家离不开想象力，诗人离不开想象力，金融投资同样离不开想象力。想象力不是人类可有可无的能力，而是人类进步和发展的不可缺少的能力。

想象力的出现离不开知识基础，让一个不识字的人写一首诗，这是不现实的。一个没学过绘画的人也不可能创作出世界名画。远古的人能想出爱因斯坦的相对论吗？这是不可能的，所以想象力来源于知识的积累和大脑的灵光一现，但也不是所有的想象都是符合客观实际的或被大众认可的，诗人李白写的诗只有极少数被流传千年，大部分都被遗忘。科学技术创新也是一样，每年有海量的专利被申请，但真正有价值或有重大意义的并不多，所以我们并不是说只要是基于知识和逻辑正确的想象和创新都是正确或有意义的，只是其中一部分给我们的生活或工作带来重大的改变，只有那些从客观事物发展规律出发，通过正确的逻辑推导，对生活对工作对人类有重大意义的想象才是有价值的，但我们不能因为大多数的想象是无意义的就否认全部创新对人类的贡献。可以说人类历史就是一部创新史，创新对于人类的发展起着决定性的作用，所以想象力是人类发展和进步的决定性能力。

金融投资领域也是一样的，要想获得成功，想象力也是不可或缺的能力之一。金融领域也和社会的发展进步是同步的，金融创新也是社会进步的一部分，比如投资领域的风险投资就是原来所没有的，再比如众筹投资也是过去所没有的，支付宝、微信等支付软件都是过去所没有的。同样，金融交易领域也是不断向前发展的，我们也要运用我们的想象力来根据客观实际分析未来我们可能遇到问题，虽然我们可以在历史中获得事物发展的一些规律，但毕竟历史不是简单的重复，总会有各种新的情况出现，应对新情况、新问题就必须要大胆展开我们的思维想象力。原有的思维局限必然要被突破，如果是相同那就不

叫新情况了，但想象不是幻想，不是没有依据和符合逻辑的天马行空，而是基于客观事实符合逻辑推理的科学的设想。

第十五章 风险控制

兵法有云，善战者未虑胜先虑败。从金融史来看，每一次席卷全球的金融危机，都必然导致全球经济、金融格局的洗牌和重组，也同时推动着经济金融理论研究和实践探索的重大调整，因此，往往在一次危机后，金融行业才能真正得到全面的洗牌，而那些历经风雨能够坚持下来的，往往才能成为下一个周期发展中的王者。金融投资是在风险可控情况下的概率博弈，风险可控是最基础的前提，似乎没有别的行业与人性有着这么密切的联系，人在金钱面前无法控制自己的欲望。成功的投资者就是一个能够控制自己物质欲望的人，一个以保守主义和悲观主义为行事准则的人。人对于社会认知总是会有不全面和不完整的地方，这就决定了人的认知总会有错误发生，在经济领域同样也是这样。对于事物认知的偏差无时无刻不陪伴着我们，只是有的认知与事实真相的偏差大一些，有的小一些，经济领域也是同样的。我们能做的就是收集更多的资料，用更严谨的逻辑思维去整理和还原真相，但是我们可能永远不会掌握所有的真相，那么我们就放弃了解真相的努力了吗？当然不是，这反而应该促使我们更加地努力，用自己的努力付出换来对事物更进一步的、更深入的认知。真相不明努力不止，同时我们也应该认识到我们对于认知天然的不足，就是我们不可能全面地认知事物的本来面貌，这也就决定了我们从事金融交易时，时刻要注意风险的发生。没有什么是必然的，股市不是必然会上涨，商品不是必然会上涨或下跌，一切都在不确定之中，这就要求我们的金融交易必须有止损,必须防范黑天鹅事件,必须有风险控制体系,必须控制好适当的仓位。

第一节　止损

  我们在金融投资中会遇到各种风险,最大的风险和最常见的风险都来源于不止损。止损也叫"割肉",是指当某一投资出现的亏损达到预定数额时,及时斩仓出局,以避免形成更大的亏损,其目的就在于投资失误时把损失限定在较小的范围内。股票投资与赌博的一个主要区别就在于前者可通过止损把损失限制在一定的范围之内,同时又能够最大限度地获取成功的报酬,换言之,止损使得以较小代价博取较大利益成为可能。股市中无数血的事实表明,一次意外的投资错误足以致命,但止损能帮助投资者化险为夷。止损是期货交易过程中的常见行为。保护性止损就像是开车遇到红灯,你可以冲过去但这样做真的不明智,如果你不止一次地闯红灯,那么你可能无法快速和安全地到达目的地。

  关于止损的重要性,专业人士常用鳄鱼法则来说明。鳄鱼法则的原意是假定一只鳄鱼咬住你的脚,如果你用手去试图挣脱你的脚,鳄鱼便会同时咬住你的脚与手。你愈挣扎,就被咬住得越多,所以,万一鳄鱼咬住你的脚,你唯一的机会就是牺牲一只脚。在股市里,鳄鱼法则就是当你发现自己的交易背离了市场的方向,必须立即止损,不得有任何延误,不得存有任何侥幸。鳄鱼吃人听起来太残酷,但股市其实就是一个残酷的地方,每天都有人被它吞没或黯然消失。

  当资金从10万亏成了9万,亏损率是10%,要想从9万恢复到10万需要的盈利率也只是11.1%。如果从10万亏成了7.5

第十五章 风险控制

万元,亏损率是25%,要想恢复,盈利率将需要33.3%。如果从10万亏成了5万,亏损率是50%,要想恢复,盈利率将需要100%。在市场中,找一只下跌50%的个股不难,而要骑上并坐稳一只上涨100%的黑马,恐怕只能靠运气了。俗话说得好"留得青山在,不怕没柴烧",止损的意义就是保证你能在市场中长久地生存,甚至有人说止损等于再生!

需要止损的原因有两个方面。

第一方面是主观的决策错误。进入市场的每一位投资者都必须承认自己随时可能会犯错误,这是一条十分重要的理念,究其背后的原因,是因为市场短期是以随机性为主要特征,上千万人的博弈使得任何时候都不可能存在任何固定的规律,市场中唯一永远不变的就是变化。市场在一定时期内确实存在一些非随机性的特征,例如庄家操控、资金流向、群体心理、自然周期等,这是交易高手们生存的土壤,也是不断吸引更多的人加入市场从而维持股市运行发展的基础,但这些非随机性特征的运行也肯定不会是简单的重复,只能在概率的意义上存在,如果成功的概率是70%,那么同时就有30%的概率是失败的。另外,任何规律都肯定有失效的时候,而这个时候也许就会被聪明的你碰到。当遇到失败概率变为现实,或者规律失效,这时就有必要止损了。

第二方面是客观的情况变化。例如公司或行业的基本面发生意料之外的突发利好或利空,宏观政策的重大变动,战争、政变或恐怖事件,地震、洪水等自然灾害及坐庄机构的资金链断裂等。

一、善于忘记

在交易时要做好止损,一定要善于两个忘记。第一是忘记买入价,不管是在什么价位买进的,买进后都要立即忘掉自己的买入价,只根据市场本身来决定什么时候应该止损,不要使自己的主观感觉与情绪影响对市场的客观判断。第二是忘记止损价，就是做出止损之后立即就当自己没炒过这支股票，不要一朝被蛇咬十年怕井绳，当发现这个品种有新的买进信号出现后就毫不犹豫地再次杀进。佛说"诸行无常，诸法无我"，这对于市场也挺有意义。市场中相当比例的投资者生活在一种压抑和焦躁的状态中，就是因为有了较大的历史亏损而不能忘记，老是想扳回来，殊不知这种心态正在把你推向更大的亏损，不管是止损还是账户管理，都一定要记住"永远站在零点"这句话。

二、止盈与补仓

如果理解并坚持了"永远站在零点"这个理念，那么止盈实际上也可以看作是止损了。股谚云：会买的是徒弟，会卖的才是师傅，这里说的会卖既包括止损，也包括止盈。在现实的市场里，经常见到有些朋友熟练掌握止损技术"割肉大法"，自豪宣称远离了套牢，但却不善止盈。要做好止盈，首先也是要忘记买入价，只根据市场当前的走势情况决定是否卖出。其次，就是综合运用后面说到的各种止损方法，以止损的眼光来对待止盈。

补仓有两种情况，一种是被动性补仓，就是死不认错一条道摸到黑，这是扩大损失的一条"捷径"。另一种是主动性补仓，一般是在判断市场发生非理性下跌或达到合理波动的下轨时采用。主动性补仓应该是在尚未达到止损点的补仓，一旦达到止损点，还是要该出手时就出手，永远不要与趋势为敌，注重资金的效率，不要动不动就死扛。

设置止损方法。做多的时候，止损基本的设置方法就是将止损设置在关键支撑下方；做空的时候，止损基本设置方法就是将止损设置在关键阻力上方。这两句话是止损设置的最基本方法。设置止损是手段，而不是目的，我们设置止损的目的不

第十五章 风险控制

是为了亏损，而是要降低操作风险，但控制操作风险的最有效的方法并不是止损，止损只是我们控制风险的最后一道关卡，所以在设置止损之前，必须要做的事情还很多，比如入场时选择的交易方向，选择哪些交易机会，用多大仓位交易，入场的时机等，这些共同决定了风险的大小，后面几个方面的问题作为一笔交易不可缺少的部分，我们将在后面两章分别阐述。

从长期的操作来看，盈利和亏损总是相辅相成的，只有承认错误的客观存在才可能去寻求减少错误的办法。止损涉及止损的具体形态（价位）、止损的幅度控制、止损的调整、止损的心理控制等问题。

三、止损的必要性

波动性和不确定性是市场最基本的特征，这是市场存在的基础，也是交易中风险产生的原因，这是一个不可改变的特征。交易中永远没有100%的确定性，所有的分析预测仅仅是一种可能性，根据这种可能性而进行的交易自然是不确定的，不确定的行为必须要有措施来控制其风险的扩大，止损就这样产生了。止损是人类在交易过程中自然产生的，并非刻意制作，是投资者保护自己的一种本能反应，市场的不确定性造就了止损存在的必要性和重要性。成功的投资者可能有各自不同的交易方式，但止损却是保障他们获取成功的共同特征。世界投资大师索罗斯说过，投资本身没有风险，失控的投资才有风险。学会止损，千万别和亏损谈恋爱。止损远比盈利重要，因为任何时候保本都是第一位的，盈利是第二位的，建立合理的止损原则相当有效，谨慎的止损原则的核心在于不让亏损持续扩大。

执行止损常常会非常困难，明白止损的意义固然重要，然而，这并非是最终的结果。事实上，投资者设置了止损而没有执行的例子比比皆是。市场上，被扫地出门的悲剧几乎每天都在上演，止损为何如此艰难？原因有三：其一，侥幸的心理作崇。某些投资者尽管也知道趋势上已经破位，但由于过于犹豫不决，总是想再看一看、等一等，导致自己错过止损的最好时机；其二，价格频繁的波动会让投资者犹豫不决，经常性错误的止损会给投资者留下挥之不去的记忆，从而动摇投资者下次止损的决心；其三，执行止损是一件痛苦的事情，也是一个血淋淋的过程，是对人性弱点的挑战和考验。

作为交易者，止损极其重要！损失是交易者自己掌控的，而利润则是行情给的。交易者要在判断对趋势时，要利用浮盈大胆加仓，在判断错趋势时，要果断止损，遗憾的是很多交易者都做得不好这一点。

在期货市场上，对于个人投机者而言，通常有两种"死法"：一种是重仓赌博，结果爆仓甚至穿仓而死，这样做的原因往往是因为他们非常的自信，认为自己的看法100%正确，所以敢于重仓去博，然而遇到市场异动，瞬间将你打爆是很正常的事情，这种人本质上死于无知者无畏的侥幸心理和狂傲无知的自满心理。

另一种就是不断止损而死，正是这种不理解止损和不会止损的交易者，他们不断止损而死。首先，止损而死的原因主要有三点：第一，操作的级别太小，级别越小，行情变化越快，随机性比较大，越不容易把握，所以容易频繁操作，操作越频繁，止损次数越多，综合下来，交易者的账户权益会越来越少。第二，进场时机不对，要么是做多买在了高点上，要么是做空卖在了低点上，结果一个行情回调，导致交易者止损出局。第三，心理承受能力小，心理承受能力太差，导致设置的止损区间太小，行情正常的波动就导致了交易者的止损出局，而触发止损之后，行情才正常启动，结果交易者却懊悔不已。

其次，如何提高止损的合理性。第一，适当放大交易者的操作级别，可以选择分批建仓。级别大的好处可以减少交易者的操作频率，让交易者慢慢看淡市场的随机波动。第二，进场

第十五章 风险控制

时机对于交易者很重要,买卖点的把握能力取决于个人的技术分析水平。第三,看淡账户的权益变动,很多交易者过于在乎账户的权益变动,导致心态失衡,最终选择操作小级别,其实做期货时间久了都知道,想要赚钱必定是做中、大级别的行情,所以在未平仓之前,不要把账户的钱当作你的,要保持一个良好的心态,不要盲目操作,不可事先无计划、盘中乱计划,只需按计划行事。

什么是交易中正确的止损。有两种情况,一是当你判断错趋势的时候,你应当立即选择止损,这样的止损是用来保命的。另一种是当你做一个大概率事件的时候,结果是不幸发生了小概率事件的止损。

仓位管理也是应对风险的重要手段。重仓参与市场就像在赌博,没有给自己留下回旋的余地,即便有止损也会出现很大的资金回撤。我们从宏观的角度看,经济运行很复杂,政府对于经济的干扰很多。经济的反复性很强,这就必然给我们的宏观经济预测带来了很大的不确定性,这样的不确定性就要求我们减少重仓次数,以应对不确定性。减少止损次数和加大止损空间是对应的,但止损空间的加大,必然影响单次资金回撤幅度,那么,这样我们减少止损失的目的仍然没有达到,这时降低仓位就是必然选择。也许有人会认为降低仓位会减少未来盈利,其实不然,因为我们降低仓位可以降低资金回撤,同时我们又可以在大级别行情中获得更好的盈利,即便是这样,我们就彻底解决问题了吗?显然没有,因为仓位变轻,虽然使得我们获得试错的机会增多,但毕竟连续地试错也有可能连续出错,损失还是有可能很大,接下来的应对之策就是分步建仓,分步建仓就是分几步建立仓位,先建立的仓位不盈利,后面的仓位就不建立,这样就可以保持初步建仓的量比较小,即便止损,损失也很小。不盈利不加仓是这一阶段的基本原则。盈利的最重要来源是做对行情,这是盈利的根本。做对行情的前提在于宏观经济分析的正确性，只有提高预测的准确性才能收获成功，所以努力提高宏观经济的分析水平才是我们投资成功的关键。止损是活下去的保障，分析正确是赚钱的基础。

第十五章　风险控制

第二节　"黑天鹅事件"

根据"墨菲定律",一件坏事如果有可能发生,那就一定会发生。

"黑天鹅事件"是指非常难以预测且不寻常的事件,通常会引起市场连锁负面反应甚至颠覆。从次贷危机到东南亚海啸,从"9·11事件"到"泰坦尼克号"的沉没。"黑天鹅事件"存在于各个领域,无论金融市场、商业、经济还是个人生活,都逃不过它的影响。

"黑天鹅事件"往往具有突然性和毁灭性。"黑天鹅事件"的发生一般都是突发事件,并且在短时间内扩散并影响广泛,破坏性强,对于部分投资者可谓是毁灭性的打击,这样的事件不是经常发生,但每次发生都会造成市场的广泛影响。

"墨菲定律"是一种心理学效应,是由美国人爱德华·墨菲提出的。主要内容有:

一、任何事都没有表面看起来的那么简单;

二、所有的事都会比你预计的时间长;

三、会出错的事总会出错;

四、如果你担心某种情况发生,那么它就更有可能发生。

对于"墨菲定律",很多人可能并不知道定律的本身,但如果说怕什么来什么,很多人都深有体会,并且可以举出很多例子来进行佐证,但是,"墨菲定律"真的如人们所料那么神奇吗?其实不然,在笔者看来,"墨菲定律"之所以让我们深信不疑,主要有以下原因:

一、"墨菲定律"实际上是一种心理暗示,就拿老师检查作业来说,如果你完成了,那么大可放心让老师检查,心里也不会有什么负担。一旦你作业没完成，出于人趋利避害的心理，你一定不希望被老师检查到，而且这种心理暗示随着老师逐渐靠近而愈发强烈，最终这种心理暗示会在你的表情、动作等方面有所体现，有经验的老师会读懂这种"身体语言"，从而使你"自食其果"。

二、人们往往对于那些失败、糟糕的记忆更深刻，比如下雨与带不带伞并无实际联系，而且往往生活中带伞不下雨的次数更多，但是只要出现一次不带伞而被雨淋成落汤鸡的窘迫经历，人们在潜意识中往往就会对此记忆深刻，毕竟谁都不希望自己多次摔倒在同一个地方，而且只要形成这种印象，今后再出现类似情况就会进一步加深你记忆中的这种印象，导致"墨菲定律"屡试不爽。

那么，要从细节全面入手避免"墨菲定律"的发生，应做到以下几点：

一、任何事都没有表面看起来那么简单，因此永远不要低估我们所面临的困难。我们总是说要对自己充满信心，这是对的，但是，千万不能盲目乐观，这将使我们不能正确认识所遇到的困难，进而"大意失荆州"。总之，对于困难，我们始终都要在思想上给予充分重视。

二、对于可能出现的问题，哪怕出现概率再小，都要充分考虑。有时，一颗小小的螺丝钉出问题，就足以导致一次火箭发射的失败，这就要求我们学会通盘考虑问题，认识到细节决定成败，以更加谨慎、严谨的态度完成每项工作。

三、要有应对突发事件的准备。必须要承认，很多时候我们都不希望出现坏结果，但往往这时候"墨菲定律"就总会和我们不期而遇，这时，就需要我们提前做好相应的紧急预案，一旦有突发事件发生，第一时间予以解决。既然不能避免，那么"亡羊补牢，犹未晚矣"。

当然，"墨菲定律"也不都是消极影响，比如，既然说坏结

第十五章 风险控制

果无论多小概率都可能发生。反过来，无论一件事成功概率多么渺茫，都有可能实现。因此，希望各位读者都能正确认识"墨菲定律"，发挥积极作用，同时避免消极影响，真正成为自己命运的主宰。以下是历史上著名的黑天鹅事件。

1. 泰坦尼克号

这艘当时世界上最大的豪华客轮，被称为"永不沉没的梦幻客轮"，谁都没有想到它会沉没，它于1912年4月10日从英国南安普敦驶往纽约，但就在其"处女航"的第4天晚上，因为在北大西洋撞上冰山而沉没。由于缺少足够的救生艇，这次"黑天鹅事件"中，1500人葬身海底，成为迄今最著名的一次海难。

2. 金融风暴

长期资本管理公司依据历史数据建立了复杂的定量模型，并认为新兴市场利率将降低，发达国家的利率走向相反，于是大量买入新兴市场债券，同时抛空美国国债。出乎公司所有的人预料，1998年8月，俄罗斯宣布卢布贬值延迟三个月偿还外债，俄罗斯国债大幅贬值并完全丧失流动性，从5月俄罗斯金融风暴到9月全面溃败，这家声名显赫的对冲基金在短短150余天内资产净值下降90%，出现43亿美元巨额亏损，仅剩5亿美元，濒临破产。俄罗斯国债的大幅贬值就是一只无人能预见的"黑天鹅事件"，它再次印证了这一观点：对于不可预计的突发事件，金融市场是没有准备的。

3. "9·11"事件

2001年9月11日上午，美国人刚准备开始一天的工作，恐怖分子劫持了四架飞机撞向美国纽约世贸中心与华盛顿五角大楼，3000多人在这次"黑天鹅事件"中丧生，美国的经济一度处于瘫痪状态，巨大的经济损失无法用数字来统计，这是一起典型的"黑天鹅事件"，出乎意料，产生重大影响。

4. "3·11" 日本地震

2011年3月11日，日本气象厅表示，日本于当地时间11日14时46分发生里氏8.9级地震，震中位于宫城县以东太平洋海域，震源深度20公里。美国地质勘探局将日本当天发生的地震震级从里氏8.9级修正为里氏8.8级。北京小部分区域有震感，对中国大陆没有明显影响。不过，此次地震引发的海啸引发的福岛第一核电站核泄漏事故，至今还在持续。

5. 光大"乌龙指"

2013年8月16日上午11时05分，上证指数一改死气沉沉的盘面，指数曲线直线拉起，三分钟内上证指数暴涨超过5%，因为这一天是周五加之是8月股指期货合约的交割日，一时间，场内"利好消息说"和"阴谋说"传得沸沸扬扬。"利好消息说"有传说优先股政策实施的，有传说蓝筹要实行T+0的，也有传说降低印花税的。"阴谋说"有大资金企图干扰期指交割日结算价的等。几分钟后，有媒体指出指数异动是由于光大证券"乌龙指"引起的，但市场并不相信，指数继续上涨。中午，光大证券声称"乌龙指"子虚乌有，使得该事件更加扑朔迷离，严重干扰了市场部分人士的判断。午后开市，光大证券停牌，同时发布公告称，光大证券策略投资部门自营业务在使用其独立的套利系统时出现问题，公司正在进行相关核查和处置工作。至此，此次指数异常波动被确认为光大证券"乌龙指"所导致。投资者在得知真相后，人气涣散，指数逐级回落，至收盘，上证指数收跌0.64%。

自然领域的"黑天鹅事件"比如自然灾害等，这样的事件我们人类确实无能为力，难以阻止这样的事件发生，但经济领域的事件还是有很多有一定的可预测性的，像欧债和瑞郎事件、长期管理资本的倒闭都有其内在发生的必然性，当然由于信息收集和逻辑分析等原因并不是说每个人都能预测到这些会发生和什么时间发生，但这并不表明其完全不可预测，比如瑞郎事

第十五章 风险控制

件，为什么索罗斯就能够在事件发生之前全身而退，难道完全靠的是运气吗？我认为不只是运气那么简单，我们看到当时欧元贬值，瑞郎作为避险货币有大量的欧元流入，从而推动其升值，但瑞士央行为了维持货币的稳定，大量买入欧元抛售瑞郎，由于瑞士的经济体量相比欧元区小得太多，这样的流入量不是瑞士央行独自能够干预得了的，当时面临的流入压力之大使瑞士央行举步维艰，其实这些情况还是为外界所知道的，只是人们太过相信瑞士央行的言论，当央行突然弃守固定汇率后汇率产生了剧烈的大幅波动。大量个人投资者爆仓，外汇交易商破产，这样的事件还有很多，其实在发生之前都会有前兆，只是部分投资者过度相信政府的干预力，忽视市场力量造成的结果。固定汇率是外汇市场不断发生"黑天鹅事件"的重要原因，我们只有客观地评估政府的外汇干预行为的可持续性，避免政策的突然改变给投资者造成重大损失，这些事件不是技术止损能够阻止损失扩大的。

第三节　风险控制和管理

"留得青山在，不愁没柴烧"，这是我们在交易中我们每每提到风险控制和管理的时候，经常会提到一句经典之语。说到交易中的"风控"，我们投资者很多人首先想到的就是资金管理与仓位控制，以及单笔交易中止损工具的运用，这些实际上属于"狭义"的"风控"定义或范畴，因为，风险在整个交易过程中是无处不在的。

在狭义的"风控"概念中，我们主要考虑的是投资者可以承受的风险是多少，但是这个并不能降低我们投资者在交易过程中潜在的风险，不管我们的承受能力有多大，这个潜在的风险依然存在，并不会因我们的承受能力不同而不同。

投资者如何在整个交易中控制好风险，尽可能在各个环节降低风险，从而在实际交易战斗中，将潜在的风险大大降低，进而提高我们投资者生存的概率以及获利的潜在机会和空间，我们要从更为"广义"的角度，看待交易过程中的"广义风控"，减少技术交易系统之外的风险。

一、机会与品种筛选

不管是多个不同的金融市场，还是同一个金融市场不同的交易品种，在我们制订交易计划之前，交易品种的选择是第一位的，类似在股票市场中选股一样重要，如果能够多花些时间和精力去认真选择未来主要操作的品种，那么从长期来讲，这会大大减少甚至避免一些不必要的风险，也就实现了风控的目的。根据笔者多年实战交易的经验，大家可以从以下几个小方面考虑品种与机会的筛选。

第十五章 风险控制

1. 尽可能选择自己熟悉的金融市场和交易品种，尽量少碰那些生僻冷门的品种。
2. 尽可能选择与自己交易风格吻合的交易品种和机会。
3. 尽可能选择在自己交易作息习惯范围内的品种和机会。
4. 尽可能选择顺应市场大势的品种和机会。
5. 做多的时候，尽可能选择强势品种；做空的时候，尽可能选择弱势品种。

由于我们每个人的精力和能力都是有限的，因此在机会和品种的筛选这一步是非常有必要的，否则很容易盲目交易，潜在风险相对较大。

二、进场时机选择

在考虑过"机会与品种的筛选"环节之后，我们可以初步确定少数几个可操作性较强的交易品种和机会，之后就是具体的交易计划的制定，其中具体的进场时机的选择关系到每一笔交易机会的风险控制，这一点也跟投资者自身的交易风格和理念有直接的关系，不管是左侧交易，还是右侧交易，乃至趋势跟踪交易、短线波动交易，都会在时机选择上关注一个共同的要素——交易信号或进场原则。

在不同的交易风格下，决定进场时机的交易信号或进场原则是不一样的，但是我们投资者尽可能做到有根有据，言行合一，即每一次机会的进场是根据我们自身的交易原则或系统得到的，而非凭着主观感觉直接就决定的，因此，我们若能不断锻炼自己、不断明确适合自己风格的交易原则，那么在进场时我们就能够从容不迫，进场坚决，不恐不惧，从而大大降低在进场时的一些不必要的风险，以及负面情绪引发的潜在风险，也就实现了风控的目的。

三、盈亏比管理

盈亏比管理实际上是从单边交易的潜在风险和潜在盈利空间考虑的，一般情况下，这个过程实际上也是机会选择过程中要考虑的，如果盈亏比不符合我们自身交易风格的需要，那么这样的机会是可以过滤放弃掉的。合理的盈亏比管理，既能够保证我们对单边交易风险进行有效控制，又能够从最基本的环节上长期形成好的交易习惯，从而避免一些突发的、意外的大风险的影响，也就实现了风控的目的。

四、资金管理和仓位控制

如果说进场时机、盈亏比等都是针对单笔交易而言的话，那么单笔交易的仓位控制可以实现单笔交易的资金管理和风险控制，但同时无数笔单笔交易的仓位控制，以及加仓、减仓等环节，一起构成了整体账户资金管理和仓位控制，这一点是为了更直接地针对账户整体风险的管理和控制，因此根据不同的需要，我们会选择不同的资金管理的方式，比如金字塔和倒金字塔的建仓、减仓方式等。合理的资金管理和仓位控制，不仅能够合理控制和降低风险，而且还是利润实现最大化的最重要的工具，由于篇幅所限，笔者以后有机会再给大家详细阐述这方面的技巧和经验。

五、出场策略选择

进场很重要，但是出场平仓更加重要。会进场的是徒弟，会出场的是师父。优秀的交易员与普通的交易者的区别往往就体现在出场策略的选择上。未来的行情对于我们所有人而言都是未知的、不确定的，因此对恰当的出场时机的把握，不仅仅体现了一个交易者技术方面的功底和经验，更重要的是也在出场那一刻反映了交易者自身的交易心态和情绪变化，是贪婪？

第十五章 风险控制

还是恐惧？是犹豫不决？还是冒进决策？是患得患失？还是后悔不已？因此，在这些方面我们除了技术上要提高外，更多的是靠交易者自身不断在实战中锻炼心态，提升自我，战胜自我，降低负面情绪和不良心态对于交易的影响，从而降低由此带来的诸多风险。

六、交易心态和情绪管理

在出场策略选择中，交易心态和情绪管理会显得尤为突出，实际上交易心态和情绪管理贯穿于交易始终。在正面情绪和平和冷静的心态之下，我们做出的上述每一步决策才能尽可能接近客观、符合我们自身的交易习惯和原则，否则很容易受其影响，而导致过程走样，结果也因此失之毫厘，谬以千里。在这里笔者简单提供一些基本的磨炼心态和情绪的方法：

1. 选择适合自己性格和作息习惯的方式：或安静的冥想、或激烈运动，这一点要根据自身情况而定，冥想更能专注于内心，运动更适合压力释放。

2. 有规律地作息和生活：好的交易习惯是心态和情绪的保障。

3. 在负面情绪主导时，自己尽可能不考虑交易，以防止频繁交易、频繁失误或者重仓交易所造成的风险。

4. 在负面情绪主导时，自己根据喜好的方式尽可能尝试打断这种状态，比如可以健身运动、逛街购物、温泉娱乐、聚会聊天等，选择适合自己的方式去打断不良的状态，让自己的身体和精神状态重新回归正常，有利于交易状态的长期稳定和好习惯的培养。

七、团队制度的建设与管理

如果我们不仅仅是自己做交易，还有可能是多个人一起做团队的话，那么团队交易管理和风险控制更为重要，尤其是涉及团队资金运作的风控管理更是重中之重。

风控是交易的核心,是利润的保障,也是能否实现长期、持续、稳定盈利的根本所在,没有风险控制的意识、没有合理的风控管理制度,那么再能赚钱的交易模式也很可能是昙花一现。交易进阶的过程,就是战胜自我的过程,也是学会控制管理自我的过程,风险和利润都在我们自己的身上,就看我们自己如何对待它们,是放任?还是合理地控制?全在我们自己一念之间。

先为不可胜,以待敌之可胜。作为价值投资大师之一,芒格在《穷查理宝典》中论述过风险。芒格非常注重对风险的控制,只不过控制风险的方式跟索罗斯不同。索罗斯注重战术止损,一旦觉察到情况不对就果断壮士断腕,而芒格则是从战略上、思想上控制风险,更为彻底。芒格研究的重点:一是著名企业是怎么衰亡的;二是人性的种种弱点。前者是外在因素,后者是人性的内在因素,这也印证了孙子兵法里的一句话"先为不可胜,以待敌之可胜"。他把一切可能出问题的根源都研究清楚了,并找到了各种对策,他不会投资那些有问题的公司,而且会克制自己身上的负面因素,那么自然风险也就大大减少了。芒格从棒球明星身上学到了成功的秘诀,那就是等待好球到来,不轻易挥杆。所谓好球,也就是目标恰好进入了自己的优势区域,成功的把握性很大,收益很大,不可错过,而坏球则是成功率不高,收益也低。甘于等待机会,不盲动,随时做好出击的准备,这也是大师功力的体现。而索罗斯身上也有类似的特质,等待惊天动地的大机会。耐心的等待也是避免损失的最好方法,真正值得我们去抓住的机会并不是天天都有,如果是做大趋势行情可能一生也只有几次机会,大的周期轮回毕竟10年左右才出现一次,其中能看懂能把握住机会的也不会太多,减少出手次数避免无谓的损失就是最大的成功,也是最好的止损,这也是最高级的止损。做一个有耐心、避免犯错误的

第十五章 风险控制

乌龟,而不是心急火燎,只想着冲刺的兔子。兔子自以为聪明,跑得快,会暂时领先,但迟早会掉入陷阱,而且爬不上来。慢就是快,大智若愚,市场哲学就是如此奇妙。总之,从很多方面来看,芒格跟巴菲特和索罗斯有很多共性,都是风险控制大师,区别只是战略战术不同。

1. 灰犀牛事件

金融危机肆虐的背后,他们看到的却是难得的机会。

谈到金融危机,大家似乎往往惯性的思维便是闻之色变,避之唯恐不及,确实每一次金融危机都会对经济产生极其严重的破坏,将社会财富洗劫一空,然而有的人中看到的却是机会。

首先我们先理一理究竟什么才算得上是金融危机呢?金融危机在学术上有两个特征,首先是资产价格下跌,如股票、房地产等,还有就是企业倒闭。金融危机指的是金融资产或金融机构或金融市场的危机,具体表现为金融资产价格大幅下跌或金融机构倒闭或濒临倒闭或某个金融市场如股市或债市暴跌等。系统性金融危机指的是那些波及整个金融体系乃至整个经济体系的危机,比如1930年(庚午年)引发的西方经济大萧条的金融危机,又比如2008年9月15日爆发并引发全球经济危机的金融危机,那么我们再来回顾一下历史上上演过的金融危机的大事件。

2. 郁金香泡沫

17世纪荷兰的历史事件,最早的投机活动。

"郁金香泡沫",又称郁金香效应,源自17世纪荷兰的历史事件,被称为人类历史上有记载的最早的投机活动。17世纪荷兰的郁金香一度在鲜花交易市场上引发异乎寻常的疯狂,郁金香球茎供不应求,价格飞涨,荷兰郁金香市场俨然已变成投机者伸展拳脚的无序的赌池。荷兰的"郁金香泡沫"昭示了此后人类社会的一切投机活动,尤其是金融投机活动中的各种要素和环节:对财富的狂热追求、羊群效应、理性的完全丧失、泡沫的最终破灭和千百万人的倾家荡产。

17世纪中期时，郁金香从土耳其引入西欧，当时量少价高，被上层阶级视为财富与荣耀的象征，投机商看中其中的商机，开始囤积郁金香球茎，并推动价格上涨。1635年，炒买郁金香的热潮蔓延为全民运动，人们购买郁金香已经不再是为了其内在的价值或观赏之用，而是期望其价格能无限上涨并因此获利。1637年2月4日，郁金香市场突然崩溃，六个星期内，价格平均下跌了90%。郁金香事件，是人类史上第一次有记载的金融泡沫经济，此事间接导致了作为当时欧洲金融中心——荷兰的衰落。

3. 英国南海泡沫事件

这是人类现代社会早期最重大的经济泡沫之一。

近现代人类史上最著名的一次金融危机，是英国南海泡沫事件，就是英国的股灾，这是人类现代社会早期最重大的三个经济泡沫之一。南海是英国的一家公司，英国因为参加战争而产生了高额债务，于是组建了私人公司南海，给了它垄断贸易的权力。公司挣了钱之后，又让它把钱借给政府，政府来还债务。南海公司拿到授权之后发展貌似很不错，它是一家上市公司，股价在1720年，也就是南海泡沫爆发那一年年初时，每股127英镑，夏天时涨到每股1000英镑，很疯狂。这个疯狂带来了什么效果？英国国会半数议员包括牛顿都购买了大量南海公司的股票。南海事件严重到什么程度？英国当时的执政党下台了，股权文化在英国消失了130年。牛顿在科学界的地位非常高，他非常气愤地说，像我这么聪明有智慧的人怎么会赔钱呢？他讲了一句话，说我可以计算天体的运行，却无法计算人类的疯狂。

牛顿能够计算天体运行，太相信自己的理性，以为股市的发展可以用自己的理性进行分析和判断，而这正是他买股票失败的根本原因，因为金融市场中有大量非理性因素，不是按照

第十五章 风险控制

理性框架可以分析的。做金融投资的时候,一定要充分意识到所有的投资者都会有很强的非理性,包括我们自己,我们要把非理性的因素放进对股市的判断之中,这实际上是金融投资中最重要的因素之一。我们没有牛顿这么高的智商,这也可能是一种优势,因为我们可以看到非理性的地方,我们要对人类的理性保持谨慎的态度,这可能是在金融市场中能够获得长久成功最重要的因素之一。

4.1997年亚洲金融危机

1997年亚洲金融危机中出现了一个很牛的人物,那就是索罗斯。当年亚洲金融危机爆发时很多人骂索罗斯,说索罗斯导致了亚洲金融危机的爆发。索罗斯做了一个回应:苍蝇不叮无缝的蛋。索罗斯为什么要攻击泰铢?因为当时大家发现泰国贸易逆差很大,因此普遍认为泰铢会贬值,索罗斯也发现了,于是开始做空泰铢,并由此产生了连锁反应,其他投资者看到索罗斯这样的人抛售泰铢,于是也认为泰铢会贬值,跟着索罗斯一块抛售,进而产生了羊群效应,这个时候泰铢贬值的预期就自我实现了。

中国股市的非理性程度非常高,80%是散户,美国刚好反过来,美国大部分人不会自己直接投资股票,而是将钱交给专业的投资机构。其实金融投资是非常专业的一门技术,是风险非常高的一门技术,最好不要自己直接去做,而是交给专业人士做,稳定一致的方法是非常重要的。在中国80%的散户用的都是拍脑瓜最简单的投资方法,非理性程度太高了,从监管的角度来说给政府带来了巨大的挑战。索罗斯就是一个非常能够理解非理性的金融家、哲学家。有人问过索罗斯投资这么成功,研究的对象是什么?索罗斯的回答是我研究的对象是人性。

5.金融危机与金融市场的新范式

2008年的金融危机是起源于美国的房地产次贷危机,罗伯特·席勒是行为金融学的创始人之一,他是世界上极少数在

2008年危机前准确预测了危机的主流经济学家之一,他当时讲到2008年金融危机的根源是房地产泡沫造成的心理恐慌,大家要注意心理问题。群体性过度乐观情绪,这就是羊群效应,进一步会产生加速器效应,会使投机泡沫不断增长。

什么是加速器效应?一个国家的经济会增长,房地产价格也会上升,这很正常,因为经济增长之后,人的收入会提高,另外房地产商投资的热情和信心也会提高,因此房地产的供应会增加,人们买房的热情也会增加,银行也更愿意放贷款,经济增长会带动房地产价格的上升,接下去的结果是房价会越来越高,直到最后形成泡沫了,最终破裂。金融加速器是使经济加速往上走的过程,而加速的过程一定会导致泡沫和危机,这个就是正反馈。

人的行为模式基本上就是一个负反馈,比如说我去拿一个东西,如果我的手在运动的过程中偏离了我要拿的这个目标,大脑就一定会让我的手往回调整,直到最后我拿到这个东西,也就是说调整的方向和偏离的方向是反着的。一个人能够生存靠的就是负反馈。实际上经济按照经济学理论来讲都是负反馈,亚当·斯密讲看不见的手,就是说的是当一个消费品的价格下跌,大家的需求会上升,而需求上升的过程就会使消费品的价格又回去,这个过程就是负反馈,负反馈模式是稳定模式,会使消费品达到均衡稳定的价格,这个市场就稳定了。

关键的问题是金融市场很多时候不是负反馈。如果一只股票的价格下跌了,大家对它的购买会增加吗?通常不会,通常是大家会抛弃它,而如果一只股票价格上升,反而会增加对它的购买,这跟我们的商品消费刚好是反着的,因为股票不是消费品,买股票不是为了永久地持有它,不是为了吃、穿它,而是为了有一天卖它。而大家都这么做的话,这只股票就会跌或者涨得更加厉害,羊群效应出现,股票价格加速下跌或上涨,这就是正反馈。

第十五章 风险控制

离场比入场更重要,趋势跟踪和普通投资者追涨杀跌的最大差别就在这里,要知道什么时候出来,而且这个出来有两种,第一种是赚了钱要出来,另外一种是亏钱止损也要出来。心理学研究发现,人有一个普遍的心理,这就是拒绝损失,这在行为经济学中叫损失厌恶,看到亏损的时候不愿意出来,就扛着。这其实很糟糕,放在里面有两种情况,第一种是万一真的起不来呢?第二种即使过了三五年起来,但是时间成本浪费掉了,如果及时出来投到其他地方,或许能够赚更多的钱。能够克服非理性的偏差,克服损失厌恶,及时止损,这是基本合格的投资者的必要条件。

真正高水平的专业投资者最大的本事不是表现在什么时候做出正确决策赚了多少钱,而是决策失误时如何让自己的损失最小化,再也没有比这一点更重要的了,两个原因,第一个是人的非理性偏差,会死扛,这肯定不行,死扛之后赔得倾家荡产的例子太多,这是大忌。另外一个是市场是不确定的。在投资理念里有几个基本原则,第一条是在市场上唯一可以确定的就是不确定性。整个金融投资就是如何处理不确定性,再高明的投资者都会在自己的一生当中做出无数错误的投资决策,但是为什么最后他们成为世界顶级的投资大鳄呢?这是因为他们做到了当决策失误时能够让损失最小化。既然这个世界是不确定的,那我们就要随时接受我们行为的错误。

人类认知结构当中所固有的非理性偏差使得金融系统具有内在的脆弱性,经济繁荣期的乐观行为为金融危机埋下伏笔。危机的发生也是人类社会不断体验并纠正自我偏差的宝贵机遇,从投资者的角度看,只要掌握良好的投资理念、投资策略和投资技术,一样可以在金融危机的惊涛骇浪中获利。

第十六章 体系

　　体系，是指若干有关事物或某些意识相互联系的系统而构成的一个有特定功能的有机整体，如工业体系、思想体系、作战体系等，泛指一定范围内或同类的事物按照一定的秩序和内部联系组合而成的整体，是不同系统组成的系统。体系，往大了说，总宇宙是一个体系，各个星系是一个体系。往小了说，社会是一个体系，人文是一个体系，宗教是一个体系，甚至每一学科及其内含的各分支均是一个体系，一人、一草、一字、一微尘，皆是一个体系。大体系里含有无穷无尽的小体系，小体系里含有无尽的、可以无穷深入的更小的体系。众多的小体系，构成了一个大体系及至于总体系。总则为一，化则无穷，反之亦然，这就是体系。自然界的体系遵循自然的法则，而人类社会的体系则要复杂得多。人类社会是一个体系，人类社会的知识是一个体系，思维是一个体系，价值观也是一个体系，甚至我们金融交易的技术也可以是一个体系。体系决定行为，行为决定结果，思维体系化，会减少些偏差。哲学中也有体系相对应的分析方法即系统性思维方法。

　　系统性思维方法就是运用系统观念，着眼于系统之间、系统内部各要素之间的紧密联系，分析系统的结构方式和要素变化对整体的影响，并以此作为分析根据的方法。金融投资者必须把宏观经济当作一个系统整体来看待，培养系统性思维。

第十六章 体系

1. 整体性思维

系统的整体性是指系统各构成要素的有机统一。系统论的创始人路德维希·冯·贝塔朗非（Ludwig Von Bertalanfy）曾指出"一般系统论是对'整体'和'完整性'的科学探索"，因此，系统的整体性自一般系统论创立以来就一直占据着系统科学的首要地位。系统的整体性从实质上来看，就是系统的构成要素与整体、环境以及各个要素之间相互联系、相互作用，使系统整体呈现出各个组成要素所没有的新的性质，因而具有构成要素所不具有的整体性功能。全面把握事物之间以及事物内部各要素之间的结构特点及相互影响，实现系统思维对于经济本质认知的催进作用。

2. 结构性思维

任何系统无不具有一定的内在结构，系统的结构是保持系统整体性及其功能的内在依据。系统论中的结构主要指的是系统的内部秩序，也就是系统内部各要素在空间或时间上的有机联系与相互作用的方式或秩序。

3. 动态性思维

无论是自然界还是人类社会，任何一个系统都是始终处在动态变化中。由于系统自身不断与外界发生相互作用，当前的结构状态是系统中各要素与当前的外界环境相互作用而形成的相对稳定的结构。随着时间的推移和外界环境的变化，当前的系统结构要想在变化了的环境中继续生存和发展，必须要随着环境的改变而改变，因此，当前的系统结构又是未来新形成的系统结构的基础。

为什么要研究体系？就像体系概念所说的事物或意识内部是相互联系的，不是孤立的，这样的相互联系必然会使得事物与事物或意识与意识之间相互作用，我们只有从事物的整体性出发才能更好地把握事物的发展和规律性的变化，也可以通过事物之间的相互联系更好地理解事物的内在逻辑和规律变化，就像我们研究经济也是一样的。研究经济如果不把世界经济作为一个整体去研究,那么就会出现以偏概全的想象,如果不能把世界经济内部的各个经济体之间的相互联系链接在一起,那么就很难发现各个经济体之间的影响和作用。2008年金融危机,如果我们忽略了经济体之间的联系,即便你是在中国做生意,也同样会受到波及。随着中国经济的高速发展,中国对于大宗商品的需求日益增长,这也会不断扩大对于商品的进口,这就使得澳大利亚、巴西、智利、阿根廷、加拿大等国家的原料出口不断地扩大规模。如果需求减少,那么这些国家势必会受到冲击,所以我们看问题要体系化、整体化。

我们需要在不同的层面建立不同的体系,不同的体系又构成紧密相关的整体的投资体系,通过完善体系和体系之间的相互作用使得我们所做的金融交易更好地符合客观实际情况,减少投资偏差,收获投资成功。

我们应该建立自己的体系,完善自己的知识结构和思维才有可能做好金融交易。我个人觉得应该建立四大体系,即技术交易体系、宏观经济分析体系、思维及思维方法体系、世界观人生观价值观体系。用价值观体系来正确看待人生和财富,用思维及思维方法体系去研究和分析经济,用宏观经济知识体系做出判断,用技术交易体系执行交易。综合体系可以尽量避免单一知识点的可靠性比较低的问题,可以把大量知识综合运用相互印证,获得更接近事实的判断,减少错误的发生。

一、知识体系

为什么有的人总是让人感觉充满智慧、知识渊博、谈笑风生、侃侃而谈、事业有成,而有的人却做不到。知识体系不完整,你学过多少知识都没用,往往并不是因为掌握知识的量决定决策的正确与否,更不是偶然获得了绝密的书单,而是因为他们处理信息的方式、看书的方式有所不同,虽然获得了同样的知

第十六章 体系

识和信息，但是获取知识后的表现却大不相同，有的人成为专家，有的人却一事无成，差别很大，在我们金融领域更能体现出这样的问题。宏观分析研究有非常多的人参与其中，专家、教授、分析师、政府机构人员、金融投资者等人数众多，但是很多人的分析研究结果和实际经济运行偏差较大，我们经常可以看到很多学历较高或金融领域专家也经常犯错误，有些民间的投资者也可以对经济做出准确的判断。这就说明知识和信息的量不是决定分析结果正确与否的决定条件，否则知识越多和信息量越大的人就一定要比其他人更能得出正确结果，但事实却不是。索罗斯是伟大的投资家，但论知识不一定比经济学家知识更多，论信息也不会比美联储官员知道得更多，但论投资，很少人做得比他更好。这就说明了看问题和解决问题的能力不全是在比拼知识和信息的量。什么才是关键呢？如何把知识和信息体系化才是解决问题的关键。那么，该如何获得"系统化知识体系"呢？答案就是建立知识之间的联系，把知识点串联并体系化，把知识以某种内在的关系相互关联，并体系化，有种聚沙成塔的意思，就像高楼大厦是由建筑材料搭建而成，但这样的搭建又不是简单地堆积而是根据建筑材料特有的用途搭建在一起的，最终形成一栋坚固的大厦，知识体系也是一样。

　　建立知识之间的联系，每看到有用的知识，我们不仅应该把知识记下来，更应该去寻找这个知识与其他知识的联系，看看有什么其他的知识或信息与之关联或相互之间能够有帮助。真正导致人与人之间知识水平差异的，往往不是知识数量，而是知识之间的联系，而且随着知识的增多，建立联系的收获也会越来越大，知识构成也更完整。

　　当你只有一种知识的时候，增长1个知识可能就是只增长1种知识，但是当你有1000种知识并且知识之间又是相互联系的时候，接触1种新知识可能意味着增长了500种知识，因为你跟其中一半的知识建立了联系，也可能因为一个知识点的获得使得几百个知识点串联在一起形成一个新的知识或体系,也可能使得知识量暴增或知识结构重构。

当接触了一个新知识的时候,不光要想"过去的哪些现象可以被这个知识解释",还要想"我的哪些行为可以被这些知识所改进",因为很多人的问题并不是缺乏知识,而是缺乏知识间的内部联系。

尽量尝试去探索事物背后的原因,大部分人满足于既定的、眼前或表面的事情和日常的生活,不想去深入探索事物背后的原因。而有一部分人却在别人停止思考、对周围发生的一切习以为常的时候,仍然积极地探索答案,比如X射线的发明,伦琴在做研究时,发现即使用纸板盖住了阴极射线发射器,房间另一头的氰亚铂酸盐钡屏幕还是会发光,其他很多研究者都发现了这种现象,但是他们都把这种现象解释为设备疏漏等原因,而伦琴却无法接受这种牵强的解释,于是花费精力去探究,最终发现了X射线。

再比如地球引力的发现,牛顿发现地球引力是因为苹果的掉落,之前难道没有人看到苹果掉落吗?肯定不是,而且很多人都看到过,但是人们都习以为常了,没人去深究,只有牛顿去反思这是为什么?

人的能力除了天赋之外也需要大量地思考、练习和探究,来使我们的能力逐步提高,那么如何构建庞大的知识网络?并不是要单纯多看书多接触世界就行了,而是要进行有深度思考的阅读,探寻建立知识间的联系,利用知识改善现在的工作和生活。知识体系化是我们改变单一知识点孤立无用局面的最有效的办法,也是我们解决生活、工作中遇到的问题的最好路径,是我们能力的倍增器。知识点就像一条条麻线,很细并容易断,很多麻线拧成一股绳,这股绳就可以承受千斤不断。一条道路解决不了城市的拥堵,一个交通网络就可以使得交通畅通无阻。

我们作为金融交易者就是不断分析经济做出判断。我们的

第十六章 体系

分析判断就是一个知识体系化的过程，也是一个运用体系化的知识解决问题的过程。索罗斯就曾经说过与金融知识相比，对于投资而言，哲学和历史对于他投资的帮助更大。我们仔细想想确实有道理，单一的金融知识只是单一的领域，即便金融知识丰富、信息充足，但金融交易和经济本身是人类社会的一部分，既然是人的社会活动就不可能脱离人性。哲学是人对于世界的看法的总和，也是人类认知社会的辩证法和方法论。经济活动本身就是世界的一部分。认识经济活动也离不开哲学的指导和哲学方法和哲学思维在经济活动和分析经济中的运用，除了哲学，心理学也同样重要，同样离开心理学去谈分析经济运行和金融交易就会显得过于机械化了。人性的特征和弱点在经济活动中不可避免地获得了充分的体现，所以心理学在宏观经济分析中也是必不可少的。经济的发展不是孤立的，是有一个发展过程的，同时经济发展是由生产力水平决定的，这就决定了经济是有自己的运行规律的，因为人类社会有其规律性，经济活动也不例外。我们从历史中找寻规律是我们认清经济活动本质的必要途径。分析经济就离不开思考，思考离不开逻辑思维的运用，离不开逆向思维运用，离不开批判性思维的运用。金融交易归根结底还是人的交易，交易本身就是博弈的场所。博弈理论在金融交易领域有着广泛的运用，可以说经济活动是人类最为重要的也是最为主要的活动，其复杂性也是绝无仅有的。单一的知识是不可能把经济搞明白的，只有把知识系统化，然后运用系统化的知识才能更好地研究经济。

二、思维体系

思维体系是人的意识领域中重要的体系，其思维体系的完整性和完善性程度，以一种最直观的方式反映着一个人的决策正确与否。思维体系的完整性基本上由思维深度、思维广度、思想高度、思维速度四个部分组成，思维方式的完善性主要由科学思维、价值思维、应变思维的相互作用决定着。思路决定出路，人和人本质最大的区别就在于思维的不同。思维决定着一个人的行为方式，一个人事业成就以及事业的高度。通过一定的学习和训练，一个人的思维深度、思维广度、思想高度、思维速度以及思维方式是可以得到提升和改善的，因此，通过建立思考力体系和改善思维方式，可以改变一个人的事业方向和事业成就。

金融交易是一个依靠思考决策定成败的行业，所以说，金融交易离不开思考，也就是说离不开思考体系的运用。人类从产生、发展到今天，在思维特征上表现为从非理性到理性的发展历程，在这个历程中，人类对客观世界认识的准确程度、真实程度、完整程度、完善程度也处在逐渐地提高和改善过程中。金融是最体现人类思维体系重要性的一个方面。科学思维以概念、判断、逻辑推理为主要特征，强调以事实为根据，以实证为准绳，推崇纯客观和纯理性，这是一种理性对非理性的演化过程。这样的思维能够更好地使我们分析事物的发展规律，更好地看清事物的本质。

建立思维体系的前提知识的积累，建立思维体系与个人的知识面、经历面、思考面和换位面有密切关联。知识面是自己掌握知识的广度和深度，知识面功底深厚的人与知识面功底浅薄的人在思考问题的方法上是有显著差别的，所以建立思维体系的前提必须有扎实成熟的知识体系，而且建立个人的思维体系必须是知识积累到一定程度后才开始形成的，所以，建立经纬有度的知识面是建立思维体系的前提。没有知识就像做面包那样只有面粉，是成不了面包的。只有通过烤箱的加工才能做出来面包。只有烤箱，更不可能做出面包，但我们也不能忽略烤箱的决定性作用。思维体系就像是烤箱，就是通过思考把知识转换成决策的必由之径。

熟练地运用各种思维的能力是建立和运用思维体系的前提。

第十六章 体系

思考能力和运用经验是相辅相成的。通过实际运用和总结,建立一个分析问题的框架,建立好的思维分析体系框架是实现科学运用思维分析问题、解决问题的重要途径。换位思考是完善思考体系的重要手段。换位思考是站在别人的立场和角度,思考问题和解决问题以达到理解别人的能力,是遇到不能理解的事情或产生迷惑时,思考问题时的处理方式。世界之大,事物复杂,世界不可能用一种思维方式解决所有问题和困惑。你不能也不可能只用你的思维方式来理解世界,这个世界不是为一人而设计的,换一下思维方式,也许就会豁然开朗。建立转换思维思考问题的能力是我们解决问题的重要能力。思考体系的建立是做好金融宏观分析的前提。我们只有不断的提高思维能力才可能使金融交易越来越好。

第一节 世界观 人生观 价值观体系

一、世界观

世界观是指处在什么样的位置、用什么样的眼光去看待与分析事物，它是人对事物的判断的反应，它是人们对世界的基本看法和观点。

世界观具有实践性，人的世界观是不断更新、不断完善、不断优化的。世界观的基本问题是意识和物质、思维和存在的关系问题，根据对这两个问题的解答，可将它划分为两种根本对立的世界观类型，即唯心主义世界观和唯物主义世界观。我们推崇科学的唯物主义世界观。

世界观是人们对整个世界以及人与世界关系的总的看法和根本观点，这种观点是人自身生活实践的总结，在一般人那里往往是自发形成的，需要思想家进行自觉地概括和总结并给予理论上的论证，才能成为哲学。简单而言，世界观的实质即是从根本上去理解世界的本质和运动根源，解决的是世界、是"应该是什么"的问题。金融交易就是世界观的具体运用，个人是怎么认识世界的，怎么认识经济的？怎么认识交易的？正确的世界观对于交易有着重要的作用，甚至可以说世界观正确与否直接关系到交易的成败，首要一点就是是否承认世界是否是客观的，如果否认了世界的客观性就基本否认了交易的可能性。其次，承不承认客观规律的存在，否认规律的存在就不会再去分析规律，也就是有部分市场交易者所说的市场是不可能预测正确的，之后的结果就是得出不要去预测市场，只有跟随趋势才是最正确的选择。笔者不否认寻找规律是困难的、容易犯错

第十六章 体系

的，但就此得出规律不存在却是不正确的。

二、人生观

人生观是人们在实践中形成的对于人生目的和意义的根本看法，它决定着人们实践活动的目标、人生道路的方向，也决定着人们行为选择的价值取向和对待生活的态度。

人生观是世界观的一个重要组成部分，受到世界观的制约。人生观主要是通过人生目的、人生态度和人生价值三个方面体现出来的。

每个人的人生观在不同时期会发生变化，每个人的人生观指导着每个个体的行动，同时外在的因素也在改变个人的人生观。我们都知道投资心理对于金融交易的重要作用，人生观对于交易心理也起着决定性影响。贪念太重可能直接导致交易的失败，贪念就是错误的人生观带来的。有贪念的人会在潜意识里做出错误的交易决策，或不能严格执行交易系统，潜意识又不是容易改变的，潜意识的难以改变就是因为它来源于人生观的影响，来源于对财富获取手段、获取方式、获取规模的认知。想要获得成功的交易，就要改变潜意识里错误认识的干扰，就必须建立起正确的人生观。

三、价值观

价值观是基于人的一定的思维感官之上而做出的认知、理解、判断或抉择，也就是人认定事物、判定是非的一种思维或取向，从而体现出人、事、物一定的价值或作用；在阶级社会中，不同阶级有不同的价值观念。价值观具有稳定性、持久性、历史性与选择性、主观性的特点。价值观对于动机有导向作用，同时反映人们的认知和需求状况。价值观简单来说是指一个人对周围的客观事物（包括人、事、物）的意义、重要性的总评价和总看法，像这种对诸事物的看法和评价在心目中的主次、轻重的排列次序，就是价值观体系。价值观和价值观体系是决定人的行为选择的心理基础。个人的价值取向主要受社会环境的影响，马克思说过人的本质是其社会关系的总和。个人价值体系的形成过程受制于社会价值体系，在人们还不能自觉地思考这个问题时就被社会环境培养了一种价值体系，他们对此浑然不觉，被这种先入为主的价值体系控制了一生。盲目地实践着某种价值体系的人们，反过来又构成了其他人的社会环境，进一步强化着这种价值体系，于是在个人的价值体系与社会的价值体系之间便形成了一个互相决定、互相强化的超循环。

世界观、人生观和价值观三者是统一的，有什么样的世界观就有什么样的人生观，有什么样的人生观就有什么样的价值观。

世界观是社会意识和对社会存在的反映，同时，任何世界观的形成和确立，都要利用先前遗留下来的现成的思想材料，这样，新世界观和旧世界观之间存在着某种历史的继承关系。人们认识世界和改造世界所持的态度和采用的方法最终是由世界观决定的。正确的、科学的世界观可以为人们认识世界和改造世界的活动提供正确的思路方向，错误的世界观则会给人们的实践活动带来方向性的错误。

世界观来源于人的生产和生活实践。人类从诞生之日起，为了自身的生存和发展，就必须进行物质资料的生产，并在改造自然和改造社会的实践中形成了人与人之间的各种社会关系。在实践过程中，人们逐渐形成了对世界以及人与世界的关系的看法。世界观就是人们对生活在其中的世界以及人与世界的关系的总体看法和根本观点。

人生观是世界观的重要组成部分，是人们在实践中形成的对于人生目的和意义的根本看法，它决定着人们实践活动的目标、人生道路的方向和对待生活的态度。领悟人生真谛，首先

第十六章 体系

要对"人是什么"或"人的本质是什么"有一个科学的认识。人的自我认识既是一个古老的问题,又是一个现实的问题。在中外思想史上,许多思想家都从不同的角度提出了自己的见解,其中不乏真知灼见,为科学揭示人的本质提供了大量的思想资料。马克思运用辩证唯物主义和历史唯物主义的立场、观点和方法,揭开了人的本质之谜。他指出"人的本质不是单个人所固有的抽象物,在其现实性上,它是一切社会关系的总和",从而使人的本质问题在人类历史上第一次得到了科学的说明。

任何人都是处在一定的社会关系中从事社会实践活动的人。社会属性是人的本质属性,人的自然属性也深深打上了社会属性的烙印。每一个人从他来到人世的那天起,即从属于一定的社会群体,同周围的人发生着各种各样的社会关系,社会关系的总和决定了人的本质。人们正是在这种客观的、现实的、不断变化的社会关系中塑造自我,成为真正意义上的人,成为具有个性特征的自我。在实际生活中,人们不断面对各种各样的问题,逐渐地认识和领悟人生。到了一定年龄,无论自觉与否,人都会形成与自己的生活阅历、实际体验密切相关的关于人生的根本看法、价值判断和生活态度,这就是一个人的人生观。

世界观和人生观是紧密联系在一起的。一方面,世界观决定人生观,有什么样的世界观,就有什么样的人生观。正确的世界观是正确的人生观的基础,人们对人生意义的正确理解,需要建立在对世界发展客观规律正确认识的基础之上。另一方面,人生观又对世界观的巩固、发展和变化起着重要的作用。如果一个人的人生观发生变化,往往会导致世界观发生变化。现实生活说明一个人即使曾经树立了正确的世界观,在日常金融交易中,如果经不起金钱的诱惑而走向极端,那么正确的世界观也会丧失,金融交易一样也会失败。

正确的三观是金融交易获得成功的根本保证,是一切正确认知的基础,三观也不是一成不变的,我们主动地学习和努力思考逐步改变三观也是可能的。世界观、人生观、价值观体系是金融交易体系的重要组成部分,是交易能否成功的关键。

第二节 技术交易体系

在投资市场形成一套自己稳定的交易风格和思路显得尤为重要。从进场到出场整个交易过程的一套完整的交易规则，它设定了交易的各个环节，并要求交易者严格按照这些规则进行操作。交易者在经过了很多挫折，吸收了大量的经验和教训后，逐渐形成自己的交易理念，而交易系统则是将这些理念具体化、规则化。交易系统意味着一套可以遵循的操作模式，一张清晰的路线图。一套好的交易系统，需要做到把复杂的事情简单化，把简单的事情可操作化，把可操作的事情度量化、数字化，把可度量化，数字化的事情可考评化，把可考评化的事情流程化，从而帮助我们避免频繁交易，戒掉随手交易，克服情绪交易，形成一致、有效、科学的交易体系。

交易系统的构成主要包括分析预测、资金管理、周期选择、计划制定与执行、风险控制、加仓策略、出场策略、心态控制等。

交易系统必须具有可复制性，如果能以此建立自己的交易系统，稳定盈利的概率较大，则这样的交易系统就可以在实践中运用。中长线趋势交易系统有较强的可复制性，即使你没有很高的交易天赋，只要你形成自己的交易系统并坚持执行，稳定盈利的概率还是较大的。

要建立中长线趋势交易系统，应遵循以下原则：

1.轻仓长线原则

仓位轻才能经得起震荡，拿得住单子，遇到"黑天鹅"时不至于受到重创。

2.耐心等待原则

细心观察目标、品种、技术入场信号，耐心等待交易信号的出现,不要被小级别行情所干扰。

3. 适当容忍原则

因操作周期已经放大,止损设置也要合理放宽才行。网眼太小是抓不到大鱼的。

4. 计划执行原则

交易下单之前,一定要进行分析并制订交易计划。盘中要按照总体战略布局下的交易计划下单,谨防短期正常波动扰乱交易计划。

5. 持仓执行原则

持仓一旦脱离成本区,不到止损,一定要拿牢。要建立长线交易系统,没有耐心是不行的。

6. 盈利加仓原则

行情一旦按预期发展,就应按照计划进行加仓操作,只有坚持这种原则,才会取得行情越大、持仓越重、盈利越多的效果。

7. 分散持仓原则

如果行情支持,可同时持仓几个相关系数较小的品种。

古人言鱼与熊掌不可能兼得。在市场中想长短通吃所有利润,结果往往是你的账户最终被市场吃掉(极少数交易天才除外)。在经过长期实践和总结之后,如果已经选择了适合自己的交易系统,那么你就应该坚持下来。实践证明,没有完美和适用所有时段的交易系统,绝大部分系统都有自己特有的优势和先天的不足。如果想使交易系统发挥最大优势,就需要通过宏观分析层面弥补技术交易系统的不足,能在亏损时期一如既往地坚持执行自己的交易系统才能最后成为真正的少数赢者。

技术交易体系、宏观经济分析体系、思维及思维方法体系、世界观人生观价值观体系这几大体系不是独立存在的,而是相互关联相互补充的最后组成投资交易整体体系,这几个体系都是不可或缺的,也是不可割裂的整体。

第十七章　格局

格局是指大的方向、框架、高度、广度、深度，是总体战略。当我们说一个人有没有胸襟、抱负和眼光时，指的是他的格局。有的人很有格局，说的是他们会谋篇布局，在看待事情时不拘泥于一章一节、一城一池的得失，而是从总体战略上去考虑，在大的战略和布局方面不出现重大失误。一个国家不能没有战略布局，我们要有目标、有方向，我们只有制定正确的大政方针才能凝聚全体成员的力量做正确的事情，才能实现伟大的目标。

哲学角度看格局是战略性思维的代名词，所谓战略性思维，就是通过发现事物客观规律，预测未来发展趋势，把握整体变化走向，并以此为根据确立发展目标，规划战略方案，采取超前行动的思维方法，其实质是正确把握过去、现在和未来的关系，在纵向的历史联系和整体的格局关系中判断与定位。俗话说人无远虑，必有近忧，就是对战略思维价值的揭示。只有自觉树立战略思维，才能更好地把握事物发展方向。

一、战略性思维方法的特征

1. 预见性。任何事物的发展都有一个从小到大、从弱到强、从历史到现实再到未来的过程，金融投资者通过对事物的本质把握和分析掌握事物的发展方向，通过对过去、现在的分析，预测未来发展变化，因此，必须牢固树立战略观念，训练战略思维习惯，不谋一兵一卒之得失，而注重战略之大势。凡事预则立，不预则废。金融投资者要善于发现事物的发展规律，预见事物的发展趋势，并依靠对未来的正确判断做出当下的决策和选择，只有依靠对于未来的准确把握才能做好金融投资，不能割裂事物的历史联系，不能只顾眼前，不顾长远。常说的高瞻远瞩就是提倡运用长远的眼光、站在全局的高度去观察和处理眼前的问题。

2. 长远性。从时间上来说，金融投资的预见要具有长远性，一般要把着眼点放在 2 年、3 年、5 年甚至 10 年。当然，对于不同的战略目标，预见的着眼点也有所不同，例如，要把握一个国家的经济发展整体运行情况，其着眼点要放在 10 年左右。

3. 综合性。战略思维的形成过程具有综合性特点。金融投资者所要预见的对象一般都会有比较广泛的眼界，外汇、黄金、大宗商品、股市、债市等多品种。把握金融投资的复杂性，从多角度进行综合分析，才能够使金融交易具有战略预见性和科学性。

4. 全局性。战略思维是旨在总揽全局、驾驭全局，掌握经济整体运行的一种思维方式。战略思维的全局性从广义上说包括系统空间维度和时间维度两个方面。相对于"战略"而言，狭义上的全局性仅指系统空间维度，这里取狭义的内涵。金融投资是一个诸多要素相互联系、相互作用的分析过程，纵向包含了一系列相互联结的过程和阶段；横向包括了彼此制约的要素结构和空间格局。战略思维的全局性要求投资者从大局着眼、从全局出发对宏观经济进行系统分析，处理好全局与局部、整体与部分的关系，避免丢了西瓜捡芝麻、陷于局部而丧失全局的被动情形，更不允许局部凌驾于全局之上的情形。坚持战略思维的全局性，就是要求投资者分析问题立足全局、分析全局、掌握全局，将部分放到整体中定位，将局部放到全局中考虑，否则，只是就局部论局部，忙于做形而上学思维，因此，金融投资者分析宏观经济视野要宽、思路要宽、胸怀要宽，知识面

第十七章 格局

要宽,要能把握大行情,抓住大机会。

二、改善战略性思维的途径

第一,要正确认识过去、现在与未来之间的辩证关系和本质联系,找出三者之间的发展规律。列宁曾指出,"外部世界、自然界的规律,乃是人的有目的的活动的基础"。金融投资者要想做出准确的预见,就必须认识到在事物的过去、现在和未来之间的诸多联系中,存在着一种本质的、必然的联系,这就是规律。客观事物不仅存在一般的规律,而且存在特殊的规律。一般的规律具有重复性、持续性和相对稳定性,而特殊规律则是在特定的条件或环境下呈现出来的,例如,我国在未经历资本主义社会的情况下由封建社会直接跨越到社会主义社会,这就是由于我国当时比较特殊的历史条件所造成的,因此,领导者不仅要准确地掌握事物的一般规律,对于特殊规律也要具备深邃的洞察力和高度的敏感性。

第二,要正确处理预见中"出乎预料"的情况,完善预见能力。预见的双重性决定了金融投资者的预见常常会存在不同程度的误差,因为它难免会受到各种主客观条件的影响和制约,首先是客观事物信息的数量和质量对预见的制约和影响。当事物的发展趋于成熟,各方面情况显露得比较充分时,才有利于正确的预见,反之则容易出现预见上的失误。其次是客观事物的复杂性、多变性和模糊性对预见的制约和影响。一般来说,对比较简单和确切的事物容易做出正确的预见,而对比较复杂和模糊的事物,则较难做出正确的预见。

最后是人的认识能力的有限性对预见的影响和制约。恩格斯曾指出,"人的认识能力是无限的,同时又是有限的,按它的本性、使命、可能性和历史的终极目的来说,是至上的和无限的;按它的个别实现和每次的实现来说,又是不至上的和有限的"。这就说明,人的认识能力的这种有限性,势必会影响预见的准确性，因此，必须通过追踪预测，对预见进行不断的完善和修正，以最大限度地缩小其误差，保证战略思维对金融投资的正确指导。

大格局才会有大战略，有了大战略才会有大成功，比如当年毛主席通过研究、思考，把革命的中心从华东转移到陕北才避免了革命力量被国民党反动派围剿，才在陕北生根发芽逐步壮大和发展，同时放弃了以城市为中心的思路，采取了农村包围城市的符合实际切实可行的策略。聪明人很多，勤劳的人也很多，但成功的人很少。不是说聪明和勤劳没用，而是说一个人不从大的格局入手就不能够很好地确定目标和方向，就不能从整体利益的角度来看待利弊得失，过分纠结于小利小事上，反而忘了大目标大方向，比如香港问题的顺利解决就是邓小平用他的战略眼光，提出了各方都能接受的一国两制政策。一国是我们的根本目标，是中华民族的心愿，同时我们也要实现一个繁荣的香港，目标坚定而措施灵活，从中我们看到了邓小平的格局，既实现了祖国的统一又实现了香港的繁荣和顺利回归。

对于企业而言，董事长需要的是格局，总经理需要的是按照既定方针和路线具体去实施，如果董事长每天去做总经理的具体事情、局部的事情，久而久之，他的高度就没有了，精力也分散了，马云就是这样运营公司的。马云很早就从 CEO 的岗位上退了下来，随着公司的发展，公司的发展方向不再是学习谁，不再是照搬谁的模式，如果这时 CEO 还是被具体业务所累，哪有时间考虑公司的未来发展，那么一个不知道去向哪里的公司怎么可能不衰落。大海航行靠舵手，企业的领导者必须具有大格局才能够带领企业不断前进。

做金融交易也是同样的道理。我们都知道要想通过做交易赚钱就必须抓住主要趋势，只有抓住主要趋势才能获得丰厚的回报，但在实际操作中又有很多人在交易中赚不到钱，当然其中的原因多种多样，但其中一个重要原因就是在交易中没有大

第十七章 格局

的交易格局,分不清哪些是主要趋势,哪些是次要趋势,一会做多一会做空,不断地随波逐流。我们做金融交易必须要有大格局,看大势,只有跟上大的趋势才能获得丰厚的回报。没有格局的人是无法做出正确的取舍的。一个不能取舍的交易者又怎能做到止损止盈?只有大方向和价值观正确的投资者才可能有纪律地去进行金融交易,才能获得和守护财富。一个贪婪、视财如命的人怎么可能去遵守交易纪律和交易系统呢?做交易最终能不能赚钱,肯定不是运气有多好或找到了别人没有发现的"圣杯",而是交易者有着适合金融交易的格局思维。

有一个人非常幸运地获得了一颗硕大而美丽的珍珠,然而他发现那颗珍珠上面有一个小小的斑点,他想若是能够将这个小小的斑点剔除,那么它肯定会成为世界上最珍贵的宝物,于是,他就下狠心削去了珍珠的表层,可是斑点还在,他又削去了一层又一层,到最后,那个斑点没有了,而那颗硕大的珍珠也不复存在了。

我们平时斤斤计较于事情的对错、道理的多寡、感情的厚薄,爱算计的人,每天都被繁杂的事物牵绊,每天只能生活在具体的事物中不能自拔,习惯看眼前而不顾长远,每天都在忙忙碌碌中度过,往往忽略了诗和远方,每天都在计较得失,哪里有心情看清前方的道路和机会。金融投资也是一样的道理,每天忙碌在交易中进进出出,忘却宏观大势和周围环境变化,大机会出现时抓不住,大风险来临时躲不开。交易大师和普通交易者的区别在于深度思考,大师是看全局想未来,普通投资者只关注现在的价格变化。没有迎接大机会的准备,怎么可能会抓住大机会,往往会被眼前的小盈亏所牵绊。格局可以使我们站在更高的角度审视我们的交易,明白我们所处的交易阶段。即便我们的宏观分析预测是正确的,但时机和入场点的选择总是会有考虑不周或出现意想不到的情况的时候,这既是哲学中所说的人对认知事物具有的不完整性,也有人性中疯狂的因素,即便分析的人是冷静的客观的,但这并不代表是你研究的主体,社会大众也是理性的,事实是大众的疯狂在不断地上演,荷兰的郁金香,英国的南海公司,美国的房地产等。即便泡沫总归会破灭,但疯狂的程度还是很难预料的,这就告诉我们无论是在预测层面还是在技术层面,交易都是概率事件,不是一次出手交易就会成功的,他需要比较多的试错才有可能获得成功,也就是用几次小的止损换来抓住一次转折性的大行情。交易者要有全局思维,要有大的格局思想,才能不计较眼前的试错损失,继续坚定不移地执行交易计划,不被眼前的形势和利益得失乱了阵脚。

做一个简单、宽容的人。人的阅历越丰富、境界越高、修行越深,他就越会发现,简单和宽容,绝对是幸福人生不可或缺的两大要素,也是成功者不可或缺的基本条件。

大道至简,宽厚处世。人越是简单,就活得越自在,就越能躲过烦恼的纠缠。真正懂得简单的人,内心安静澄澈,富有智慧,往往能看到纷繁复杂的事情背后的本质,只有看透事物本质的人才能够发现和把握别人看不到的机会。而一个宽容的人,必然心胸开阔,懂得取舍,只有这样的人才能够遵守交易纪律,平心静气地看待事物的发展,才能拿得起放得下,做到万事不乱于心,才能理性冷静地对事物做出正确的判断。

有一个青年人整天愁眉不展、闷闷不乐,觉得活得不顺心,与家人矛盾不断,他向禅师求教快乐之道,禅师没有回答他,只是让他将桌子上的杯子倒满白开水,然后往里面放一勺盐,让他尝尝水的味道如何,年轻人按照禅师说的一尝,回答说:"好咸!"禅师笑了笑,问他道:"如果把这勺盐放到湖水里,结果会有什么不同?"年轻人回答说:"别说一勺盐了,就是放入十勺盐,也不会有咸味。"禅师开导说:"你说得很对,如果你能把心放宽,容纳一切,你就不会受到俗世的烦扰,也就没有忧愁可言了。"年轻人略有所悟地点了点头。

第十七章 格局

人的心灵是个无形的容器,如果心胸狭窄、思想狭隘,每天都沉浸在睚眦必报和处处算计中,哪里还有时间和精力展望未来,去追求宏图伟业。如果我们心地善良,坦然处世,对利益不敏感,不过分计较眼前利益的得失,为人宽容大度,就不会被眼前的生活琐事所困扰,也就可以仰望星空看到更美好的世界。当你的眼界广阔时,你就会发现身边的机会有很多,我们需要做的不是计较于过去的机会没抓住,而是专注于未来哪些机会我们可以更好地把握,这样既能让我们看到希望,又能让我们摆脱负面情绪的困扰。

格局是指大的方向、框架、高度、广度、深度,是总体战略。格局也包括我们如何看待世界,看待自己。人生格局和人的三观也是紧密联系在一起的。格局必须要和世界观、人生观、价值观相匹配。

只有拥有大格局才会带来大发展。固然我们不可小视细节和局部,细节和局部处理不好也会同样导致事业失败,我们不否定其他因素的重要作用,但没有好的格局思维,其他的都是枉谈,就像我们写文章一样没有大框架就埋头写作怎么可能写出精彩的文章,在谋篇布局上做得最好的应该数诸葛亮,未出茅庐而谋定三分天下,剩下的事情就是按照三分天下的方向具体实施了。

金融交易也是同样的道理。有这样一句谚语:再大的烙饼也大不过烙它的锅。这句话的哲理是你可以烙出大饼来,但是你烙出的饼再大,它也得受烙它的那口锅的限制。如果我们想获得更大的成功就必然要求我们自己拥有更大的格局。只有我们做饭的锅足够大,才有可能取得更大的收获。壁立千仞,无欲则刚;海纳百川,有容乃大。学习从不计较一时得失的品格,心中有全局,才会觉得一时的得失可以忽略不计,才能做到不计较眼前的得失,执着于远大的目标。如果一点点挫折就让你爬不起来,只看到眼前的得失小利,那格局就太小了,必不能成大事。人的精力是有限的，过多地放在不必要的细节和小事上反而影响大局的判断。

在金融研究领域，笔者认为世界经济整体上就是一个最大的格局。每个单独的经济体又是大格局中的小格局，一个国家或经济体的一个行业又是一个相对独立的小格局，每个企业就又是这个行业格局中的一个组成部分。我们做宏观研究不可忽视格局在宏观研究中的作用，所谓覆巢之下焉有完卵，也就是说如果整体出现问题而个体组成部分不受影响的可能性是比较小的，忽视格局的金融交易简直就是灾难性的，就像2008年的次贷危机，就是一次全球性的金融危机，如果我们中国股市的投资者或商品投资者，忽视了这样的风险，那么结果可想而知，损失必然是非常惨重的，所以即便我们投资于国内市场也切不可忽视外在因素的影响。

经营一家企业努力固然重要，但要让这家企业获得好的发展，同时避免出现危机，观察和研究全球经济的发展和存在的问题就显得尤为重要。我们要研究世界经济所面临的问题和发展机遇，要研究世界货币体系中不同货币所处的不同周期，比如美元是处于加息周期还是减息周期，美元处于上涨周期还是下降周期，美元在不同的周期会给其他经济体带来不同的影响，同时其他经济体的状态也会作用于美国，促使美国的货币政策发生改变。经济体的变化也必然会带来行业供需的变化。企业作为个体必须要考虑和适应这样的变化，这就要求企业家既要关注行业的变化，也要关注国家的经济变化，还要关注世界经济的变化。作为国家领导者也要关注世界的经济变化。每一个经济的组成部分都要有各自的格局才能把自己的事情干好。

我们研究经济时，也应该把研究国家所处的阶段放到大的历史格局中去看待，借鉴其他国家和研究对象过去所发生的历史，从而使我们能够更好地观察和把握我们现在所处的阶段，这对于我们把握市场经济的基本规律，看透经济的表面现象有

第十七章 格局

着巨大的帮助。每个国家发展的程度是不同的，有些国家先发展起来，有些国家后发展起来。我们研究发现这些国家在现代经济社会的发展有很多共同的发展特征，这些特征就构成了我们研究落后地区发展时可以借鉴的经验和规律。这些特征和规律正是我们做金融研究所寻找的目标。通过寻找这些规律和特征就能解释一些事件反复出现的必然性，通过这些必然性我们就可以预测可能出现什么样的发展趋势，也就可以预测研究对象国家的经济周期，通过经济周期预测商品价格的趋势性变化。我们通过研究发现每个国家的发展初期都是要经历对外加工出口积累财富到房地产带动经济繁荣，房地产繁荣过后大概率是低增长阶段。通过观察研究对象国的经济特征就可以基本预测经济所处的阶段，也就是所处的经济周期的哪个阶段。只要知道了所处阶段我们就有了金融交易的方向，这也就是历史在宏观研究中的运用，这样的历史研究在宏观研究中的运用正是格局在宏观经济学实际研究中的体现。

谋大事者必须要有大格局，格局决定结局。对于人生这盘棋来说，我们首先要学习的不是技巧，而是布局。大格局，即以大视角切入人生，力求站得更高、看得更远、做得更大。大格局决定着事情发展的方向。掌控了大格局，也就掌控了局势。经济学研究也是这样，世界是整体的，我们不能抛开整体性去研究个体，否则世界的整体发生了改变，这样的改变必然会给个体带来巨大的影响，就像我国改革开放的总设计师邓小平那样，高瞻远瞩地看到了世界格局的整体性变化，由原来的两大阵营对立转变为和平与发展，这就使得我们国家抓住了千载难逢的历史机遇，实施改革开放并取得巨大成功。如果我们只是低头干自己的，怎么可能抓住国际合作的大好机遇来发展我们的经济？现在的中国经济更是与世界经济紧密联系在了一起。2008年的美国次贷危机，虽然发生在美国，但是产生的影响却波及整个世界。如果一个经济分析员只关注国内的经济变化而忽略了外在因素的变化，那么看看股市、大宗商品、外汇、黄金等最后都发生了巨大的变化，而这样的变化不是单单只研究国内经济所能够预测出来的，这就会使得金融交易出现巨大的风险。

诸葛亮有句名言"志当存高远"，是指人应当怀抱高远的志向。这说明立志对人生有着重大意义！树立远大的志向，拥有宽广的心胸，拥有发展、创新的眼光，培养良好的心态，明确人生的目标，这些都是规划人生的大格局。人生须有一个好的格局，才能有一个好的结局。

大格局有大方向，不因外界压力而改变。如果你知道自己要去哪儿，全世界都会为你让路，但这条路注定不会是平坦笔直的大道，而除了要面对道路的艰险，你还要承担被人误解、质疑、否定的各种压力。在压力中，有些人选择了沉沦，有些人则选择了坚持。选择沉沦的人很可能会就此平庸下去，泯然众人了，而选择接受自我，坚持自我的人，则在压力中锻炼了自己的意志，不断成长，最终取得成就。我们都知道独立思考在宏观分析和交易执行过程中的重要性。金融研究的根本目的是为了理清事物的本质，为未来经济活动提供指导。未来是还未发生的，未发生的事情就有极大的不确定性。即便有这些不确定性又要用于指导未来的行动，这就要求我们需要有一定的抗压能力。由于宏观分析是一种主观预测，不同意预测观点的人必然很多，受到质疑和反对是必然的。但坚持自己的判断，又是我们把事情做好的必要途径。

大格局有大气度，淡定坦然面对危机。判断一个人格局的大小有一个很重要的标准，那就是在面临突变或者危机的时候，看他是否有对自己情绪的自控和驾驭能力。凡是伟大的人物都有镇定平静的心态，因为他们知道慌乱对解决问题毫无意义，不仅会使自己无法正常思考，而且会让周围的人乱作一团。相反，控制好情绪，保持平静从容的心态则可以在任何场合应对

第十七章　格局

自如。

实现大格局的途径。格局不是先天性的东西，和你目前的人生环境也没有必然的联系。格局是一个人对自己人生坐标的定位，只要我们能够调整心态，就一定能够为自己建立一个大的格局。知识和技能是内功，合适的平台和丰厚的人脉是羽翼，如果你能够充分利用这一切资源，让自己的每一天都处于一个上升的阶梯上，那么，未来的大格局与大发展将不仅仅只是一个梦想。强者创造机遇，能者抓住机遇，弱者等待机遇。思路决定出路，战略决定未来，态度决定高度，执行决定成败。

格局虽然不能直接作用于交易，但格局对于金融交易又有着极其重要的作用。大格局才能发现大机会，而看到更多机会，就会更有信心，就会更有耐心，就会更加处变不惊，就会更加从容不迫，就会收获更多收益。

第十八章　舍与得

舍得，舍得，有舍才有得。著名作家贾平凹曾经说过，"会活的人，或者说取得成功的人，其实懂得了这两个字——舍得"。关于舍得，佛家认为舍就是得，得就是舍。道家认为"舍就是无为，得就是有为，即所谓无为而无不为"。而在现代人眼里，舍就是放下，得就是收获。所以，舍与得虽是反义，却是事物的两面，相伴相生，相辅相成。世人贪婪，总想寻求两全，但这世间难有两全之策，人生百年，不过是教人取舍。

人世间很多人因为贪欲迷心，只想得，而忘记了前面的舍。只想得而不想舍的人，结果可能会失去一切。要知道以舍为得，得从舍处求，方是智慧处世之道！果树舍弃满树的花朵，才能获得秋天的果实累累；蚕蛹只有舍弃蛹壳，才能在天空翩翩起舞；壁虎临危弃尾，得生命保全；雄蜘蛛舍命求爱，得繁衍生息；凤凰舍其生命，得以涅槃重生；人舍去墨守成规，得不断创新；舍去人云亦云，得独立思考。可见，小舍才能大得。不懂得舍什么和怎么舍，不可。所以说，舍是一门艺术，得是一种本事，没有悟性的人舍不下，没有能力的人得不到。2015年股灾使得很多人亏损惨重，很多人血本无归，是什么造成的呢？不舍是其中最为重要的原因，不舍得放弃最后疯狂行情的赚钱机会；不舍得放弃到手而又失去的利润，而错失最佳或最后的机会，以至于后期连续几天千股跌停时无法出场。

其实，人生就是一个舍与得的过程，人们常常面临舍与得的考验。早在两千年前孟子就说过，"鱼，我所欲也，熊掌，亦

第十八章 舍与得

我所欲也,二者不可兼得,舍鱼而取熊掌者也;生,我所欲也,义,我所欲也,二者不可兼得,舍生而取义者也",人生在世,功过成败,皆在舍、得之间;喜怒哀乐,多由"舍"与"得"之间的艰难抉择而生。但万事万物不可能总是十全十美,往往鱼和熊掌不能兼得,所以该舍去的时候一定要舍得去"舍",但舍得并非是盲目的,"舍"是有目的的舍弃,"得"是有选择的得到,并不是纯粹为了舍弃而舍弃,有时往往是为了得到而必须先放弃,即"将欲取之,必先予之"。正确的取舍有助于我们更好地获得。只有舍掉了该舍的,才有可能得到更多。以舍为得,舍小得大。懂得了舍得的真义,也就理解了"失之东隅,收之桑榆"的真意。若把握好了舍与得的尺度,便等于把握了人生的机遇和开启成功的钥匙。

学会选择,懂得放弃,生活才能更加从容。学会舍弃,才能卸下人生的种种羁绊,才能摆脱束缚,迎接人生新的机遇。放弃拖累我们眼前的诱惑,我们才可以轻松地走自己的路,才可以登得高、行得远,看到更多更美的人生风景;懂得舍弃幼稚,才能拥有成熟,才会更加充实、坦然和轻松。我们对于生活中的得与失,看得淡然一点,才能让生活更加轻松愉快。如果总想得到很多却无法面对失去,那会让你疲惫不堪,并逐渐失去幸福的乐趣。人生,应当是在舍与得的平衡中寻求和谐完美。拥有了正确的舍与得的心态,才能领悟生活,才能成就幸福的人生。

舍得是一种健康的人生心态,有人因为放不下失去的爱情而结束生命,有人舍不得亏损结果而彻底破产。舍得是一种智慧,小舍大得,有人放弃一时的风花雪月换来事业的成功,体现出了明朗大气的做事风格;舍得是一种境界,科学家放弃了个人的生活换来了两弹一星,拿得起放得下,体现出了坦荡洒脱的人生追求。学会取舍的智慧,懂得进退的真谛,才能享受美好的人生。

舍得二字包含深刻的人生哲理，所有的金融交易都是人和人之间的交易，金融交易中体现着人生哲学，金融交易中展现了人性的本质。舍与得在金融交易过程中贯穿始终，同时也道尽金融交易的奥妙。

从能力上讲，每个人都是有能力边界的，我们都是不完美的人，从这个角度来说我们不可能什么品种都做，我们不可能每个品种的每个时间段的交易都参与。从品种上来说，外汇、债券、股票、黄金、石油、铁矿石、煤炭化工类产品和农产品等品种繁多；从工具的角度来说，有期货还有期权；从方向的角度来说，可以做多也可以做空；从周期的角度看，可以从宏观经济周期、行业周期、季节周期选择交易方向和交易策略；从分析角度来说，可以分为技术分析和基本面分析。这么多选择，我们不可能什么都做，什么都能做好。我们只需选择我们擅长的操作即可，什么都做既不可能也不现实。大海虽大，海水虽多，但我只想取一瓢，这既是人生智慧也是现实选择。

"得"是本事，"舍"是智慧。每一次选择的过程，其实也就是一个取舍的过程。而取和舍的把握，则更体现一个人的综合素质，更加具有重要意义。交易者都有从胆大到胆小再到胆大这样一个过程，我们自己就要逐渐建立一个很好的交易规则，组建一个自我的交易系统，提前布局，之后按照计划行事，有原则、有规律、有纪律地操作，永远都不会错。市场在波动，而你不交易，这并不亏欠市场什么，没有合适的交易点位那就等待，趋势都是等来的，不是靠追来的，有句话说得好，"所谓大师，都是有耐心的狼"，投资的过程就像化蝶，会苦一阵子，但是不会苦一辈子。盈亏就像坐过山车，有高峰，也有低谷。必要的放弃，是为了更好地拥有。做人要做到拿得起放得下，有时只有必要的舍弃，才会有更好的拥有。宽心之人懂得拿得起，放得下，他们拥有一颗坦然的心，无论是得到的还是失去的，只要已经成为事实，就应该了无牵挂。顺其自然的放弃是一种

第十八章 舍与得

境界。漫漫人生路，只有学会放弃，才能轻装前进，才能不断有新的收获。

拿得起是一种勇气，放得下是一种肚量。对于人生道路上的鲜花与掌声，我们要淡然视之，对于坎坷与泥泞，我们也要以平常心对待。不为大的挫折与大灾难所动，并能坦然承受我们所遇到的不幸。佛家常以大肚能容天下事为乐事，这便是一种极高的境界。

有些自以为聪明的人常常会暗自庆幸自己无偿得到了多少利益。事实上，他们是最糊涂的人。拿得越多，说明放不下的也越多，那么，背负的也就越多，活得也就越累。什么时候学会放弃，什么时候便开始成熟了。我们都要学会放弃，放弃失恋带来的痛楚，放弃屈辱留下的仇恨，放弃心中所有难言的负荷，放弃耗费精力的争吵，放弃没完没了的解释，放弃对金钱的贪欲。凡是次要的、枝节的，该放弃的时候都应该放弃。如果能够领悟"舍"的道理，将会有一种如释重负的感觉，因为只有懂得了放下，才能把握现在。更何况，人生在世，我们需要走的路途遥远，如果不能把一些不是很必要的东西放下，你的"人生行囊"将很快就没有空间去装下你真正需要的东西了。必要的坚持是好的，但是一根筋，不懂得舍弃的人，往往等待他们的是惨痛的失败。懂得取舍的人，往往是内心强大的人，不依赖外界的力量，不受制于出身与宿命。他们勇敢地为自己做出抉择、理智分析、果断地选择自己想要的人生。

舍弃是艰难的选择，舍弃是勇敢的承担，舍弃是一种忍耐，是一种智慧，更是一种艺术。《左传》中有句话，"君以此始，则必以此终"，你舍弃了一样东西，选择了另一样东西，就必须承担你的舍弃与选择所带来的连锁反应。舍弃不是闭着眼睛抓阄，也不是知难而退故步自封，舍弃其实是一种欲扬先抑，退一步来寻求主动、积极进取的宽心。很多人不惜一切代价想取得成功，可失败依旧不可避免，希望越大失望越大，而倘若我

- 325 -

们坦然处之，从平衡中得到平静，从经验中获得成长，就能松开自己握紧的拳头，去感受那份从容的自在与活力，真正活在一种平衡的状态中，也就真正对一切的期盼达到了一种至上的境界，所谓的"没有期望，就没有失望"，并不是不予以期望，而是我们能更加从容地看待起起落落，是对待事情最积极的一个状态。

舍与得在我们的生活中无时无刻不在，我们无时无刻不在做出选择。刚者则柔不足，柔者则刚不足。勇者必戾，智者必诈，世间万物，芸芸众生，从来没有绝对的优点，也没有绝对的缺点。舍与得必然伴随一定的痛苦，适当的放弃是为了更好地得到，使我们的人生利益最大化。

金融交易的舍与得是一种生活的哲学，也是一种做人和处世的艺术。有舍才能得，要得须有舍。万事万物都在舍与得之间。舍与得的辩证关系在金融投资领域体现得更加透彻。

舍弃金钱观念，方可得到轻松的交易。有个交易大师说过不要把期货账户中的钱当作钱，把它当作数字即可，这样就可以放平心态，遇到任何情况都可泰然处之。舍弃做回调的小波动机会，方可得到大趋势。在任何金融投资领域，包括股票、期货、外汇等，顺势交易是一个老生常谈的问题，但很多人却在做着逆势的事情。为什么？舍不得，所以放不下，结果得不到，反而失去更多。在投资市场中适合操作的大趋势不可能天天都有，空仓等待本是最优策略，因为这样可以回避不必要的损失，但现实却是大多数人都在做追涨杀跌的短线行为，结果成功了吗？绝大多数只是为市场增加流动性罢了。一个不好的结果，为什么还有那么多人去干呢？放不下小小的诱惑是主因。大师和普通交易者的很大区别就在于普通交易者一直在忙于交易，大师一直坚持自己的路径——持有或空仓。

舍弃侥幸心理，方可得到严格意义的止损，保证资金的安全。许多爆仓的案例都是逆势死扛，都是侥幸心理在作怪，想

第十八章 舍与得

再等等再看看,万一行情又回来了呢,一次微小的利于自己的波动,就侥幸地认为行情会照顾自己,结果市场依旧延续它自己的趋势直到局面失控。

舍弃暴富思想,方可得到稳定的盈利,许多散户投资者,都是资金少,急于挣钱,这样会导致仓位过重,而后又频繁操作,极小的波动,也可能导致损失很大,最终想暴富的结果都是被市场淘汰。想获得财富是每个金融交易参与者的目标,市场也确实会出现这样的机会,但这样的机会不是总会出现,即便出现也不一定是我们个人能力所及,不一定能抓得住,这就要求我们谨慎控制交易次数和仓位,减少盲目操作等待真正属于自己的机会,放弃自己控制不了的交易,不舍弃那些自己控制不了的诱惑,怎么有机会抓住那些真正属于自己的机会,其实倒在黎明到来之前的事例数不胜数。

舍弃鱼饵,方可得到钓到鱼的机会。金融交易其实就是一个不断试单的过程,但每次试单之前,都要定一个严格的止损点,这个止损点就相当于是鱼饵。如果你连一个小小的鱼饵都舍不得,怎么可能钓到大鱼?我们做交易必然要建仓,这是我们获利的前提,但建仓并不代表着就会获得盈利,甚至多数情况是止损出局。做大趋势交易往往是用几次小的交易止损,获得一次大的行情收获。交易成功从概率的角度看不能也不可能一次就成功,技术骗线是常态,这就要求我们做好"持久战"的准备,坚持符合技术就做,不符合技术就撤的原则,尽量减少初期试错成本,当大行情到来时还拥有充足的"弹药"。投资如人生,海虽大,水虽多,只取一瓢饮,漫漫交易之道,懂得取舍才能有所收获。

空仓在期货操作中的一种境界是"行到水穷处,坐看云起时"的人生情怀。空仓是最安全稳定、无风险的操作。空仓是交易者的必修课。经常空仓可以增加你对行情研判的准确度和确定性,因为没有持仓才能够做到客观独立地思考判断。只有独立客观理性的思考才有可能获得正确的符合实际情况的结论。"横看成岭侧成峰，远近高低各不同。不识庐山真面目，只缘身在此山中"，这首诗贴切地道出了其中的道理，当局者迷旁观者清。

空仓也是一种交易行为，保护本金，养精蓄锐，以逸待劳是兵家的用兵之道。我们在期货交易中空仓的运用多出现在宏观分析得出战略方向性结论，但技术指标并不符合交易体系的要求，这是应该以空仓观望为主，等待技术信号的出现再行入场，或者宏观经济并不确定无法准确判断未来方向时，坚决不入场，即便交易系统指标符合技术要求也要按兵不动，只做看得懂的，技术交易系统又符合要求的，二者缺一不可，不符合条件的坚决空仓。

期货交易当中最完美的操作就是空仓。大家都清楚期货怎么去做都是存有遗憾的，都是无法尽善尽美，都是不尽如人意的。只有空仓才是最完美的，才是无可争议的，才是不留遗憾，也是唯一没有风险的操作。舍弃不确定的机会，得到本金的安全，这就是最好的收获。

空仓时可能会有某个品种连续拉出涨停或跌停，可能会有哪个品种出现令人非常惊艳的行情，但那都是与你无关的，与空仓操作无关的。空仓是不带有任何风险的，如果你没有空仓而去博弈这些品种的行情，你会发现你的操作会使得自己深深地陷入危险之中，许多高手都在这样的变幻莫测的快速变化的行情变化中损失惨重。高手对行情的把握也不是没有止境、一帆风顺、没有起伏的。在自己状态低迷、判断迷茫时，空仓往往是唯一的、最佳选择。期货操作的高手往往在于他知道进退、知道放弃、知道什么时候需要空仓。空仓比持仓重要得多，因为他孕育着新的机会，孕育着对即将到来行情的精准捕捉，孕育着整体交易状态的提升，而一天到晚不分昼夜的持仓，会使人疲惫不堪，不空仓，不是行情的需要，而是内心的瘾症、妄

第十八章 舍与得

想在作祟。

在战争中，狙击手与机关枪手相比，更可怕的是狙击手，因为他的子弹使用率最高，一般战争是很多发子弹才可能击毙一个敌人，而狙击手往往是一击致命，所以我们在期货交易中要做狙击手，而不是机关枪手，做机关枪手谁也没有那么多本钱。狙击手最大的特点就是一直躲藏在自己的掩体里，在观察、捕捉目标，像一个谨慎的、训练有素的交易者，一直在空仓等待行情的出现。这是一次蛰伏、一次隐忍、一次修炼……是日日夜夜，是无尽的岁月，是空仓等待中寂寞的交易人生。

交易中你要做埋伏在非洲草原的狮豹、隐藏在河中的鳄鱼，静静地等待角马、蹬羚、斑马的靠近，突然发动致命的一击。空仓是置身局外，是"识得庐山真面目，只缘身在此山外"。空仓的状态是不忧不惧，无欲无求。空仓，仿佛是一个远行的人由终点又回到了起点。持有仓位立场看清行情很难，要想放弃看法、改变立场，做到客观判断简直比登天还难，只有空仓才可以虚怀若谷、置身局外，才能冷静客观，保持理性。空仓也分几种情况，一个是觉得行情超过自己能力把握范围，自知者智，主动放弃；一个是行情多空焦灼，自己隔岸观火，不持立场；还有就是觉得行情震荡，自己操作的把握性微乎其微，暂且放弃；最后就是为调整交易状态、修复交易情绪、心理而主动空仓。

期货交易需要懂得起码的交易策略，恰如其分的空仓，放弃交易也是交易策略中很核心的部分。不懂得空仓，大多情形就是在制造亏损。有许多交易者认为空仓会错过行情，但那真是你能把握住的行情吗？大多数的情况是大家在非空仓状态70%的情形都是在乐此不疲、不厌其烦、手忙脚乱地制造着亏损。每一分钱的亏损，每一笔交易亏损，每一次接近爆仓的巨亏都是交易者主动追求的结果。

空仓后我们能做什么？空仓往往是天赐良机，每个事件、每次历史转折，你回过头看都会有力挽狂澜和扭转乾坤的决策空间和时间，期货也一样，行情也是人性化的，总是给人平仓离场、保存实力、冷静观察、再次交易的机会。空仓时段是我们深刻思考用心反思的最佳时刻。总结过往的经验和教训，规划未来的交易策略，完善自己的交易系统，反思自己的过错，充实自己的知识，融入自己的家庭，寻找自己人生的快乐。

毋庸讳言，我们是行情的参与者，但是我们都决定不了行情的走势，大多数人疯狂，我们左右不了行情，我们的获利完全是被动地依赖于行情走势的发展，行情赏脸就赚点，否则就赔钱。空仓会把你带入另一番交易的境界，你不再流连交易，空仓之后你会感到心智澄明。没有任何功利心地放下执念，你的第三只慧眼在开启，你在重新审视、体悟、观照、认识交易，你感到豁然开朗，交易原来是如此这般……格局开阔了，思维发散了，眼光也逐步精准了。大家为什么不空仓，放不下才是关键，舍不得诱惑才是根本。

交易者之所以不能接受空仓、不懂得空仓的操作是与其心态过急有很大关系的。每一次交易机会在交易者看来都是获利机会，绝不肯放过，其实他们是一叶障目，因为这样的机会风险往往大于盈利的可能，他们总在赔钱概率大于70%的交易机会中博弈，不断全仓杀进杀出，频繁止损，最终账户被消耗干净。在他们的交易记录中，看不到一笔是可圈可点的交易。自己的交易行为不是由交易策略支配，而是被时不时的交易冲动、诚惶诚恐的频繁止损所左右，他们来到市场的初衷是为了赚钱，而支配交易行为的却是最靠不住的交易冲动和无法把控的情绪。依靠情绪而非策略是永远赚不到钱的，交易是智商与情商兼备的游戏，而不是依靠情绪的冲动进行。

拥有平常心的人才能体会到放弃是一种幸福，放弃是至高的境界，是在左右掂量、反复论证后的一种慎重的战略选择。放弃不是自暴自弃，不是简单地丢弃，更不是不思进取、碌碌

第十八章 舍与得

无为的颓废。

不会放弃的人是不会工作的人，不会放弃的人是不会生活的人，不懂得放弃在实际生活中丢与得的辩证关系。学会了放弃将会得到意外的惊喜和收获，有时候当你放弃了阳光，你才会得到喜雨的滋润，当你放弃了雨季，你才会得到阳光的温暖。学会了放弃你才能真正地品味幸福，你才能愉快地融入纷繁复杂而又多姿多彩的世界。

舍与得是人生的智慧也是人生的境界，既是追求的理想也是现实的需要，是积极进取的人生态度，也是获得成功的必然选择。舍与得在现实的金融交易中更具有现实意义。

成功的投资人与其说是精于计算和选择，不如说是他们更懂得舍得和坚持；与其说是能耳听六路眼观八方，不如说是始终心无旁骛地保持专注；与其说是天赋异禀见识超常，不如说是更能深刻地看到自身的局限性，清楚知道市场中的可为与不可为。所谓的投资大神，不是他们获得了神秘的力量，只不过是懂得取舍，做自己能力范围之内的事情。投资的本质就是等待属于自己的机会，就是舍与得之间的平衡。投资的两端分别是分析和交易，而连接这两端的是等待。投资分析的核心是宏观判断和逻辑思维，投资交易的核心是赔率和时机，等待的核心是谨守能力圈和尊重常识。从长期来看，优秀的交易无法挽救糟糕的分析，优秀的分析却可能毁于糟糕的交易，然而相比之下，最难的还是学会取舍和等待，无论是持仓还是持币。

投资在某个阶段特别容易沉溺于"完美系统的构建"，然而这与终身致力于制造永动机的差别并不大，系统越是繁复，思维越纠结于细节，其实与投资的本质就距离越远，投资做得越久越能体会到，最依靠的是质朴简洁却抓住本质的方法论，最应重视的是大格局和战略上的成功。人生总是面临取舍，交易也要取舍。不见异思迁，其实也是一种能力。

从特定阶段性角度考虑，舍与得取决于鱼与熊掌哪个对你

— 331 —

更重要，而且不同的阶段又有不同的取舍。

投资神话里的大师都是百战百胜，但现实其实很残酷，即便是巴菲特都承认他在不断地犯错。很多事情你只要努力付出了，没功劳也有苦劳，勤奋会有个基本的收益保障，但投资这行既残酷又简单的特征在于从来不问你付出了多少，而只看你的选择对不对，这种类别的工作，努力是第二位的，第一位是正确的价值观和方法论，如果方向不对，越勤奋越失败，越痴迷越疯魔。选择的重要性大于单纯的勤奋。同样是运气，投资新手大多是因为好运所以看起来正确，而投资老手则往往通过正确而获得好运。前者是随机和被动的，而后者是高概率且主动的。一个人的投资业绩，幸运一两次很正常，但如果看起来总是那么幸运，那其中肯定有种吸引好运气的因素。投资中的悟性就是学会区分能力与运气，懂得舍与得。

第十九章 淡然

在这喧嚣纷扰的世俗之中,我们每天面对的是繁忙的工作、拥堵的交通、居高不下的房价、稍纵即逝的机遇、千篇一律的朝九晚五。成功的标准单一化、物质化,大家都想过得光鲜亮丽,活得比别人强,并获得世人的认同。权利、财富、地位、美貌、品位……人们追求的越来越多,想一手揽下所有想要的东西却并不清楚真正需要的是什么。很多人的内心总是涌动着无法平息的不满和怨气。欲望激起了内心的躁动、忧虑、浮躁、纠结、痛苦、焦虑、迷茫、彷徨、失落、懈怠和颓废,这样的人会在痛苦和煎熬中走完人生路。

计较是人缺乏大格局的表现,是只顾眼前利益的短视。有人会为钱财和人争吵不休,有人会为名利和人反目成仇,有人为小事和人大打出手,这些都让人身心疲惫,无法体会到人生的幸福。有了计较,便会强求。在计较和强求中,人们迷失了初心,忘却了我们追寻的梦想。

在这样浮躁的世界里,淡然给予我们内心的平静,让我们坦然面对名利、诱惑、挫折、平淡。

淡然源于接纳和包容。接纳自己,包括自己的美好、不足、缺憾和受限;接纳他人,欣赏每一个生命的独特;接纳世界的不完美和各式各样,才能不惊异、不焦虑、不患得患失、不杞人忧天。淡然是了然于胸的大度,是淡看荣辱得失的洒脱,是坦然面对一切的平静。敞开胸怀,海纳百川,自然不自傲、不自卑、不攀比、不羡慕、不嫉妒、不苛求,坦坦荡荡、不强求一切，顺其自然。淡然，可以给我们发现美好生活的眼睛，不因自己的苛刻而忽略了身边的风景。

淡然是一种觉悟和智慧，淡然是内心的平静，是对事物深入的认知，是看透事物本质的大彻大悟的智慧。淡然不会从天而降，需要生活的历练和自我的顿悟。淡然，是看得远、看得透之后的坦然处世，是历经风雨才能修到的境界。经历过挫折未必就能够淡然，需要深入思考而不肤浅，理性做事而不盲从。

淡然者不计较。淡然者心宽如海，胸中装得下万事万物。少有计较，更懂得珍惜。顺其自然，坐看云起云散，笑看世间万物。面对人生浮沉，他们能做到不急不躁、不瘟不火、心平气和、波澜不惊，心不为庸事所扰，行不为物欲所驱。

淡然者不强求。众生熙熙攘攘、急功近利，拥有一份淡然，就不会在得失间挣扎不断，不会在取舍中犹豫不决，不会在不幸与挫折面前抱怨不止。淡然可以平复骄躁、浮夸的心境，看淡名利、舍弃奢华、平息欲望、宽容仇恨；淡然，可以让你在成功时不张狂、挫折时不消沉。

生命有限，欲望无边。繁华的物质世界背后是无止境的物欲，如果你不能很好地克制物欲，即便你拥有再多的物质财富，也不会满足并终将被欲望所累，从而羁绊了灵魂，拖住前行的脚步，忘却了诗和远方。

生活不要太计较，人生不必太强求。拥有淡然心态，你就可以冷静看待俗世的繁华；拥有淡然，你就能在潮起潮落的人生舞台上，洒脱起舞，击节而歌，来面对喧嚣的世界。

淡然，就是人生的最高境界，是经历了无数磨难和曾经沧桑后的大气和胸襟，是走过大起大落和曲折坎坷后的镇定和从容。淡然就是"淡泊以明志，宁静以致远"的超然与脱俗，也是一种豁达与开朗；是"采菊东篱下，悠然见南山"的无求与洒脱，更是"行到水穷处，坐看云起时"的超凡与禅意。

淡然是一种态度，胜也不骄，败更不馁，不以成败论英雄，

第十九章 淡然

不以贫富定人品，看似听天命，实则遇事泰然处之；淡然是一种风度，遇事游刃有余，不急不躁，待人和蔼有度，顺势而为；淡然是一种修养，仁慈宽宏，包容大方，胸怀坦荡。不以物喜，不以己悲，客观公正，独立思考。

淡然是一种力量，面对俗世的质疑和否定，气定神宁，无畏无惧，正是"千磨万击还坚劲，任尔东南西北风"。

淡然不是冷漠，是理性观繁华，客观看世界。成功不张狂，失意不放弃，是在人生苦练中涵养出的从容与定力。

淡然也不是软弱，是虚怀若谷的境界，是沉稳成熟的体现。正是"仁者不忧，智者不惑，勇者不惧"的心态。

淡然更不是愚笨，是阅尽世事的醒悟及了然于胸的随和，是大智若愚的坦荡。

淡然是一种积淀，是懂得排除烦忧保持初心的智慧。常言道人生不如意事常八九，而淡然的人会"常想一二，不思八九"，放眼尽是世间的美景和生活的美好。

淡然表现的无欲无求，不是消极处世刻意放纵，也不是自我封闭，孤芳自赏。是求知若渴永不停止的坚持，是坚持真理永不放弃的执着。淡然是一种心态，是处世的从容。淡然是我们金融交易者追求的境界。淡然是交易者理性面对行情，理性面对机会的必要心态。恐惧、害怕、冲动、疯狂都是交易的大忌，唯有淡然的处世心态才能够理性地思考，才能够独立地判断，才能够准确地把握机会，才能够取得最后的成功。

淡然既是一种平和的心态，也是一种健康的心理，更是正确的世界观、人生观、价值观的表现。没有人能够带着糟糕的心态还能做好交易。平常心是决策正确的前提，是理智发挥出来的必要条件。

第二十章　怎样成为一个优秀的投资者

投资中有失败者就有成功者，虽然每一个成功的投资者都有各自的不同的思路和方法，但其内在的核心素质还是比较一致的。通常优秀的投资者都具备判断力、忍耐和坚持、超强的自信、风险意识、总结经验教训的能力、独立思考、有勇气、诚实、有野心等特质。

判断力。投资就是投资于未来，只有准确判断未来，才能实现投资的成功。外汇市场是这样，大宗商品是这样，股票市场也是这样，都是通过当前的交易，投资于未来，当预期实现时，通过价格变化而获利。我们投资股票是想通过购买一家优秀的或者有可能变优秀的公司，从行业前景到公司的管理优势，从财务状况到核心技术，只有这家公司不断地变好，这家公司才值得我们持有其股份。投资期货也是同样的道理，我们买卖的是未来的合约，未来并没有发生，这就需要我们观察过去和现在，通过研究过去并总结规律进而对未来进行前瞻性预判，所以准确的判断力是投资成功的先决条件。能否形成准确的判断力则来自个人的专业能力和学识水平，他不仅仅是金融知识还有文化素养和逻辑思维，所以投资需要掌握大量的知识，绝不是像猴子掷飞镖一样的傻瓜游戏，可惜市场上很多人都像在玩掷硬币一样的赌博游戏。

忍耐和坚持是做好金融交易的必要素质。我们都知道金融交易中把握大趋势是我们获利的重要阶段，但实际操作中又有多少人做到了？赚一点钱就撤，是我们错过大趋势的重要的原

第二十章　怎样成为一个优秀的投资者

因。长线是金，短线是银。从我们买进股票开始，大部分人就会开始关注它的走势，今天涨了欢喜，明天跌了紧张，后天平盘失望。忽喜忽忧，患得患失。投资者天天要面对自己的情绪变化。市场中还有无数消息、谣言让你无所适从，更有无数的其他股票涨停板让你心动，如果没有定力不懂得坚持和忍耐，时间久了一定会卖出手中的股票从而错失牛股的诞生。在这个市场上每一秒钟都会有千万个念头闪过，最难得的是坚定、坚持、忍耐。我们投资的很多股票往往是一买就跌，在跌跌涨涨中不断地前行，其中既有我们需要忍受的亏损，又有我们需要拒绝的短期卖出的诱惑，不经历风雨怎能看到彩虹，不经历恐惧和诱惑怎能把握住大趋势。熬出的品质就是坚定、坚持、忍耐，这种品质不够是没有能力走投资这条道路的。

忍耐和坚持往往是投资成败的关键。不少投资者并不是分析能力不够，也不是缺乏投资经验，而是缺少一份高度的忍耐和坚持，过早买进或者过早卖出，都会招致投资的失败，以及金钱的损失。应该耐心等待，时机降临时要坚决果断地把握，这是对每一个投资者的基本要求。寻找市场机会需要等待，需要耐性，需要投入时间的过程，因而需要高度的忍耐和坚持，需要眼光和远见，不要因价格的起伏波动而寝食不安。投资，说穿了就是忍耐和坚持，买进的时候需要忍耐，市场不明朗要忍耐，下跌也要忍耐，上涨时想卖到好价位一样要忍耐；价格不够低，没有跌到位，要忍耐不买；价格不够高时，要忍耐不卖，无论是买进、卖出还是持有，都需要忍耐和坚持。有赚一亿的欲望，却只有一天的耐心，这样的操作怎么可能获得成功。

超强的自信。信心是成功的基本要素，伟大的投资者都对他们自己的想法怀有绝对的信心，即使是在面对批评的时候。投资就是投资于未来，未来是不确定的，既然未来是不确定的，那么出现投资错误就是不可避免的，这也是由哲学中的人对于社会认知的不完整性所决定的。交易的本质是概率活动。错误的出现是必然的。在投资的过程中我们遇到失败和挫折是常态。没有强大的自信心以及受挫后及时恢复信心的能力是做不了投资的。索罗斯说过，投资不在于你看对还是看错，而在于你错了时亏损的程度和做对时获利的程度。哪位投资大师不曾犯过错误？贵在坚持自己的投资思想和投资方法，走自己的路。巴菲特坚持不投身疯狂的网络热潮，尽管人们公开批评他忽略科技股，当其他人都放弃了价值投资的时候，巴菲特依然岿然不动。《巴伦周刊》为此把他做成了封面人物，标题是《沃伦，你哪儿出错了》，当然，事后进一步证明了巴菲特的智慧，《巴伦周刊》则变成了完美的反面教材。索罗斯坚持自己的操作风格，不因为别人的议论而放弃自己的坚持，即便遇到挫折也坚持不变。自信才能产生勇气、力量和毅力。具备了这些，困难才有可能被战胜，目标才可能达到。金融交易中遇到挫折是极为常见的事情。超出预期的事情经常会发生，我们必须相信自己的能力和判断。遇到挫折时能够及时恢复自信，只有恢复自信我们才可能继续寻找下一个成功的机会。

　　风险意识。金融投资的成功离不开基于常识的与生俱来的风险嗅觉。大部分投资者都知道美国长期资本管理公司的故事，一个由六七十位博士组成的团队，拥有最精妙的风险分析模型，却没能发现事后看起来非常明显的问题，即他们承担了过高的风险。他们从不停下来问自己一句"嗨，虽然电脑认为这样可行，但在现实生活中是否真的行得通呢"，这种能力在人类中的常见度也许并不像你认为的那样高。我相信最优秀的风险控制系统就是常识，但是人们却仍会习惯于听从别人的意见，让自己安然入睡。他们忽视了常识，我看到这样的错误在投资界一再上演。

　　总结经验教训的能力。我们从事金融投资必须有从过去所犯错误中吸取教训的强烈意愿，否则我们就会不断地在同一个坑里摔倒，但这点对于人们来说又是难以做到的，让伟大的投

第二十章 怎样成为一个优秀的投资者

资者脱颖而出的正是这种从自己过去错误中学习以避免重犯的强烈渴望。大多数人并不会进行深刻的反思，反而会忽略他们曾做过的愚蠢决定，继续向前冲，但是如果你忽略往日的错误而不是全面分析并改正，毫无疑问你在将来的交易生涯中还会犯相似的错。事实上，即便你确实去分析了，重复犯错也是很难避免的，但总好过不反思。

独立思考。投资成功的很大因素来自客观独立的性格，对投资坚持自我的判断、拒绝迎合他人尤其是大众。有时候我们会提到逆向投资，但优秀投资者的独立性格，不是简单地与大众反向，他们有的时候与大多数人看法一致、有的时候不一致，关键是他们不去看大多数人对市场的观点，而是永远自己独自去分析市场，自己独立做出判断。毫无疑问，大部分的投资者都是不独立的，喜欢寻找与他观点相同的投资者，希望获得其他投资者的认同，这是人的社会属性所决定的，但优秀的投资者就会在思考时保持思考的独立性，优秀的投资者不需要他人的认同，他们有一套自我评价的机制，而不是活在别人的标准里。坚持自己独立思考的结论并运用到金融交易中去。

勇气。投资者与分析师最大的不同就是分析师是只说不练的，只分析、不行动。但是，优秀的投资者则不同，他们不仅是分析者，也是决策者，更是行动者。他们可以用广博的知识和逻辑来分析判断市场，但更重要的是，他们能够果断地找到针对目前市场的最佳投资策略，并且有勇气迅速地将决策付诸行动，所以说，勇气对于投资者来说非常重要。我们不仅要有智慧从各种分析中找到那个最佳决策，更要具有立刻将决策变成投资的行动勇气。投资就是投资未来。未来是未知的，人们总是对于未知充满害怕和不安。

在害怕中仍然充满自信，不要被自己的恐惧杀死。你可以怕，但是不可以输给眼前的困境，而是坚持去做你害怕做的事。投资的道路上没有所谓的失败，只有暂时的尚未成功，成功就

躲藏在最后一步，要有勇气挑战我们自己和未知的市场。

诚实。优秀投资者还有一个性格特征是普通投资者最缺乏的，就是对自己诚实，这个"诚实"不是简单地不说谎那么简单，而是完全认识到自己的不足、有限和无知，不夸大自己的能力，不掩盖自己的不足，更不盲目地以为自己可以洞悉一切。盲目自大往往出现在有所收获和成功之后，然而，实际情况却是绝大多数的投资者每天都在做着超出自己能力范围的事情，也就是每天都在做着"对自己不诚实"的事情。对自己不诚实的结果，就是投资时往往去做超出自己能力范围的事情，成功了以为自己无所不能，失败了则责怪市场或他人，而实际上都是由于自己不诚实造成的。诚实的另一个重要表现是敢于承认自己的错误，并且迅速地改正，但人们太难于承认自己错误了，所以，当投资发生错误造成亏损的时候，非常难以接受亏损，这样就造成了亏损的持续放大，越亏越多直到被市场淘汰。优秀的投资者与普通投资者最大的性格区别就是敢于认错，做到了对自己诚实，当发生投资判断错误时，能够迅速地转变过来，所以，他们很少发生大的亏损，遇到判断错误发生小亏损时，能够迅速认错减少损失，能够立即改正错误将亏损扭转为盈利。

野心。成功者希望自己"一定要成功"，不是"我想要成功"，而是"我一定要成功"。不想当元帅的士兵不是好士兵。虽然在别人眼里可能会被认为狂妄或疯狂，但我们依然努力实现我们的梦想。我不能成为富人的后代，但可以成为富人的祖先。斩断退路，把自己逼上悬崖，你必须放弃一些平凡人的快乐，比如娱乐。态度决定高度，企图决定版图。你要时刻意识到你在为自己的未来打基础，在为自己工作，为自己的人生努力，所以要尽自己最大努力争取成功，像疯子一样不屈不挠，当身边的人说你是疯子的时候，你离成功可能已经不远了，那些成功的人有哪个不是疯狂追求着自己的事业而最终取得成功的！

摆脱世俗的侵扰，身处孤独，全力奋发，成功就有可能属于你！一个甘于现状的人是无论如何都不会取得成功的。老天总是眷顾那些勤奋而努力的人。